传统经典文献导读丛书

纪宝成 主编

中国传统教育思想历代文选

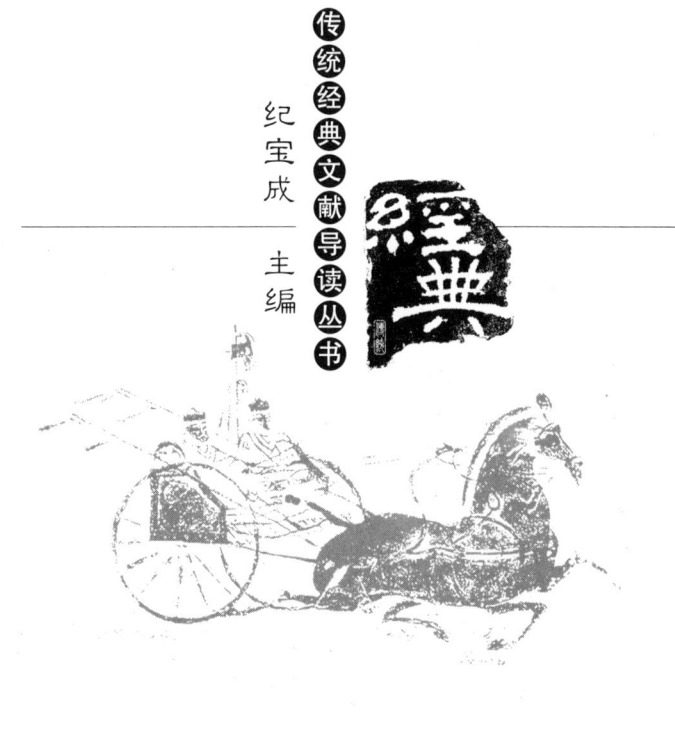

胡娟 李立国 胡莉芳 编著

中国人民大学出版社
·北京·

总　序

纪宝成

　　中华民族在数千年的历史演化中，形成了自己光辉灿烂的文化。与世界其他文化不同的是，中华文化绵历数千年而未曾中绝，显示了其无比强大的生命力。关于这一点，学界的解释可谓见仁见智。从不同的角度来看，这些解读未尝没有道理，但据本人浅见，中华文化强大的生命力，乃是根植于其"苟日新，日日新，又日新"的品格，在于其随着历史的演进，在继承传统的基础上，不断汲取、熔铸新的理论学说，与时俱进，实现自我更新。孔子曰："殷因于夏礼，所损益可知也；周因于殷礼，所损益可知也。"正是对中华文化这一品格的准确描述。汉代的经学，正如蒙文通先生指出的那样，是以儒家为主，对百家学说的一次去粗取精的整合。同样，唐代的经学、宋代的理学莫不是在继承传统的基础上突破创新，形成新的理论学说。因与革、常与变、超越性与时代性，是中华传统文化的两面。

　　当前文化建设的一项重要任务，即是对传统文化进行重新发掘与扬弃。我们在注意到中华传统文化历史局限性的同时，更需要深入挖掘其超越性——那些在悠长的历史演变中不断完善、已经被历史证明了的富有生命力的部分和在旧时代旧体制下未能成长发达的灵根善苗。道理十分简单，无论是伦理道德、政治、教育还是经济领域，古人都为我们留下了极其丰厚的宝贵遗产。

　　在伦理道德领域，古圣先贤致力于铸造与追求理想人格。"内圣外王"是儒家所追求的最高境界，而"内圣"又是"外王"的基础。自孔子以来，历代优秀的儒者莫不把理想人格作为修身的首要追求。因而，理想人格也在他们的共同追求下不断完善。孔子提倡"刚"的品格，反对见利忘义；提倡"勇"的品格，主张杀身成仁。他说："不义而富且贵，于我如浮云"，"志士仁人，无求生以害仁，有杀身以成仁"。至孟子光大之，以"富贵不能淫，贫贱不能移，威武不能屈"为大丈夫的理想人格，实质上是进一步弘扬了孔子对富贵的诱惑、贫贱的困扰和暴力的威胁的态度。孟子又提出"养吾浩然之气"说，这是对孔子提倡的理想人格的补充。这种大丈夫的品格和至大至刚的浩然之气，作为人格修养的几乎尽善尽美的境界，在任何时代、任何地方都不会过时，具有永恒的普世价值。这种精神和品格，在后来更多地表现为仁人志士在与恶势力斗争中所表现出来的坚贞不屈、刚正不阿。如东汉张纲辞刺史不就，不顾个人安危弹劾跋扈将军梁冀；北宋包拯执法不阿权贵，被民间尊为"包青天"；林觉民牺牲自身，"为天下人谋永福"。他们的身上，体现的正是大丈夫"富贵不能淫，贫贱不能移，威武不能屈"的品格和充塞于天地之间的浩然正气！可以说，这些仁人志士以他们的躬行践履、高风亮节，又将这种完美的人格发扬光大，并丰富了其内涵。

在政治领域，中华文化所提倡的和谐理念至为可贵。早在春秋时期，古人已经认识到"和实生物，同则不继"，将"和"视为最理想的社会政治状态。至晏子，又以烹饪为喻，对"和"的政治理念作了进一步阐发。孔子及其弟子们也认为"君子和而不同"、"礼之用，和为贵"。综合古人的思想观点来看，"和"应包括以下几层含义：一元主导、多元共存、相济相成、各尽其能、各得其所。与"和"看起来相似实则相反的是"同"，就是容不得异己的力量、思想、意见，大搞高度统一。从历史的经验来看，凡是"和"的时代，都是充满生命力、创造力的时代；而以国家行政力量强行求"同"的时代，则大多万马齐喑，"不在沉默中爆发，就在沉默中灭亡"。在专制集权的政治体制下，"和"的时代少而"同"的时代多，这无疑是中国历史难以形成质的突破的一个重要原因。"和"的政治理念，虽经古人提出，但在旧时代并未能茁壮成长，是一株处于发育停滞状态的灵根善苗。十七大以来，党中央提出了"建设社会主义和谐社会"的理念，使"和"的理念在新的时代焕发出新的生命力，并在社会政治建设中产生巨大影响。这无疑是中华传统文化在新时代自我更新的典型代表。

在教育领域，中华文化有讲究师道尊严的优秀传统。师道尊严是中华民族的优秀传统，也是中华文化生生不息的一个重要保证。"凡学之道，严师为难。师严然后道尊，道尊然后民知敬学。是故君之所不臣于其臣者二，当其为尸则弗臣也，当其为师则弗臣也。"真正的师道尊严，其实包含两层含义：一是"师严"，即社会对于师的尊重，即使是贵为九五之尊的君主也不得臣，反映在社会层面，即是整个社会尊师重教的良好风气。二是"道尊"，也即对学术的真心信仰，学术不做政治、权力的奴婢。反映在政治层面，即是道统相对于政统的独立性及其对君权的制约。一面空喊"尊重知识、尊重人才"，一面以教育为政治的附庸，以权力奴役学术，而欲教育培养杰出人才，无异于缘木求鱼、痴人说梦！历史告诉我们，一个王朝堕落到行政严密控制教育之时，堕落到"博士倚席不讲，儒者竞论浮丽，忘謇謇之忠，习诶诶之辞"之时，也正是它的人才枯竭之时，随之而来的，只能是这个王朝的轰然倒塌。在大学日益行政化为衙门，教授沦为权力的包身工，中小学教师人身安全得不到保障、人格尊严被肆意践踏的今天，而我们的教改又歧路彷徨之时，重温古人有关师道尊严的理念，也许能给我们以新的启示。

在经济领域，古人很早就提出了"有恒产者有恒心"的思想。早在战国时代，孟子就认识到"恒产"是民"有恒心"的前提，因而提出"治民之产"的经济思想。经济建设如果不能为老百姓提供恒产，解决老百姓的生活保障，那么就不能带来社会的稳定与繁荣。这样的经济建设也是不可持续的，甚至是没有任何积极意义的，因为它注定不能得到人民的拥护。因而，孟子把"治民之产"提到"王道之始"的高度。如何实现这一理想蓝图？《大学》中所引孟献子的一段话值得我们深思："畜马乘不察于鸡豚，伐冰之家不畜牛羊，百乘之家不畜聚敛之臣。与其有聚敛之臣，宁有盗臣。"这段话所传达的理念为"国不以利为利，以义为利"。也就是说，国家不能与民争利，应斩断权力垄断利益的黑手。做不到这一点，放任既得利益集团以权力自肥，所谓"治民之产"

终将成为空中楼阁，而民无恒心的社会，也必将是危机四伏的社会，经济发展又如何能够持续？古人这些闪光的理念，对我们走向改革深水区的当今社会，也不啻是一服清醒剂。

当然，中华传统文化值得弘扬与发掘的，绝不止于以上这些。这里不过是以点带面，略加剖析。认真整理与继承这份宝贵的文化遗产，让这些优秀的思想与理念在新的时代重新焕发生命力，无疑对我们今天的社会道德建设、政治建设、经济建设和教育建设都有重要的意义。

自19世纪中期以来，古老的中华文化与西方近代文明开始了正面交锋，并很快在"坚船利炮"的冲击下一败涂地。从此，从"天朝上国"美梦中醒来的有志之士开始重新审视自己从未怀疑过的古老中华文化。与此同时，一种思想也在潜滋暗长：对中华文化进行全盘的否定，并将中国落后于西方一股脑地归咎于中华文化——这种思想现在也有一定的市场。正如不少学者指出的那样，这种思想的错误在于片面强调中华文化的时代性，有意无意地忽略其连续性与超越性；片面强调文化与政治的关联，忽视文化的相对独立性，把专制政治所结的恶果生硬地嫁接给文化。在他们看来，人类文明进入到以民主、自由、平等、法治为核心理念的近现代时期，已与君主制下重等级、德治的中华文化格格不入，否认曾经光辉灿烂的中华文化在现代社会的价值。当然，随着近几年来国学热潮的风起云涌，也不乏个别人士对中华文化抱有盲目乐观的心态，甚至把中华文化中蕴含的一些理念当做拯救工业文明弊端的灵丹妙药——这种思想我在这里不准备再作批评，甚至也不觉有值得批评的价值。

正确理解和定位中华传统文化，是我们弘扬传统文化的前提。那种对中华传统文化全盘否定的民族虚无主义和坐井观天式的文化保守主义都是要不得的。随着中华民族渐渐地崛起，源远流长的中华文化也必将复兴，以独特的方式和理念为世界作出更大的贡献。在这里，我大胆断言，这种复兴，既不会像某些坐井观天式的文化保守主义者所期望的那样，是传统文化的简单回归，更不会像某些民族虚无主义者所预言的那样，是对中华文化的彻底革命，是根植于西方现代理念的重建，而必将是一次凤凰涅槃，是中华文化在现代化大环境中的一次自我更新、与时俱进。这次更新，是对自身的扬弃，是对人类文明优秀成果的吸纳与熔铸，是在专制集权政体下未能成长的灵根善苗的一次新生，让善的因素在新时代茁壮成长，成为中华文化自我更新的一部分。

这套丛书以弘扬与发掘中华传统文化的精华、为文化建设添砖加瓦为理念，从伦理道德、政治、教育、经济四个领域，精心挑选了一批经典文章，前有解题，后加注释。选择的过程，同时也是对中华传统文化的扬弃过程。限于编者水平，加之是一次尝试性的工作，缺憾与不足在所难免，其"择焉未精、语焉未详"之处，尚祈社会各界不吝指正。

目　录

导论 …………………………………………………… 1

重教与教化

《论语》（节选） ……………………………………… 21
《道德经》（节选） …………………………………… 29
《所染》 ………………………………………………… 34
《兼爱》 ………………………………………………… 37
《庄子》（节选） ……………………………………… 41
《孟子》（节选） ……………………………………… 46
《性恶》 ………………………………………………… 52
《五蠹》（节选） ……………………………………… 59
《大学》 ………………………………………………… 63
《实性》 ………………………………………………… 69
《汉书·董仲舒传》（节选） ………………………… 71
《效力》（节选） ……………………………………… 77
《超奇》 ………………………………………………… 79
《难自然好学论》 ……………………………………… 88
《宋书·恩幸传》序 …………………………………… 91
《南宗顿教最上大乘摩诃般若波罗蜜经六祖惠能大师于
　韶州大梵寺施法坛经》（节选） …………………… 93

《原性》 …………………………………………………… 97
《材论》 …………………………………………………… 100
《河南程氏遗书》（节选） ……………………………… 103
《大学章句序》 …………………………………………… 105
《殿试对策卷》 …………………………………………… 108
《科举》 …………………………………………………… 110
《学校》 …………………………………………………… 113
《生员论》 ………………………………………………… 118
《病梅馆记》 ……………………………………………… 124

为师与教学

《论语》（节选） ………………………………………… 129
《孟子》（节选） ………………………………………… 147
《学记》 …………………………………………………… 156
《保傅》 …………………………………………………… 162
《师说》 …………………………………………………… 166
《种树郭橐驼传》 ………………………………………… 168
《师友箴》 ………………………………………………… 170
《答韦中立论师道书》 …………………………………… 172
《贡院乞逐路取人状》 …………………………………… 176
《论逐路取人札子》 ……………………………………… 181
《答祖择之书》 …………………………………………… 185
《袁州学记》 ……………………………………………… 188
《师》（节选） …………………………………………… 191
《师友》 …………………………………………………… 193
《白鹿洞书院揭示》 ……………………………………… 194
《潭州重修岳麓书院记》 ………………………………… 196
《训蒙大意示教读刘伯颂等》 …………………………… 199

《教约》…… 202
《严师箴》…… 204
《广师说》…… 206
《漳南书院记》…… 209
《师说》…… 213

为学与治学

《弟子职》…… 219
《庄子》（二则）…… 223
《劝学》…… 226
《学行》…… 231
《勉学》…… 236
《进学解》…… 252
《学大原》…… 256
《伤仲永》…… 260
《日喻》…… 262
《石钟山记》…… 264
《颜子所好何学论》…… 266
《河南程氏遗书》（节选）…… 269
《读书之要》…… 271
《与内弟曾得宽》…… 273
《与学者及诸弟》…… 275
《与刘深父》…… 278
《与舒西美》…… 281
《赠武川陈童子序》…… 283
《读书分年日程》…… 285
《送东阳马生序》…… 287
《尊经阁记》…… 289

《梁元帝读书万卷犹有今日》……………………………… 292
《黄生借书说》……………………………………………… 297
《与是仲明论学书》………………………………………… 299

后记……………………………………………………………… 303

导 论

教育思想是人类对社会和教育认识、概括、论证、思考的产物，是社会和教育发展到一定阶段的产物，是人类社会进入文明时代、教育上升到自觉状态的标志。中华民族在长期发展中，形成了自己特色鲜明、博大精深的教育思想。先秦时期是中华民族教育思想的奠基时期，是中国古代教育思想由萌芽到比较成熟的时期。先秦诸子百家中，最有影响、最具代表性的是儒、墨、道、法四家。孔子为儒家教育之奠基者，主张培养"君子"，倡导"有教无类"、"启发诱导"、"因材施教"。其后，孟子继承了孔子"仁"的思想，从"性善"出发，从"内"入手，主张教以"明人伦"；荀子继承了孔子"礼"的思想，以"性恶"为基点，从"外"入手，力主"化性起伪"。墨家反对儒家的"礼乐"之教，主张培养"兼士"，重视知识学习、逻辑思维能力培养和实用技术学习。道家秉持自然人性论，主张培养"隐士"和"隐君子"，力主"不以智治国"，提出"弃仁绝义"、"绝巧弃利"。法家主张培养"耕战之士"，提出"无书简之文，以法为教；无先王之语，以吏为师"。儒、墨、道、法各有优势，但法家更勇于进取，利于统一，止于专权，为秦所用，一时成为占主导地位的教育思想。在汉代初期，以道家思想为中心的黄老之学也曾短暂居于主导地位。但自武帝始，儒家教育思想占据了主导地位，并延续了两千年之久，几乎与统一的中央集权制的封建制度共命运、同始终。

儒家学说是中国传统思想的主体内容，自西汉中期汉武帝采纳董仲舒的建议"罢黜百家，独尊儒术"之后，它始终为中国古代社会的统治思想，在文化教育中占据主导地位，作用巨大，影响深远。从中国文化教育传统发展的历史来看，儒家教育思想的形成和发展大致经历了三个发展阶段。第一阶段是春秋战国时期，为儒家的初创时期，儒学当时即开始成为"显学"。第二阶段是汉代的"独尊儒术"，儒家思想从此成为中国封建社会发展的统治思想。第三阶段是宋明时期的理学，它成为后期儒家思想的主体，一直延续到明末清初。在两千多年的历史长河中，儒家思想并不是僵化不变的，而是始终处于动态变化发展之中，具有一定的兼容性与适应性。但是，儒家思想的历史发展并没有改变其思想属性的相对稳定性。早在西汉时期，司马谈和班固就已指出了这一点："序君臣父子之礼，列夫妇长幼之别"[1]；"儒家者流，盖出于司徒之官，助人君顺阴阳，明教化者也。游文于六经之中，留意于仁义之际，祖述尧、舜，宪章文、武，宗师仲尼，以重其言，于道最为高。"[2] 概而言之，儒家教育思想是儒家思想的重要组成部分，也是建立在儒家道德伦理观念基础之上的。因此，儒家教育思想是以儒学的基本原理为依据，其特点是：强调"大学之道，在明明德，在亲民，在止于至善"[3]，把修身作为教育的逻辑起点与中心环节，把治国平天下作为教育的最终目的；儒家经典是教育的主要内容，但在各个历史时期也有所不同；教学上强调自主性，强调知行统一，强调经世致用等。

人性论：儒家教育思想的理论依据

中国古代教育家往往通过研究人性，来探讨教育在人的发展中的作用，或者说是寻求教育的理论基础。人性问题一直是我国古代教育家所集中研究的，是古代教育家所普遍关注的。

早在春秋战国时期，人性与教育的关系问题，就已经成为当时思想

---

[1]《史记》卷一三〇《太史公自序》。
[2]《汉书》卷三十《艺文志·诸子略》。
[3]《礼记·大学》。

家、教育家争论的焦点问题之一。孔子提出了"性相近也,习相远也"①的观点。一方面是"性相近",人性有其共性,一般性;另一方面是"习相远",人性在后天受外力影响或改造可以朝不同方向发展。孔子的人性论承认人的差别受环境与教育影响,肯定了教育和学习在人的发展中的作用,有力地冲击了以天命观为基础的"血统论"和宗法世袭观念。孔子之后,儒家主要代表人物对人性的认识有了很大的分歧。孟子着重阐释"性相近",提出了性善论,认为人的本性是善的,与生俱来便有"善端":"恻隐之心,仁之端也;羞恶之心,义之端也;辞让之心,礼之端也;是非之心,智之端也。"② 人性本善,人的美德,是天赋而非外界施加的,"仁义礼智,非由外铄我也,我固有之也",乃是"不学而能"的"良能","不虑而知"的"良知"③。既然人性皆善,并且先天赋得,教育又有何用?孟子认为人虽有良能、良知等先天善性,但关键是能否存养得住。教育的作用就是收回散失的善性加以存养扩充,"学习之道无他,求其放心而已矣",只要加强教育,努力学习,"人皆可以为尧舜"。荀子提出人性本恶,"人之性恶,其善者伪也。"④但后天的改造可以使先天的人性恶变为后天的人性善,这就是教育的作用,"故圣人化性而起伪,伪起而生礼义,礼义生而制法度"。通过礼乐教化,可以克服恶,求善向上。荀子和孟子在人性本质认识上虽有差异,但其宗旨都是一致的,即人性的最后立足点都是善。所不同的是,孟子主张"本善",通过教育来保持和发扬性善的本能,可以成为尧舜一样的圣人;荀子则主张"归善",通过加强教育以改造归乎良善,成为圣人,"涂之人可以为禹"。

汉代董仲舒调和了孔子"性相近也,习相远也"和"唯上智与下愚不移"的矛盾,以及孟子"性善"和荀子"性恶"的对立,提出"性三品说",即"圣人之性"是不教而善的,"斗筲之性"是教而不可善的,

---

① 《论语·阳货》。
② 《孟子·公孙丑上》。
③ 《孟子·告子上》。
④ 《荀子·性恶》。

唯有"中民之性"才是可教而善的。在董仲舒看来，圣人与斗筲都是极少数，绝大部分是"中人"，即普通人。这些人有"善质"，但必须通过"教化"，使"善质"转化为"善性"。从这个意义上出发，董仲舒一直强调"教化"的重要性，"天地之数，不能独以寒暑成岁，必有春夏秋冬；圣人之道，不能独以威势成政，必有教化"①。唐代韩愈主张"性品说"，重复了董仲舒的"性三品说"。他认为人性生来有品级，上品自然向善，中品需要教化，下品则不得不加以刑治。

宋代张载、二程和朱熹等人将气的概念引入人性的讨论，把人性分为"天命之性"与"气质之性"。前者是"人生所禀之天理"，是天然之"善"，"性即天理，未有不善者也"②。后者则是人生而具有"禀气"的自然属性，有善有恶，"禀其清者为贤，禀其浊者为愚"。在理学家看来，人的"气质之性"是可以改造的，人们只要不"自暴自弃"，坚持"用功克治"，那么，即使"下愚"之性，"亦有可移之理"③。教育的作用就是"存天理，灭人欲"，即存理卫道，去掉自己心中不合乎封建道德观念的欲望。

陆九渊、王阳明等认为人性在本质上是善的。既然人性本善，那为什么有恶的表现呢？王阳明认为，人之所以有恶的表现，就在于人的本心、意念由于追求物欲，为欲望所蔽，因而迷失本性，恶性发作。要改变这一切，关键在于通过自我道德修养，达到自我的道德觉醒，这就是"致良知"。所谓致良知，就是发现人心之本即良心，使其不为私欲所蔽，以表现本善，从而"复尽天理，灭尽人欲"④。

古代教育家是从人性论角度认识教育问题的。春秋战国时期到汉唐时期的人性论观点多为经验认识或记述，而宋明之际思辨性和哲理性则明显增强。贯穿中国古代人性论始终的观点是认为人性本善，或者经过改造可以变善，故强调教育在教化万民、治理国家中的重要作用。正是

---

① 董仲舒：《春秋繁露·为人者天》。
② 朱熹：《四书章句集注·孟子集注》卷十一《告子章句上》。
③ 程颢、程颐：《河南程氏遗书》卷十八。
④ 王守仁：《传习录》上。

因为认识到人性有差异，圣贤之性高于百姓之性，从而论证了修身正心、礼乐教化以及严刑峻法的不同针对性与各自合理性，也论证了不同的人需要不同的教育，对于圣贤之人，应强调修身养性、率先垂范，而对于普通民众，则需要教化以安天下。

修身正己：儒家教育思想的逻辑起点

儒家要实行"仁政"，推行以德治国，就必须教化民众，使他们服从伦理道德规范。而要教化民众，就需要培养人才，使他们担负起教化天下的职能。如何培养人才呢？关键是修身正己。

《大学》指出："古之欲明明德于天下者，先治其国；欲治其国者，先齐其家；欲齐其家者，先修其身；欲修其身者，先正其心；欲正其心者，先诚其意；欲诚其意者，先致其知；致知在格物。"① "物格而后知至，知至而后意诚，意诚而后心正，心正而后身修，身修而后家齐，家齐而后国治，国治而后天下平。"② 格物、致知、诚意、正心、修身、齐家、治国、平天下八个环节中，修身是中心环节。

孔子提出教育就是要培养"修己以安人"、"修己治人"的统治人才——君子。君子首先要修身正己，然后才能安人、治人。统治者修身正己，是教育的中心环节，"知所以修身，知所以治人"③，治人、治物、教化万民以治天下不过是治己的外化和扩大而已。"修己"是前提和基础，"治人"是结果和目的，但重点则在"修己"。

修身正己以明人伦为目标，即"父子有亲，君臣有义，夫妇有别，长幼有序，朋友有信"④。而为学、修身之序也有五项，即博学之、审问之、慎思之、明辨之、笃行之，其中前四项都是"穷理"的功夫。笃行的功夫又可以细分为：修身之要，处事之要，接物之要。并且要将上述各项都能"讲明义理，以修其身，然后推以及人"，"知

---

①② 《礼记·大学》。
③ 《礼记·中庸》。
④ 《孟子·滕文公上》。

其理之当然","责其身以必然"。直到清末民初,古代教育皆以此为准绳。

如何"修己"?首先必须具有仁的精神。孔子所说的"仁",是一个意会性很强、内涵又极丰富的古典概念,现代汉语中很难找到相对应的词。朱熹把仁解为"心之德","本心之全德"[①]。仁德是人们自有而自为的,是人内在的道德理性和情感,它既非外物所强加于人,也非外物所能夺走。个人可以从自己体认的仁德中获得精神上的自得自乐,如"不仁者不可以久处约,不可以长处乐。仁者安仁,智者利仁"。仁人君子可以从仁德本身获得源源不断的乐趣,面对环境而自强不息,达到"发愤忘食,乐以忘忧,不知老之将至"的精神境界。孔子自称是"饭疏食饮水,曲肱而枕之,乐亦在其中矣。不义而富且贵,于我如浮云"。他极力赞扬颜回"一箪食,一瓢饮,在陋巷,人不堪其忧,回也不改其乐"。颠沛流离、疏食淡饭的生活,穷居陋巷的孤独与贫寒,虽然足以使一个人不堪其忧,而仁人君子不改其乐。"仁"还意味着"爱人"、"爱民众"。只有把内心体认的仁德由内而外地发扬光大,通过"己欲立而立人,己欲达而达人"、"己所不欲,勿施于人"的外铄功能,才能使民众感受到"仁厚爱众"之心并体认仁的美质,从而促使整个社会向完美的理想状态转化。仁德的最高境界是一种超功利的,即不计较个人成败的"知其不可为而为之"的精神。孔子曰:"士不可不弘毅,任重而道远,仁以为己任,不亦重乎?死而后已,不亦远乎?"仁人志士,自然可以"无求生以害仁,有杀身以成仁",达到"舍生取义"的精神境界。

同时,君子要学习礼的内涵。孔子说:"不学礼,无以立"。"礼"的内容很广泛,比较全面地规定了当时社会各种关系的准则和规范,核心是纲常名分和等级秩序。只有借助"礼","仁"才能由抽象变为具体。礼对仁起着一种节制与约束作用,将仁限制在伦理纲常范围之内,"非礼勿视,非礼勿听,非礼勿言,非礼勿动","恭而无礼则劳,慎而

[①] 朱熹:《四书章句集注·论语集注》卷一。

无礼则葸，勇而无礼则乱，直而无礼则绞"。礼可为仁的表达和实践提供一种分寸感，在礼的制约下，恭、慎、勇、直这些品质才不会走向极端而产生各种弊端。

儒家特别强调统治者应率先垂范，以自己的优良品德去改造和同化普通民众，净化其心灵，提升其道德水准，从而建立起上仁下义、上慈下敬、尊卑有别、等级有差的合理统治秩序。孔子早就提出上行下效的道理。他说："不能正其身，如正人何？""其身正，不令而行；其身不正，虽令不从。""政者，正也。子帅以正，孰敢不正？"①"子为政，焉用杀？子欲善而民善矣。君子之德风，小人之德草。草上之风，必偃。"②儒家将此称为"自然之理"，"天下之事千变万化，其端无穷，而无一不本于人主之心者，此自然之理也"③。故《大学》明确提出："自天子以至于庶人，壹是皆以修身为本。"只有修身正己，才能齐家、治国、平天下。

儒家学子要"亲民"，使社会"止于至善"，就必须"以天下为己任"。儒家政治观念中，既讲求"以民为本"，又强调"皇权至上"，从表面上看，两者是矛盾的，但两者都要服从天道。"天"是决定人类生活的最广博、最根本的力量，人世间的一切规则，都由"天定"。而儒家从"天道"观念中总结出的纲常名教，则是"放之四海而皆准"的"万世不易之常经"。作为"奉天承运"的统治者，应该是"内圣外王"，也就是统治者本身要成为道德的表率、人伦的典范，这样才有资格教化天下，治理万民。在儒家思想中道统高于政统，他们所讲的"道"，是指导社会、政治的最高原则和做人的最高准则。孔子说："朝闻道，夕死可矣。"④

正是由于道统高于政统，所以儒学巨子才可能"以天下为己任"，具有相对的独立人格，才有可能真正地"治国平天下"。在古代社会中，"从道不从君"、"以道束君"的观念，"舍生取义"的牺牲精神和"先天

---

① ② 《论语·颜渊》。
③ 《朱文公文集》卷十一《戊申纪事》。
④ 《论语·里仁》。

下之忧而忧，后天下之乐而乐"的忧患意识，都闪烁着儒学精神的光芒。故儒家的培养目标不是只会读书的书生，而是"敢为天下先"、"以天下为己任"的大丈夫，"居天下之广居，立天下之正位，行天下之大道；得志，与民由之；不得志，独行其道。富贵不能淫，贫贱不能移，威武不能屈。此谓之大丈夫"。儒家这种精神保存在深怀社会责任感的士大夫与民众精英人物的精神境界中。每当社会面临政治危机和民族危亡，每当民众陷入苦难深渊，总会出现一批又一批直言敢谏、舍身求仁的义士。这些仁人志士是儒家教育理想中的培养目标，体现了"修己"以"明明德"的追求，也是实现"亲民"、"止于至善"的最终保障。

教化天下：儒家教育思想的核心价值

儒家强调道德在治国中的主导作用，讲求以道德礼义引导而不是行政约束、刑罚惩治来安民定邦，即所谓"道之以政，齐之以刑，民免而无耻；道之以德，齐之以礼，有耻且格"[①]。要做到"为政以德"，治理国家就必须以教化为先。

孔子十分重视教育，把人口、财富、教育当作"立国"的三个要素，认为在发展生产使广大人民群众富裕之后，最重要的事情就是"教之"，即发展教育事业。孟子、荀子等人发挥孔子这一思想，在"教化"问题上提出了更为具体的主张。孟子从提倡王道仁政，反对霸道、苛政的主张出发，认为治国的关键是"得民心"，而教育是"得民心"的具体措施。他说："以力服人者，非心服也，力不赡也；以德服人者，中心悦而诚服也，如七十子之服孔子也。"他的结论是："善政不如善教之得民也。善政，民畏之。善教，民爱之。善政得民财，善教得民心。"荀子也把教育作为"固国育民"的重要措施。他说："不富无以养民情，不教无以理民性。故家五亩宅，百亩田，务其业而勿夺其时，所以富之也；立大学，设庠序，修六礼，明十教，所以道之也。"[②] 《礼记·学

[①] 《论语·为政》。
[②] 《荀子·大略》。

记》综合了春秋战国时期儒家的教育思想，把教育的社会作用概括为"建国君民，教学为先"、"化民成俗，其必由学"十六个字，这可以说是儒家关于教育的社会作用的经典结论。

汉代董仲舒更是把"教化"列为治国安邦的关键所在。他说："凡以教化不立而万民不正也。夫万民之从利也，如水之走下，不以教化堤防之，不能止也。是故教化立而奸邪皆止者，其堤防完也；教化废而奸邪并出，刑罚不能胜者，其堤防坏也。古之王者明于此，是故南面而治天下，莫不以教化为大务。立太学以教于国，设庠序以化于邑，渐民以仁，摩民以谊，节民以礼，故其刑罚甚轻而禁不犯者，教化行而习俗美也。"①汉武帝刘彻采纳董仲舒的建议，"罢黜百家，独尊儒术"，"兴太学，置明师"，大力发展教育事业，奠定了以后历代王朝的基本文教政策。

魏晋南北朝时期，社会动荡不安，玄学清谈之风甚盛，佛教、道教流行，教育衰退。当时许多人上疏，强调发展教育的重要性，如东晋王导、荀崧、袁环、冯怀、谢石、殷茂、李辽等先后上疏，指出"治化之本在于正人伦，人伦之正存乎设庠序，庠序设而五教明"，"三年不为礼，礼必坏；三年不为乐，乐必崩。"长期荒废教育，则会使"末进后生目不睹揖让升降之礼，耳不闻钟鼓管弦之音，文章散灭戎马之足，图谶无复孑遗于世"。他们驳斥了"天下未一，非兴学之时"的片面观点，提出了"文武并用，久长之道"②的主张。

唐代中叶的韩愈积极倡导把"学所以为道"与"卫道"的政治主张联系起来，恢复儒家的"道统"。他认为学先王之教的根本目的在于存圣人之道，这样才能保证"不胥而为夷"，使社会长治久安。

直至明清之际的教育家也都把教育与国家兴亡联系在一起。顾炎武说："所以转移人心，整顿风俗，则教化纪纲不可缺焉。百年必世养之而不足，一朝一夕败之而有余。"③

儒家认为人性本善，可以通过教化，由善端发展为善行，或善质变

---

① 《汉书》卷五十六《董仲舒传》。
② 《晋书》卷十九《礼志》。
③ 顾炎武：《亭林文集·与人书九》。

为善行，以行"仁政"。"仁政"的前提就是教化民众，使民众从内心认同并服从封建伦理道德规范。先富后教，渐民以仁，摩民以义，使民众知"礼义廉耻"、明"纲常伦理"，从而使"德化天下"得以实现。

内化育人：儒家教育思想的实践方式

"教"与"学"这两个概念，早在商朝已经形成。甲骨文中"教"、"学"、"师"诸概念，是对当时教育实践的真实反映。中国古代教育家认为教与学的过程，亦是掌握知识与完善人格的过程，是知与行的过程，从而使学习过程与人生价值实现的过程有机地统一起来。

孔子对"学"、"思"、"习"、"行"诸范畴都作了具体论述。"学"是"学习"，"思"是"思考"，"习"是"温习"，"行"是"实践"。"习"既是"学"的展开，又是"行"的准备，而"学"、"习"必须与"行"相结合，才有助于"思"的实现与人格的完善。孔子好学善教。在《论语》一书中，"教"字出现过七次，"学"字多达六十五次。还有与"教"义相近的"传"字，有两次，"诲"字五次；与"学"义相近的"习"字三次，"问"字一百二十次。可见，孔子教学的重点是启导学生"学"。孔子教学，或启发，或点化，或反诘，或商量，或问辩，或激励，或陶冶，或感化，根据教育对象的不同个性与特定教学环境，灵活地、创造性地采用不同的教学方法，达到了教学艺术的最高境界，为后世教学树立了典范。

孟子偏重于"学"，认为教与学之间的主导因素是"学"。教师的作用是启发学生自觉、主动地"学"。他所提倡的教学方法，如"有如时雨化之"，"君子引而不发，跃如也；中道而立，能者从之"，都是启发受教育者通过"反求诸己"的功夫，达成人格完善。荀子虽然没有忽视"学"的意义，并作《劝学》激励后学，提出"青出于蓝而胜于蓝"，但总的来说，荀子认为教与学之间的主导因素是"教"，要达到"化性起伪"的教育目的，能否尊重教师、主动接受教师的教导是关键。荀子重"教"，是因为"传经"必然涉及大量文献，没有教师的传授、解说，很难掌握。从"五经"、"七经"、"九经"直至"十三经",从"今文经"派、"古文经"派到"宋学"、"汉学",经学的传授主要是由精通经学的教师去做。

后世教育家大都对孟子的教学思想推崇备至。宋代教育家治学上最大的特点是善学、善疑、善思、善辨。从疑经开始,到独抒心得而形成新的思想,是宋儒开创的道路。他们提倡学思结合,强调一切学问都是从疑难中探求。"学"必须以穷理为目的,而穷理又以"精思"为桥梁,"精思"然后能推究事物所以然之理。朱熹认为"为学之道,莫先于穷理,穷理之要,必在于读书,读书之法,莫贵乎循序渐进而致精,而致精之本,则又在于居敬而持志"①。然而,理学家与心学家过于强调读书明理、空谈心性,把读书又引向了"两耳不闻窗外事,一心只读圣贤书"的境地。

古代教育的显著特点是启发人的内心自觉,教育人如何"做人",如何在现实生活中实现"治国平天下",强调的是对自身的肯定,强调在日常学习和生活中加强自我修养、践行道德观念,"为仁由己"、"自省"、"自反"、"慎独"甚至"自我完善"。孟、荀都重视人心自觉的问题。相比较而言,孟子偏重向内,荀子偏重向外;孟子主张"内发",荀子主张"外求";孟子强调"思",荀子强调"学";孟子把教育或学习看成是"存养"、"内省"、"自得"的过程,荀子则把教育或学习看成是"闻、见、知、行"等环节。孟子认为学习和修养应从大处着眼,从心中入手,"孔子登东山而小鲁,登泰山而小天下。故观于海者难为水,游于圣人之门者难为言。观水有术,必观其澜,日月有明,容光必照焉。"荀子认为,修养应从一点一滴做起,经过"积"与"渐"的过程,达到质变,"故不积跬步,无以至千里……锲而舍之,朽木不折;锲而不舍,金石可镂。"②

尽管在儒家内部对于教育"内发"还是"外求"有争议,但以孟子为代表的内在观一直居于主导地位。宋代以降,援佛引道入儒,陆王心

---

① 朱熹:《理性精义》卷七。
② 《荀子·劝学》。

学与程朱理学在如何启发人的内心自觉上出现争论。朱熹主张"道问学",就是格物穷理,提倡由外启发内心的认识;陆王主张"尊德性",就是发明本心,"吾心便是宇宙,宇宙便是吾心",心即是理,不必外求。朱熹认为要读书穷理,知先行后;陆王主张发明本心,致良知,知行合一。在朱熹看来,教人要循序渐进,坚持从小学的洒扫、进退、应对式的涵养到读书、致知、穷理功夫,由小学而大学,先泛观博览而后归之约。朱熹强调一草一木莫不有证,由此开始,今日格一物,明日格一物,日积月累,必将成功。陆九渊认为,涵养功夫不足以立本心,坚持明理立心,先立乎其大者,明辨义利,认知与行为自会从人的本心中溢流出来。陆九渊不是不要读书、知识,而是认为立志与明心是第一位的,知识、读书、道问学是第二位的。知识、读书、道问学可能引发人的道德,但并不是道德主体的本身。

儒家的内在观强调了立志的重要性。立志就是要确立远大的理想和宏伟的目标,树立前进的方向,坚定前进的信心。孔子说:"人无远虑,必有近忧","三军可夺帅也,匹夫不可夺志也"。孟子主张"持志"、"养气":"志,气之帅也","持其志,毋暴其气","其为气也,至大至刚……配义与道"。孟子说:"生于忧患,死于安乐",认为"天将降大任于斯人也,必先苦其心志,劳其筋骨,饿其体肤,空乏其身,行拂乱其所为,所以动心忍性,增益其所不能"[①]。人有了这样的经历,就能坚定志向,保持学习与道德修养的顺利进行。汉代扬雄认为人没有志向,容易半途而废,他说:"百川学海而至于海,丘陵学山而不至于山,是故恶夫画也。"[②] 张载认为学习只靠天资不行,只靠勤奋也不行,还要看志向如何。他说:"有志于学者都更不论气之美恶,只看志如何。匹夫不可夺志也,惟患学者不能坚勇"[③],"志大则才大,事业大"[④],"志小则易足,易足则无由进"[⑤]。

---

① 《孟子·告子下》。
② 扬雄:《法言·学行》。
③ 张载:《横渠语录》。
④ 张载:《理窟·学大原》。
⑤ 张载:《正蒙·中正》。

儒家的内在观要求学习时要善于自省。孔子要求"求诸己"，始终坚持"己所不欲，勿施于人"。孟子更强调"反求诸己。"他说："爱人不亲，反其仁；治人不治，反其智；礼人不答，反其敬。行有不得，皆反求诸己"。《大学》提出"慎独"的修养方法，也就是要求自我省察、自省自克。宋代理学家认为求得"人面能化"，才能真正"自得"。朱熹的老师李侗，把一生修养的功夫概括为八个字："默坐澄心，体认天理。"

儒家的内在观要求知行合一，学习要身体力行。儒家认为教育是成于内而形于外的，修养的高低主要靠行动来体现，也只有按照道德规范身体力行，才能不断提高自身修养水平。孔子提倡"言必信，行必果"，特别反对"言而过其行"的人，主张要"敏于事而慎于言"、"讷于言而敏于行"。宋代以后程朱理学主张读书穷理，强调"主静"，而陆王心学则主张"知行合一"，强调求其本心，重践履。元代教育家吴澄想调和理学与心学的矛盾，主张既求知，又要读书穷理。他认为不通过"行"求得道德知识，只是"假知"，不在"行"上体现出来，只是"死知"。他说："不亲到其地，而但凭人之言，则愈求而愈不得其真矣。"①

儒家的内在观强调内化、内求、自得，所以在教学过程中，强调发挥学生的主动性。儒家的教学原则，如因材施教、启发诱导、循序渐进、教学相长等都体现了这一点。孔子最早提出并实行了启发式教学，"不愤不启，不悱不发，举一隅不以三隅反，则不复也。"《礼记·学记》对启发式教学作了最完善的阐释："君子之教，喻也。道而弗牵，强而弗抑，开而弗达。道而弗牵则和，强而弗抑则易，开而弗达则思，和易以思，可谓善喻矣。"引导而不是牵着学生走，勉励而不是强迫学生屈从，开导而不是告诉学生现成结论，就是强调充分激发学生思维的积极性。孔子也注意到要根据教育对象的不同特点进行教育，朱熹概括为："夫子教人各因其材"，故有了"因材施教"一词。明代王阳明主张教学应当随人的"分限所及"，也就是讲要因材施教，"与人论学，亦须随人

---

① 吴澄：《草庐精语》。

分限所及。如树有这些萌芽，只把这些水去灌溉。萌芽再长，便又加水。自拱把以至合抱，灌溉之功，皆是随其分限所及。若些小萌芽，有一桶水在，尽要倾上，便漫坏他了。"① 启发式教学与因材施教的原则是密切相关的，不少教育家把二者统一起来，运用于教学实践中。徐幹说："君子之与人言也，使辞足以达其智虑之所至，事足以合其性情之所安，弗过其任而强牵制也。"② 吕祖谦说："学者气质各有利钝，工夫各有深浅，要是不可限以一律。正须随根性，识时节，箴之中其病，发之当其可，及善。固有恐其无所向望，而先示以蹊径者；亦有必待其愤悱，而后启之者。"③

源头与活水：儒家教育思想的当代价值

近代以来，中国面临"三千年未有之大变局"，天朝大国被西方列强所击败，中国落后于时代，落后于世界。如何使中国富强壮大，使中华民族复兴，成为几代中国人苦苦追寻的目标。中国如何既学习西方文化之长而不被西方文化所替代，如何继承、弘扬中国传统又使之适应现代化，自近代以来，这个问题就一直困扰着努力实现中国现代化的人们。从"中学为体，西学为用"到"全盘西化"再到"儒学复兴"，几代中国人一直在执著追求和探索着。

经过一百多年的探索，人们认识到，中国文化教育的现代化并不等同于西方化。任何国家与民族的历史，都是一个不可分割的连续体，现代是传统的延续与发展，传统又深藏于现代之中。既没有与传统完全不相干的现代化，也没有与现代化相分离的传统。一般来讲，只要是传统，它就有两面性，既有与现代化相矛盾冲突的一面，也有与现代化相融合激扬的一面。尽管现代化首先是从西方拉开历史帷幕的，但是西方各国的现代化也有其鲜明的特色和历史烙印，并没有一个统一的模式。

---

① 王守仁：《传习录》下。
② 徐幹：《中论·贵言》。
③ 吕祖谦：《东莱遗书·与朱侍讲书》。

可以预见，即使今后全球化取得巨大成功，世界也不会只有一种单一的文化模式，各民族仍将拥有其独特的文化精神。教育现代化作为整个社会和文化现代化的一个有机组成部分，既要吸收世界各国的优秀文明成果，又要以中国原有社会文化与教育思想为基础。中国传统教育思想将一直是中国教育现代化的重要源头之一。

源头并不等于活水，源头如何成为中国教育现代化的活水，需要在深刻认识理解中国传统教育思想的基础上对其进行"创造性的转化"。"创造性的转化"就是要超越中国传统教育思想与现代西方教育思想的对立。自五四新文化运动以来，中国传统教育与西方现代教育被对立起来，似乎要建立以科学和民主为中心的新教育，就必须打倒以儒家思想为中心的旧教育。此后，出现了以"西方文化中心"为基础的"全盘西化论"和以新儒家为主导的"东方文化中心论"。"全盘西化论"虽然看到了中西方文化教育之间存在的时代性落差，却否定了不同文化教育之间存在的民族性差异，否定了现代教育发展的多元模式，否定了西方教育存在的弊端和问题。"东方文化中心论"虽然看到了东西方文化教育间的民族性差异，看到了中国传统教育的优势，却忽视了东西方教育间的时代性落差，忽视了中国传统教育的现代适应与转化问题。正确的态度就是要超越中国传统与全盘西化的二元对立，既没有必要全盘西化和完全否定中国传统教育，也没有必要全部回归传统和全盘否定西方教育的现代性。

"创造性的转化"就是既能看到中国传统教育思想的"共通元素"和"中国元素"，又能看到其对现代社会不适应的方面。中国传统教育思想的"共通元素"是指中国古代教育与现代教育的共通之处、与西方教育的共通之处。中国古代教育家对于教育在社会发展中作用的认识，对于人性、环境与教育关系的认识，对于道德教育的认识，"因材施教"、"学思结合"、"启发教学"、"顺情导性"、"身教重于言教"等教育教学方法，无不闪烁着教育智慧的光芒，具有跨越时空的永恒价值，既与西方教育思想有共通之处，也可为现代教育发展所借鉴。所谓"中国元素"是指要建立中国现代教育体系和现代教育教学理论，就必须植根于中国文化土壤，继承和发扬中国传统教育思想。历史和现实昭示我们，不同文化模式下的教育教学模式有着明显的传承脉络，是与人们对于人性问题的思考，对于教育问题的认识及其文化传统、民族特性密切相关的。西方现代教育教学理论是在继承与弘扬西方古代教育智慧的基础上，为适应现代工业文明的需要而建立起来的，有着鲜明的西方文化特征。那么，中国现代教育教学理论的建设就应该吸收中国传统教育理想的合理内核，体现"中国元素"，亦即彰显中国特色。同时，我们也要看到，传统教育是与中国古代小农经济相适应的，是与中国古代皇权政治相适应的，有着鲜明的历史局限性。正如革命先驱李大钊所指出的：孔子的学说所以能支配中国人心有二千余年的缘故，不是他的学说有绝对的权威，久远不变的真理，配做中国人的"万世师表"，因为他是适应中国二千余年来未曾变动的农业经济组织反映出来的产物，因为他是中国大家族制度上的表层构造，因为经济上有他的基础。[①] 在工业文明时代，甚至信息社会已经出现的历史新背景下，影响教育的一些根本方面发生了重大变化，传统教育的内涵已经无法适应新时代的需求。因此，对于传统教育思想要继承弘扬、借鉴变通、创造转化，而不能只是继承而已。必须根据时代的要求站在时代的高度来审视传统，根据国际教育发展趋势，对传统教育思想进行创造性转化，才能使其融入现代教育中。

中华文明从来不是自我封闭、自我禁锢的系统，而是随着迁徙、融合、贸易、战争不断交流融合的。南北方文化的几次大的融合，魏晋隋唐时期佛教的传入与兴盛，乃至近代西学东渐，莫不如此。中国传统教育思想在与现代教育思想、西方教育思潮、现实中国教育的冲突与融合中，经过体制创新与有机整合，必将创造出中国教育现代化的新模式。

研究中国传统教育思想，梳理中国教育发展的历史进程，总结教育发展的历史经验，探索教育发展的客观规律，即是为了丰富当代教育理论，促进当代中国教育改革与发展。正是本着这一目的，我们选编了这

---

① 参见李大钊：《由经济上解释近代思想变动的原因》，《李大钊选集》，297页，北京，人民出版社，1959。

本《中国传统教育思想历代文选》。选编时遵循了以下几个原则：一是注重全面性与代表性。中国文化教育历史悠久，中国传统教育思想宏大丰富，中国教育典籍浩如烟海。我们在选编时，既注重以儒家教育经典为主，又选编了墨家、道家、法家及佛学的代表性论著，以期能反映中国传统教育思想的全貌和发展脉络及不同学派间的相互影响；既注重教育思想丰富、现有教科书重点突出的孔子、孟子、荀子、董仲舒、王充、韩愈、二程、朱熹、陆九渊、王守仁、颜元等教育大家的论著，也有重点地选编了一批教育思想深刻，但是并不以教育家名列历史的人物的代表性作品，如管子、贾谊、嵇康、周敦颐、欧阳修、司马光、苏轼、陈亮、黄宗羲、顾炎武、王夫之、袁枚、章学诚、戴震等人的作品。二是注重突出重点。即以儒家教育论著为主，其他为辅；以历史上教育大家的作品为主，其他为辅；重点突出了中国教育思想发展史上的两个高峰时期——先秦"百家争鸣"时期和宋明理学时期的教育论著。三是编选以全文为主。在编选时，我们考虑到让读者全面认识教育家的思想，应该阅读全文，而不是其中的只言片语，故选文尽量全文选入，一部分作了节选。四是注重可读性。在编选时，优先选入部分可读性强的论著和美文，删除了少量虽有思想性但晦涩难懂的论著。五是对选文作了分类。为避免用现代教育学术话语体系去裁剪传统教育思想，我们尝试采用了中国传统教育思想的概念范畴将选文划分为"重教与教化"、"为师与教学"、"为学与治学"三个部分。为方便读者阅读，对每篇选文，都作了较为详细的解题和注释。

重教与教化

《论语》（节选）

孔子论教化

解题

孔子（前551—前479），名丘，字仲尼，春秋时鲁国陬邑（今山东曲阜）人。孔子做过小官，自三十岁左右开始授徒讲学，弟子三千，通六艺者七十二人。《论语》是一部记载孔子及其弟子言论行事的著作。孔子认为治理国家不能只靠政令、刑律，而且要靠德治和教化，"道之以政，齐之以刑，民免而无耻"，"道之以德，齐之以礼"，才能做到"有耻且格"。因此，教育比政令、刑律更为重要和有效。孔子从"性相近也，习相远也"的理论出发，提出"有教无类"的主张，扩大了教育的对象范围。

选文

学而第一

子夏曰："贤贤易色①；事父母能竭其力；事君能致其身②；与朋友

---

① 贤贤易色：见贤思齐，即以贤德的人作为标准来约束自己，改变不良的欲望和行为。
② 能致其身：全心奉献。

交，言而有信。虽曰未学，吾必谓之学矣。"

子禽①问于子贡②曰："夫子至于是邦③也，必闻其政，求之与？抑与之与？"子贡曰："夫子温良恭俭让以得之。夫子之求之也，其诸异乎人之求之与？"

八佾第三

子谓韶④，"尽美矣，又尽善也。"谓武⑤，"尽美矣，未尽善也。"

里仁第四

子曰："朝闻道，夕死可矣。"

雍也第六

子贡曰："如有博施于民，而能济众，何如？可谓仁乎？"子曰："何事于仁！必也圣乎！尧舜其犹病⑥诸！夫仁者，己欲立而立人，己欲达而达人。能近取譬，可谓仁之方也已。"

述而第七

子曰："德之不修，学之不讲，闻义不能徙⑦，不善不能改，是吾忧也。"

子曰："我非生而知之者，好古敏以求之者也。"

子罕第九

子在川上曰："逝者如斯夫！不舍昼夜。"

---

① 子禽：陈亢，字子禽，孔子弟子。
② 子贡：端木赐，字子贡，孔子弟子。
③ 至于是邦：每到一个国家。
④ 韶：舜时的音乐。
⑤ 武：周武王时的音乐。
⑥ 病：有所不足；缺点。
⑦ 徙：施行。

先进第十一

子路、曾皙①、冉有、公西华侍坐。

子曰："以吾一日长乎尔，毋吾以也②。居则曰：'不吾知也！'③ 如或知尔，则何以哉？"

子路率尔而对曰："千乘之国，摄乎大国之间，加之以师旅，因之以饥馑④；由也为之，比及三年，可使有勇，且知方⑤也。"

夫子哂⑥之。

"求⑦！尔何如？"

对曰："方六七十，如五六十⑧，求也为之，比及三年，可使足民。如其礼乐，以俟君子。"

"赤⑨！尔何如？"

对曰："非曰能之，愿学焉。宗庙之事，如会同⑩，端章甫⑪，愿为小相焉。"

"点⑫！尔何如？"

鼓瑟希，铿尔，舍瑟而作⑬，对曰："异乎三子者之撰⑭。"

子曰："何伤乎？亦各言其志也。"

曰："莫⑮春者，春服既成，冠者⑯五六人，童子六七人，浴乎

---

① 曾皙：曾点，曾参之父，孔子弟子。
② 毋吾以也：没有人用我了。
③ 居：平日。不吾知也："不知吾也"的倒装句，意谓"没有人了解我"。
④ 加之以师旅，因之以饥馑：外有强敌，内有饥荒。
⑤ 知方：明白道理。
⑥ 哂（shěn）：讥笑。
⑦ 求：冉求，孔子弟子。
⑧ 方六七十：每边长六七十里，指方圆六七十里的地方或国家。如：或者。
⑨ 赤：公西赤，孔子弟子。
⑩ 如会同：联合诸国，会盟外交。
⑪ 端：古代正式场合穿的礼服。章甫：帽子，用于正式的礼仪场合。端章甫：这里指穿着正式的服装。
⑫ 点：曾点。
⑬ 作：站起来。
⑭ 撰：讲述。
⑮ 莫：通"暮"。
⑯ 冠者：成年人。

沂①，风乎舞雩②，咏而归。"

夫子喟然叹曰："吾与点也！"

三子者出，曾皙后。曾皙曰："夫三子者之言何如？"

子曰："亦各言其志也已矣。"

曰："夫子何哂由也？"

曰："为国以礼，其言不让，是故哂之。"

"唯求则非邦也与？"③

"安见方六七十如五六十而非邦也者？"

"唯赤则非邦也与？"

"宗庙会同，非诸侯而何？④ 赤也为之小，孰能为之大？"

颜渊第十二

颜渊问仁。子曰："克己复礼为仁。一日克己复礼，天下归仁焉。为仁由己，而由人乎哉？"

颜渊曰："请问其目⑤。"子曰："非礼勿视，非礼勿听，非礼勿言，非礼勿动。"

颜渊曰："回虽不敏，请事斯语矣⑥。"

仲弓问仁。子曰："出门如见大宾，使民如承大祭。己所不欲，勿施于人。在邦无怨，在家无怨。"

仲弓曰："雍虽不敏，请事斯语矣。"

司马牛问仁。子曰："仁者，其言也讱⑦。"

曰："其言也讱，斯谓之仁已乎？"子曰："为之难，言之得无讱乎？"

---

① 沂：沂水，河流的名字。
② 舞雩：沂水两边的雩门和祭坛。
③ 唯求则非邦也与：难道冉求所说的不是一个国家吗？
④ 宗庙会同，非诸侯而何：宗庙祭祀、邦国举行会盟这样的事是诸侯以外的人不能做的。
⑤ 目：途径、要领。
⑥ 请事斯语矣：一定会依据这样的准则去实行。
⑦ 讱：难，不流畅，引申为谨慎。

子路第十三

子曰："诵诗三百，授之以政，不达①；使于四方②，不能专对；虽多，亦奚以为③？"

子适④卫，冉有仆⑤。子曰："庶⑥矣哉！"冉有曰："既庶矣，又何加焉？"曰："富之。"曰："既富矣，又何加焉？"曰："教之。"

卫灵公第十五

子曰："君子谋道不谋食。耕也，馁⑦在其中矣；学也，禄在其中矣。君子忧道不忧贫。"

季氏第十六

孔子曰："生而知之者，上也，学而知之者，次也；困⑧而学之，又其次也；困而不学，民斯为下矣。"

阳货第十七

子曰："性相近也，习相远也。"

子曰："唯上知与下愚不移。"⑨

子之⑩武城⑪，闻弦歌之声。夫子莞尔而笑，曰："割鸡焉用牛刀？"⑫

---

① 达：办成。
② 使于四方：作为使节出使四方各国。
③ 亦奚以为：有什么用处呢？
④ 适：到……去。
⑤ 仆：作为驾车的仆人。
⑥ 庶：人口众多。
⑦ 馁：饥饿。
⑧ 困：有困惑。
⑨ 上知：极其聪明的人。下愚：非常愚钝的人。移：改变。
⑩ 之：到。
⑪ 武城：孔子弟子子游曾为此地长官。
⑫ 割鸡焉用牛刀：值得用杀牛的刀来杀鸡么？孔子用反语提问子游为什么要对当地民众施行礼乐教化。

子游①对曰："昔者偃也闻诸夫子曰：'君子学道则爱人，小人学道则易使也。'"

子曰："二三子！偃之言是也。前言戏之耳。"

子曰："由也！女闻六言六蔽矣乎？"对曰："未也。"

"居②！吾语女。好仁不好学，其蔽也愚；好知不好学，其蔽也荡③；好信不好学，其蔽也贼④；好直不好学，其蔽也绞⑤；好勇不好学，其蔽也乱；好刚不好学，其蔽也狂⑥。"

宰我⑦问："三年之丧⑧，期已久矣。君子三年不为礼，礼必坏；三年不为乐，乐必崩。旧谷既没，新谷既升，钻燧改火，期可已矣⑨。"

子曰："食夫稻，衣夫锦，于女安乎？"曰："安。""女安则为之！夫君子之居丧，食旨不甘，闻乐不乐，居处不安，故不为也。今女安则为之！"

宰我出。子曰："予之不仁也！子生三年，然后免于父母之怀。夫三年之丧，天下之通丧也。予也有三年之爱于其父母乎！"

微子第十八

子路从而后，遇丈人以杖荷蓧⑩。

子路问曰："子见夫子乎？"丈人曰："四体不勤，五谷不分。孰为夫子？"植其杖而芸⑪。

子路拱而立。

---

① 子游：言偃，字子游，孔子弟子。
② 居：坐下。
③ 荡：放荡不羁。
④ 贼：信别人而伤害自己。
⑤ 绞：直言不讳，刺耳钻心。
⑥ 狂：狂妄。
⑦ 宰我：宰予，字子我，孔子弟子。
⑧ 三年之丧：古人规定的服丧制度中的最高等级守孝之礼。父母死后，服丧要持续三年之久。
⑨ 钻燧改火，期可已矣：打火用的燧木经过一个轮回（古人一个季节换一种取火用的木头），一年也就可以了。
⑩ 荷：肩负。蓧（diào）：竹编的除草工具。
⑪ 芸：同"耘"，除草。

止子路宿，杀鸡为黍①而食之，见其二子焉。

明日，子路行以告。

子曰："隐者也。"使子路反见之。至，则行矣。

子路曰："不仕无义②。长幼之节，不可废也；君臣之义，如之何其废之？欲洁其身，而乱大伦。君子之仕也，行其义也。道之不行，已知之矣。"

子张第十九

子夏曰："仕而优则学，学而优则仕。"

尧曰第二十

子张问于孔子曰："何如斯可以从政矣？"

子曰："尊五美，屏③四恶，斯可以从政矣。"

子张曰："何谓五美？"

子曰："君子惠④而不费，劳而不怨，欲而不贪，泰⑤而不骄，威而不猛。"

子张曰："何谓惠而不费？"

子曰："因民之所利而利之，斯不亦惠而不费乎？择可劳而劳之，又谁怨？欲仁而得仁，又焉贪？君子无众寡，无小大，无敢慢，斯不亦泰而不骄乎？君子正其衣冠，尊其瞻视⑥，俨然人望而畏之，斯不亦威而不猛乎？"

子张曰："何谓四恶？"

子曰："不教而杀谓之虐。不戒视成⑦谓之暴。慢令致期⑧谓之贼。

---

① 为黍（shǔ）：做饭。
② 不仕无义：不做官是不符合道义的。仕：做官。
③ 屏：摒弃。
④ 惠：施加恩惠。
⑤ 泰：泰然自若。
⑥ 瞻视：整齐的外观。
⑦ 不戒视成：不劝诫民众，而看着他们犯罪。
⑧ 慢令致期：没有规定限期，却以超过期限治罪。

犹之与人也,出纳之吝,谓之有司。①"

【出处】 国学整理社编:《诸子集成·论语正义》,北京,中华书局,1954。

---

① 犹之与人也,出纳之吝,谓之有司:就像是要给人财物,却在给予时表现吝啬,是职位低微的官员所为。

《道德经》(节选)

老子论教与教化

解题

老子姓李名耳,字聃,生卒年不详,春秋时期楚国苦县(今河南鹿邑)人。相传著有《道德经》,包括上篇《道经》和下篇《德经》两个部分,共五千余言。老子认为"道"是宇宙万物的本体,"道生一,一生二,二生三,三生万物。"万物都是由"道"派生出来的。反对儒家提出的"仁义孝悌",认为"大道废,有仁义;慧智出,有大伪;六亲不和,有孝慈;国家昏乱,有忠臣",主张"不以智治国",提出"绝学无忧"、"绝圣弃智"、"绝巧弃利"。在教育方面,把"道"作为认识、追求的目标,培养具备"无为"品质的人,要"道法自然",贵"无"、知"常"、守"柔",主张返璞归真,顺应自然,"圣人处无为之事,行不言之教"。

选文

二章

天下皆知美之为美，斯恶已；皆知善之为善，斯不善已。故有无相生，难易相成，长短相较，高下相倾，音声相和，前后相随。是以圣人处无为①之事，行不言之教。

三章

不尚贤，使民不争；不贵②难得之货，使民不盗；不见可欲，使民心不乱。是以圣人之治：虚其心，实其腹，弱其志，强其骨。常使民无知无欲，使夫知者不敢为也，为无为则无不治。

十二章

五色令人目盲，五音令人耳聋，五味令人口爽；驰骋畋③猎，令人心发狂；难得之货，令人行妨。是以圣人为腹不为目，故去彼取此。

十八章

大道废，有仁义。慧智出，有大伪。六亲④不和，有孝慈。国家昏乱，有忠臣。

十九章

绝圣弃智⑤，民利百倍；绝仁弃义，民复孝慈；绝巧弃利，盗贼无有。此三者，以为文⑥不足，故令有所属⑦。见素抱朴⑧，少私寡欲。

---

① 无为：顺应自然的无所作为。
② 贵：以……为贵重。
③ 畋（tián）：打猎。
④ 六亲：父子、兄弟、夫妻，此处指代家庭内部关系。
⑤ 绝、弃：隔断弃绝。圣、智：圣贤之道。
⑥ 文：虚华的装饰。
⑦ 故令有所属：所以国家发布命令要使民众的行为有所归属，受到指引。
⑧ 见：同"现"，表现。抱：抱持。

二十七章

善行无辙迹①；善言无瑕谪②；善数不用筹策③；善闭无关楗④而不可开；善结⑤无绳约而不可解。是以圣人常善救人，故无弃人；常善救物，故无弃物。是谓袭⑥明。故善人者不善人之师；不善人者善人之资。不贵其师，不爱其资，虽智大迷，是谓要妙。

三十三章

知人者智，自知者明；胜人者有力，自胜者强；知足者富，强行者⑦有志；不失其所者久，死而不亡者⑧寿。

三十六章

将欲歙⑨之，必固张之；将欲弱之，必固强之；将欲废之，必固兴之；将欲夺之，必固与之。是谓微明⑩。柔弱胜刚强。鱼不可脱于渊，国之利器不可以示⑪人。

四十二章

道生一，一生二，二生三，三生万物。万物负阴而抱阳，冲气以为和⑫。人之所恶，唯孤、寡、不榖⑬，而王公以为称⑭。故物或损之而益，或益之而损。人之所教，我亦教之："强梁者不得其死⑮。"吾将以

---

① 辙迹：车痕足迹。
② 瑕谪：玉石上的瑕疵，此处引申为过错。
③ 数：计数。筹策：古代用竹子做成的计算工具。
④ 闭：关闭（房门）。关楗（jiàn）：门栓，竖的称楗，横的称关。
⑤ 结：打结。
⑥ 袭：承袭。
⑦ 强行者：坚持不懈的人。
⑧ 死而不亡者：身体死去而精神不消亡的人。
⑨ 歙（xī）：收拢敛起。
⑩ 微明：幽微深沉的聪明。
⑪ 示：出示。
⑫ 冲：对冲激荡。和：调和。
⑬ 不榖（gǔ）：不善。
⑭ 称：自称。
⑮ 强梁者不得其死：蛮横霸道的人不得善终。

为教父①。

四十三章

天下之至柔，驰骋天下之至坚，无有入无间②。吾是以知无为之有益。不言之教，无为之益，天下希及之③。

四十五章

大成若缺④，其用不弊⑤。大盈若冲⑥，其用不穷⑦。大直若屈，大巧若拙，大辩若讷⑧。躁胜寒，静胜热，清静为天下正。

四十八章

为学日益，为道日损，损之又损，以至于无为。无为而无不为。取天下常以无事。及其有事，不足以取天下。

五十七章

以正治国，以奇用兵，以无事⑨取天下。吾何以知其然哉？以此。天下多忌讳⑩，而民弥⑪贫；民多利器，国家滋⑫昏；民多伎巧，奇物滋起；法令滋彰，盗贼多有。故圣人云："我无为而民自化；我好静而民自正；我无事而民自富；我无欲而民自朴。"

---

① 教父：教人的首要原则。
② 无有入无间：没有固定外形的物品能够进入没有缝隙的地方。
③ 天下希及之：天下很少有人能够做到。
④ 成：圆满，完美。缺：残缺。
⑤ 弊：衰败。
⑥ 盈：充满。冲：虚空，不足。
⑦ 穷：穷尽。
⑧ 讷：木讷。
⑨ 无事：无为之道。
⑩ 忌讳：禁止的限令。
⑪ 弥：越发。
⑫ 滋：越发。

六十五章

古之善为道者①，非以明民②，将以愚之。民之难治，以其智多。故以智治国，国之贼③；不以智治国，国之福。知此两者亦稽式④。常知稽式是谓元德。元德深矣远矣，与物反矣，然后乃至大顺。

六十六章

江海所以能为百谷王者，以其善下之⑤，故能为百谷王。是以圣人欲上民⑥必以言下之⑦；欲先民必以身后之。是以圣人处上而民不重，处前而民不害。是以天下乐推⑧而不厌。以其不争，故天下莫能与之争。

【出处】国学整理社编：《诸子集成·老子注》，北京，中华书局，1954。

---

① 善为道者：善于统治国家的人。
② 明民：使民众聪明。
③ 贼：灾祸。
④ 稽式：指规律法则。
⑤ 百谷王者：意为百河大川归一之处。善下之：善于处于地势较低的位置。
⑥ 欲上民：想要位居民众之上。
⑦ 必以言下之：面对民众必须言论谦虚。
⑧ 推：推崇尊敬。

《所染》

墨子论环境与教育

解题

墨子（约前490—约前403），鲁国人（一说宋国人），提出尚贤、尚同、节用、薄葬、非乐、非命、天志、明鬼、兼爱、非攻等十大主张；其中，兼爱、非攻是墨子的中心思想。墨子很重视教育，希望用"上说下教"的方式来实现自己的政治主张。他以"染丝"为例，论证了教育和环境在人的发展过程中的决定作用。环境与教育对人的影响，是我国古代教育家所普遍关注的问题，墨子以"染丝论"来反对"命定论"，体现了相对积极的教育理念。

选文

子①墨子言②见染丝③者而叹，曰："染于苍则苍，染于黄则黄，所入者变，其色亦变，五入必④，而已则为五色矣！故染不可不慎也！"

---

① 子：这是弟子对墨子的尊称。
② 言：疑为"衍"。
③ 染丝：丝绸染色。
④ 五入必：五次以后。

非独染丝然也，国亦有染。舜染于①许由、伯阳②，禹染于皋陶、伯益③，汤染于伊尹、仲虺④，武王染于太公、周公。此四王者所染当⑤，故王天下，立为天子，功名蔽⑥天地。举天下之仁义显人，必称此四王者。夏桀染于干辛、推哆⑦，殷纣染于崇侯、恶来⑧，厉王染于厉公长父、荣夷终⑨，幽王染于傅公夷、蔡公谷⑩。此四王者所染不当，故国残身死，为天下僇⑪。举天下不义辱人，必称此四王者。

齐桓染于管仲、鲍叔⑫，晋文染于舅犯、高偃⑬，楚庄染于孙叔、沈尹⑭，吴阖闾染于伍员、文义⑮，越句践染于范蠡⑯、大夫种。此五君者所染当，故霸诸侯，功名传于后世。

范吉射染于长柳朔、王胜⑰，中行寅染于籍秦、高强⑱，吴夫差染于王孙雒、太宰嚭⑲，智伯摇染于智国、张武⑳，中山尚染于魏义、偃长㉑，

---

① 染于：被……熏陶和影响。
② 许由：尧舜时的贤德之人。伯阳：古代贤人，传为舜的友人之一。此二人才智皆高。
③ 皋陶：传为舜时的司法官，以公正廉明著称。伯益：传说舜时曾与大禹同为官员，因为才德出众曾被大禹列为王位的禅让对象。
④ 伊尹、仲虺（huī）：两人均为商汤时重臣。
⑤ 当：恰当。
⑥ 蔽：覆盖。
⑦ 干辛、推哆：夏朝奸臣。
⑧ 崇侯：崇侯虎，商纣臣子。恶来：恶来革，商纣王时期的大臣。此二人皆无德。
⑨ 厉公长父、荣夷终：无从考。
⑩ 傅公夷、蔡公谷：无从考。
⑪ 僇（lù）：同"戮"，杀戮。
⑫ 管仲：良相，辅佐齐桓公成就霸业。鲍叔：齐国大夫，曾任宰相，以善于发掘人才著称。
⑬ 舅犯：狐偃，字子犯，晋文公重耳的舅舅，故称舅犯。高偃：曾为齐国大夫。
⑭ 孙叔：孙叔敖，春秋楚国人，被楚庄王任命为令尹，他在职期间重视农业生产，扩张了楚国势力。沈尹：沈尹戌，曾任楚国左司马。
⑮ 伍员：字子胥，又称申胥，原是春秋时期楚国人，后因遭政治迫害，逃亡到吴国，官列吴国大夫，协助吴王成就霸业。文义：无从考。
⑯ 范蠡：字少伯，原为楚国宛人，后入越国，成为越王勾践的得力助手。
⑰ 范吉射：晋国的六卿之一。长柳朔、王胜：均为范吉射家臣。
⑱ 中行寅：晋国大夫之子，复姓中行。籍秦、高强：均为中行寅家臣。
⑲ 王孙雒（luò）、太宰嚭（pǐ）：均为吴国臣子。
⑳ 智伯摇：晋国大夫之子。智国、张武：均为智伯摇家臣。
㉑ 魏义、偃长：无从考。

宋康染于唐鞅、佃不礼①。此六君者所染不当，故国家残亡，身为刑戮，宗庙破灭，绝无后类，君臣离散，民人流亡。举天下之贪暴苛扰者，必称此六君也。

凡君之所以安者，何也？以其行理也，行理性于染当。故善为君者，劳于论人，而佚于治官②。不能为君者，伤形费神，愁心劳意，然国逾③危，身逾辱。此六君者，非不重其国，爱其身也，以不知要故也。不知要者，所染不当也。

非独国有染也，士亦有染。其友皆好仁义，淳谨畏令，则家日益，身日安，名日荣，处官得其理矣，则段干木、禽子、傅说之徒是也。其友皆好矜奋④，创作比周⑤，则家日损，身日危，名日辱，处官失其理矣，则子西、易牙、竖刁之徒是也。《诗》曰"必择所堪⑥，必谨所堪"者，此之谓也。

【出处】（清）孙诒让著，孙以楷点校：《墨子间诂》卷一《所染第三》，北京，中华书局，2001。

---

① 唐鞅、佃不礼：无从考。
② 劳于论人，而佚于治官：论，作"择"；佚，作"逸"。引申为君主应该用心选拔人才。
③ 逾：越发。
④ 矜奋：骄气凌人。
⑤ 比周：结党营私。
⑥ 堪：应读为"湛"，浸染之意。

《兼爱》

墨子论兼爱

解题

"兼爱"是墨家的中心思想之一，墨子认为"天下之害"的根源在于"不相爱"，只有"以兼相爱交相利之法易之"，也就是说，人们只有"兼相爱"才能平等友爱，融洽相处，除去天下之害。墨子的教育目的也是围绕"兼爱"这个思想，就是要培养"兴天下之利，除天下之害"的"兼士"。墨子培养的"兼士"与孔子培养的"君子"在本质上是相同的，都是要做治术之材。墨子的"兼爱"与孔子的"仁"同样要求"为人君必惠，为人臣必忠，为人父必慈，为人子必孝，为人兄必友，为人弟必悌"。但二者又有很大的不同，"兼爱"强调无差别的爱，"仁"强调"爱有差等"。

选文

子墨子言曰："仁人之所以为事者，必兴天下之利，除天下之害，以此为事者也。"然则天下之利何也？天下之害何也？子墨子言曰："今若国之与国之相攻，家之与家之相篡，人之与人之相贼，君臣不惠忠，父子不慈孝，兄弟不和调，此则天下之害也。"

然则崇①此害亦何用生哉？以不相爱生邪？子墨子言："以不相爱生。今诸侯独知爱其国，不爱人之国，是以不惮举其国以攻人之国。今家主②独知爱其家，而不爱人之家，是以不惮举其家以篡人之家。今人独知爱其身，不爱人之身，是以不惮举其身以贼人之身。是故诸侯不相爱则必野战。家主不相爱则必相篡，人与人不相爱则必相贼，君臣不相爱则不惠忠，父子不相爱则不慈孝，兄弟不相爱则不和调。天下之人皆不相爱，强必执弱，富必侮贫，贵必敖③贱，诈必欺愚。凡天下祸篡怨恨，其所以起者，以不相爱生也。是以仁者非之。"

既以非之，何以易之？子墨子言曰："以兼相爱交相利之法易之。"然则兼相爱交相利之法将奈何哉？子墨子言："视人之国若视其国，视人之家若视其家，视人之身若视其身。是故诸侯相爱则不野战，家主相爱则不相篡，人与人相爱则不相贼，君臣相爱则惠忠，父子相爱则慈孝，兄弟相爱则和调。天下之人皆相爱，强不执弱，众不劫寡，富不侮贫，贵不敖贱，诈不欺愚。凡天下祸篡怨恨可使毋起者，以相爱生也，是以仁者誉之。"

然而今天下之士君子曰："然，乃若兼则善矣，虽然，天下之难物于故也。"④子墨子言曰："天下之士君子，特不识其利，辩其故也。今若夫攻城野战，杀身为名，此天下百姓之所皆难也，苟君说之，则士众能为之。况于兼相爱，交相利，则与此异。夫爱人者，人必从而爱之；利人者，人必从而利之；恶人者，人必从而恶之；害人者，人必从而害之。此何难之有！特上弗以为政，士不以为行故也。"

---

① 崇：通"察"。
② 家主：卿大夫。
③ 敖：通"傲"。
④ 虽然，天下之难物于故也：即使如此，人与人之间相爱也是天下一件难办而迂阔的事。于：对于……来说。故：墨守成规，迂腐。

"昔者晋文公好士之恶衣①，故文公之臣皆牂②之裘，韦以带剑，练帛之冠③，入以见于君，出以践于朝。是其故何也？君说之，故臣为之也。"

"昔者楚灵王好士细要④，故灵王之臣皆以一饭为节，胁息然后带，扶墙然后起。比期年，朝有黧⑤黑之色。是其故何也？君说之，故臣能之也。昔越王句践好士之勇，教驯其臣，和合之焚舟失火，试其士曰：'越国之宝尽在此！'越王亲自鼓其士而进之。士闻鼓音，破碎乱行，蹈火而死者左右百人有余。越王击金而退之。"

是故子墨子言曰："乃若夫少食恶衣，杀身而为名，此天下百姓之所皆难也，若苟君说之，则众能为之。况兼相爱，交相利，与此异矣。夫爱人者，人亦从而爱之；利人者，人亦从而利之；恶人者，人亦从而恶之；害人者，人亦从而害之。此何难之有焉，特君不以为政而士不以为行故也。"

然而今天下之士君子曰："然，乃若兼则善矣。虽然，不可行之物也。譬若挈⑥太山越河济⑦也。"子墨子言："是非其譬也。夫挈太山而越河济，可谓毕劫有力矣。自古及今未有能行之者也。况乎兼相爱，交相利，则与此异，古者圣王行之。何以知其然？古者禹治天下，西为西河、渔窦⑧，以泄渠孙皇之水；北为防原泒⑨，注后之邸，嘑池之窦，洒为底柱，凿为龙门，以利燕、代、胡、貉与西河之民；东方漏之陆防孟诸之泽，洒为九浍⑩，以楗东土之水，以利冀州之民；南为江、汉、淮、汝，东流之，注五湖之处，以利荆、楚、干、越与南夷之民。此言

---

① 恶衣：不好、破烂的衣服。
② 牂（zāng）羊：母羊。
③ 韦：熟牛皮，去毛熟治的皮革。练帛：熟帛，煮练过的帛。
④ 要，通"腰"。细要，即细腰。
⑤ 黧（lí）：黑里带黄的颜色。
⑥ 挈（qiè）：举起。
⑦ 太山：泰山。河济：黄河、济水。
⑧ 西河、渔窦：古代地名。
⑨ 原泒（gū）：古代河名。
⑩ 浍：浍水。

禹之事，吾今行兼矣。昔者文王之治西土，若日若月，乍光于四方于西土，不为大国侮小国，不为众庶侮鳏寡，不为暴势夺穑人黍、稷、狗、彘。天屑临文王慈①，是以老而无子者，有所得终其寿；连独无兄弟者，有所杂于生人之间；少失其父母者，有所放依而长。此文王之事，则吾今行兼矣。昔者武王将事泰山隧，传曰：'泰山，有道曾孙周王有事，大事既获，仁人尚作，以祗商夏，蛮夷丑貉。②虽有周亲，不若仁人，万方有罪，维予一人。'此言武王之事，吾今行兼矣。"

是故子墨子言曰："今天下之君子，忠实欲天下之富，而恶其贫；欲天下之治，而恶其乱，当兼相爱，交相利，此圣王之法，天下之治道也，不可不务为也。"

【出处】（清）孙诒让著，孙以楷点校：《墨子间诂》卷四《兼爱中第十五》，北京，中华书局，2001。

---

① 天屑临文王慈：上天眷顾周文王的慈爱。
② 此处指周武王祭祀泰山时的祷告词：伐纣大事已成，太公、周、召等仁人起而相助，用以拯救商夏遗民及四方少数民族。

《庄子》(节选)

解题

　　庄子(约前369—前286),名周,字子休,战国时期宋国蒙(今河南商丘)人。庄子继承和发展了老子"道法自然"的思想,主张不要用人力改造自然。他认为仁义礼乐的教育只能戕害人的本性,"仁义"是用来统治百姓的,对于教育者则不过是欺名盗世的工具。在教育上,庄子主张"绝圣弃知"、"攘弃仁义",以"四齐"、"四无"为教育内容,即齐物我、齐是非、齐生死、齐贵贱和无己、无功、无名、无情;教育过程要做到心志纯一、顺其自然。他还提倡怀疑的学习方法,强调"贵师"、"用反"、"虚静"、"道观"等教育教学原则,充满了辩证的色彩。

选文

庄子论"大巧若拙"与"攘弃仁义"

　　庄子提出"大巧若拙",主张摒弃仁义,"不以智治国",反对一切技能技巧,反对法律。人类要从堕落中解脱出来,就必须抛弃所谓的文化、道德、智慧,回到原始自然状态中去。

外篇　胠箧①第十

故曰："鱼不可脱于渊，国之利器不可以示人。"彼圣人者，天下之利器也，非所以明天下②也。故绝圣弃知，大盗乃止；掷玉毁珠，小盗不起；焚符破玺，而民朴鄙③；掊斗折衡④，而民不争；殚残⑤天下之圣法，而民始可与论议。擢乱六律⑥，铄绝竽瑟⑦，塞瞽旷⑧之耳，而天下始人含其聪矣；灭文章⑨，散五采⑩，胶离朱⑪之目，而天下始人含其明矣；毁绝钩绳而弃规矩⑫，攦工倕⑬之指，而天下始人有其巧矣。故曰："大巧若拙"。削曾、史之行，钳杨、墨之口⑭，攘弃仁义，而天下之德始玄同⑮矣。彼人含其明，则天下不铄矣⑯；人含其聪⑰，则天下不累矣；人含其知⑱，则天下不惑矣；人含其德，则天下不僻⑲矣。

庄子论"无为"而治

统治者的教化，应该达到"无为"的境界，就像"形之于影，声之于响"。

---

① 胠（qū）：打开、撬开。箧（qiè）：箱子。胠箧：原意为打开箱子，后引申为盗窃。
② 明天下：使其明示于天下。
③ 朴鄙：朴实忠厚。
④ 掊（pǒu）：破坏。斗：斗斛，古代的容器。衡：秤杆，古代称重的器具。
⑤ 殚残：耗损，残损。
⑥ 擢（zhuó）乱六律：扰乱音律。
⑦ 铄：销毁。绝：断绝。竽：吹奏的乐器。瑟：弹奏的乐器。
⑧ 瞽（gǔ）旷：指古代著名的乐师师旷，因其眼盲，又被称为"瞽旷"。瞽：眼盲。
⑨ 文章：不同颜色相间的花纹。
⑩ 五采：五彩，即五种颜色。
⑪ 胶：粘住。离朱：古代传说中的人物，视力绝佳。
⑫ 钩绳：钩弧和墨线。规矩：圆规和角尺。
⑬ 攦（lì）：折断、掰断。工倕（chuí）：古代的能工巧匠，善制造。
⑭ 曾：曾参。史：史鳅（qiú）。此两人以忠孝闻名。杨：杨朱。墨：墨子。此两人以善辩闻名。
⑮ 玄同：同一、类同。
⑯ 明：视力好，引申为洞察、明白、清楚。彼人含其明，则天下不铄矣：人们保有其原本的洞察力，则天下就不会被毁坏。
⑰ 聪：听觉。
⑱ 知：认知，知识。
⑲ 僻：偏离。

外篇　在宥第十一

故君子不得已而临莅①天下，莫若无为。无为也而后安其性命之情。故贵以身于为天下②，则可以托天下；爱以身于为天下，则可以寄③天下。故君子苟能无解其五藏④，无擢⑤其聪明；尸居而龙见⑥，渊默而雷声⑦，神动而天随⑧，从容无为而万物炊累⑨焉。吾又何暇治天下哉！

．．．．．．．．．．．．

大人之教⑩，若形之于影，声之于响。有问而应之，尽其所怀⑪，为天下配⑫。处乎无响，行乎无方。挈汝适复之，挠挠⑬以游无端；出入无旁⑭，与日无始；颂论形躯⑮，合乎大同，大同而无己。无己恶乎得有有⑯！睹有者昔之君子；睹无者天地之友。

庄子论"缮性"

庄子在下面的选文中主要讨论了如何养性的问题，提出"以恬养知"，返璞归真。

外篇　缮性第十六

缮性⑰于俗，俗学以求复其初⑱；滑欲于俗⑲，思以求致其明。谓

---

① 临莅（lì）：统治。
② 故贵以身于为天下：把自身看得比天下还要贵重的人。
③ 寄：寄托给。
④ 藏：通"脏"，指身体的五脏。无解其五藏：不显露自己的才华与灵性。
⑤ 擢（zhuó）：提拔，升起。
⑥ 尸居：像尸体那样安稳不动。龙见：像龙那样腾跃飞升。
⑦ 渊默而雷声：像深渊那样沉默，像打雷那样轰鸣。
⑧ 神动而天随：神情、气质随着上天的安排而活动。
⑨ 炊累：炊烟和浮游的尘埃。万物炊累：万物像炊烟和尘埃那样自然悠闲。
⑩ 大人之教：地位尊贵的人所施行的教化。
⑪ 有问而应之，尽其所怀：有问必答，尽其所能。
⑫ 配：匹配、应答，这里指应对天下人的提问。
⑬ 挈：提起。适：出去。复：回来。挠挠：纷纷扰扰的样子。
⑭ 旁（bàng）：通"傍"，依傍，依靠。
⑮ 颂：容颜。论：谈吐。形躯：身形举止。
⑯ 有有：前一个为动词，意思为持有、占有；后一个为名词，意思为天地间存在的事物的状态。
⑰ 缮性：修身养性。
⑱ 俗学：流俗的学说，这里指儒家等世俗学说。复其初：回复人性的最初状态。
⑲ 滑欲于俗：使自身的欲望陷于流俗。

之蔽蒙①之民。

古之治道者，以恬养知②；知生而无以知为也，谓之以知养恬。知与恬交相养，而和理出其性。夫德，和也；道，理也。德无不容，仁也；道无不理，义也；义明而物亲，忠也；中纯实而反乎情③，乐也；信行容体而顺乎文④，礼也。礼乐遍行⑤，则天下乱矣。彼正而蒙⑥己德，德则不冒⑦，冒则物必失其性也。

．．．．．．．．．．．．．

古之行身者⑧，不以辩饰知⑨，不以知穷⑩天下，不以知穷德，危然处其所而反其性，已又何为哉！道固不小行，德固不小识。⑪ 小识伤德，小行伤道。故曰：正己而已矣。乐全之⑫谓得志。

庄子论"不内变，不外从"

在下面的选文中，庄子指出"不内变，不外从"，从而达到无所不适的境界。

外篇 达生第十九

工倕旋而盖规矩⑬，指以物化⑭而不以心稽⑮，故其灵台⑯一而不桎。

---

① 蔽蒙：闭塞、愚昧。
② 知：心智。
③ 中纯实而反乎情：内心纯良诚实而返璞归真。
④ 信行容体而顺乎文：诚信于行、容仪得体而且合乎一定的礼仪。
⑤ 礼乐遍行：疑为"礼乐偏行"，即礼乐不平衡，得失不均。
⑥ 蒙：掩盖。
⑦ 冒：显露、冒犯。
⑧ 古之行身者：古代善于修行自身的人。
⑨ 不以辩饰知：不以强辩来夸饰自己博学多知。
⑩ 穷：使困窘、困扰。
⑪ 道固不小行，德固不小识：大道广博不是小有所成能够促成的，德行完善不是小有见识能够完成的。
⑫ 乐全之：快乐地保持真我。
⑬ 工倕：尧舜时的巧匠。工倕旋而盖规矩：工倕随意地画圆圈就赛过用规矩画出来的。
⑭ 指与物化：手指与物体合为一体。
⑮ 心稽：留心、留意。
⑯ 灵台：心灵、思想深处。

忘足，履之适也；忘要①，带之适也；知忘是非，心之适也；不内变，不外从②，事会之适也。始乎适而未尝不适者③，忘适之适也。

【出处】国学整理社编：《诸子集成·庄子集解》，北京，中华书局，1954。

---

① 要：通"腰"。
② 内变：内心变化动摇。外从：行为流于外物。
③ 始乎适而未尝不适者：向来安适而从未经历不舒服的人。

《孟子》（节选）

解题

孟子（约前372—前289），名轲，战国中期鲁国邹（今山东邹县）人，受业于孔子之孙子思的门徒，一生崇尚孔子，被尊为"亚圣"。孟子是继孔子之后的著名教育家，把"得天下英才而教育之"看做人生的三大乐事之一。孟子政治上主张"仁政"，所以，对国家而言，教育的重要性在于它可以"得民心"；在人性论上，孟子持性善论，因此，对个人发展而言，教育是"求放心"。孟子提出教育的目的是"明人伦"，即"父子有亲，君臣有义，夫妇有别，长幼有序，朋友有信"。以伦理道德为基本教育内容是中国古代教育的重要特点，孔子开其端，孟子则加以系统化、理论化。

选文

孟子论性本善

孟子认为人性本善，他提出"四端"说："恻隐之心，仁之端也；羞恶之心，义之端也；辞让之心，礼之端也；是非之心，智之端也。"仁义礼智是天赋的，是人心所固有的。教育的作用就保存和扩大、发扬天赋的善端。

卷三　公孙丑上

孟子曰："人皆有不忍人之心①。先王有不忍人之心，斯有不忍人之政矣。以不忍人之心，行不忍人之政，治天下可运之掌上。所以谓人皆有不忍人之心者，今人乍②见孺子将入于井，皆有怵惕恻隐③之心，非所以内交④于孺子之父母也，非所以要誉于乡党朋友也，非恶其声⑤而然也。由是观之，无恻隐之心，非人也；无羞恶之心，非人也；无辞让之心，非人也；无是非之心，非人也。恻隐之心，仁之端⑥也；羞恶之心，义之端也；辞让之心，礼之端也；是非之心，智之端也。人之有是四端也，犹其有四体也。有是四端而自谓不能者，自贼⑦者也；谓其君不能者，贼其君者也。凡有四端于我者，知皆扩而充之矣，若火之始然⑧，泉之始达。苟能充之，足以保四海；苟不充之，不足以事父母。"

卷十一　告子上

告子曰："性犹湍水也，决诸东方则东流，决诸西方则西流。人性之无分于善不善也，犹水之无分于东西也。"

孟子曰："水信⑨无分于东西，无分于上下乎？人性之善也，犹水之就下也。人无有不善，水无有不下。今夫水，搏而跃之，可使过颡⑩；激而行之，可使在山。是岂水之性哉？其势则然也。人之可使为不善，其性亦犹是也。"

....

---

① 不忍人之心：同情怜悯之心。
② 乍：突然。
③ 怵惕（chù tì）恻隐：惊惧同情。
④ 内交：结交。
⑤ 恶其声：讨厌孩子的哭声。
⑥ 端：发端源头。
⑦ 自贼：自己害自己。
⑧ 然：燃烧。
⑨ 信：确实。
⑩ 颡（sǎng）：额头。

公都子①曰："告子曰：'性无善无不善也。'或曰：'性可以为善，可以为不善。是故文、武兴，则民好善，幽、厉兴，则民好暴。'或曰：'有性善，有性不善。是故以尧为君而有象②，以瞽瞍③为父而有舜，以纣为兄之子且以为君而有微子启、王子比干④。'今曰'性善'，然则彼皆非欤？"

孟子曰："乃若其情，则可以为善矣，乃所谓善也。若夫为不善，非才之罪也。恻隐之心，人皆有之；羞恶之心，人皆有之；恭敬之心，人皆有之；是非之心，人皆有之。恻隐之心，仁也；羞恶之心，义也；恭敬之心，礼也；是非之心，智也。仁义礼智，非由外铄我也，我固有之也，弗思耳矣。故曰：'求则得之，舍则失之'。……"

孟子论仁政

孟子认为，统治者应该施以仁政，以德服人。"得民心"是"仁政"的关键，而教育是"得民心"的最有效措施。

卷一　梁惠王上

曰："无恒产而有恒心者，惟士为能。若民，则无恒产，因无恒心。苟无恒心，放辟邪侈，无不为已。及陷于罪，然后从而刑之，是罔⑤民也。焉有仁人在位罔民而可为也？是故明君制民之产，必使仰足以事父母，俯足以畜妻子，乐岁⑥终身饱，凶年免于死亡。然后驱而之善，故民之从之也轻⑦。今也制民之产，仰不足以事父母，俯不足以畜妻子；乐岁终身苦，凶年不免于死亡。此惟救死而恐不赡⑧，奚暇治礼义哉？王欲

---

① 公都子：复姓公都，名不详，孟子弟子。
② 象：舜同父异母的弟弟，性格暴烈，恣意妄为。
③ 瞽瞍（gǔ sǒu）：舜的父亲，脾气暴躁，生性残忍。
④ 微子启、王子比干：分别是纣王的庶兄和叔父，谏纣王不听，微子启逃走，比干被杀。
⑤ 罔：陷害。
⑥ 乐岁：丰收的年景。
⑦ 轻：容易。
⑧ 此惟救死而恐不赡：这种情况仅仅维持生活恐怕也不够。赡（shàn）：充足。

行之，则盍①反其本矣！五亩之宅，树之以桑，五十者可以衣帛矣。鸡豚狗彘之畜，无失其时，七十者可以食肉矣。百亩之田，勿夺其时，八口之家可以无饥矣。谨庠序之教，申之以孝悌之义，颁白②者不负戴③于道路矣。老者衣帛食肉，黎民不饥不寒，然而不王者，未之有也。"

卷三　公孙丑上
孟子曰："以力假仁者霸，霸必有大国；以德行仁者王④，王不待大。汤以七十里，文王以百里。以力服人者，非心服也，力不赡也；以德服人者，中心悦而诚服也，如七十子之服孔子也。《诗》云：'自西自东，自南自北，无思不服。'此之谓也。"

卷十四　尽心下
孟子曰："不信仁贤，则国空虚；无礼义则上下乱；无政事则财用不足。"
孟子曰："不仁而得国者，有之矣；不仁而得天下，未之有也。"

孟子论明人伦与伦理道德教育
孟子提出教育的目的是"明人伦"。用伦理道德教导人，人皆可以为尧、舜。

卷五　滕文公上
设为庠序⑤学校以教之。庠者，养也。校者，教也。序者，射也。夏曰校，殷曰序，周曰庠；学则三代共之，皆所以明人伦也。人伦明于上，小民亲于下⑥。有王者起，必来取法，是为王者师⑦也。

---

① 盍（hé）：为什么不，表示疑问。
② 颁白：同"斑白"，指老人。
③ 负戴：头顶负重。
④ 王：成为帝王，民众归附。
⑤ 庠（xiáng）序：古代的地方学校，教育场所。
⑥ 小民亲于下：在下面的民众相互亲近。
⑦ 师：效仿。

圣人有忧之，使契①为司徒，教以人伦：父子有亲，君臣有义，夫妇有别，长幼有序，朋友有信。

卷七　离娄上
孟子曰："仁之实，事亲②是也；义之实，从兄是也；智之实，知斯二者弗去③是也；礼之实，节文④斯二者是也；乐之实，乐斯二者，乐则生矣；生则恶可已⑤也，恶可已，则不知足之蹈之手之舞之。"

卷八　离娄下
孟子曰："以善服人者，未有能服人者也。以善养⑥人，然后能服天下。天下不心服而王者，未之有也。"

卷十二　告子下
曹交⑦问曰："人皆可以为尧、舜，有诸？"
孟子曰："然。"
"交闻文王十尺，汤九尺。今交九尺四寸以长，食粟而已，如何则可？"
曰："奚⑧有于是？亦为之而已矣。有人于此，力不能胜一匹雏，则为无力人矣。今日举百钧⑨，则为有力人矣。然则举乌获⑩之任，是亦为乌获而已矣。夫人岂以不胜为患哉？弗为耳。徐行后长者谓之弟⑪，疾行先长者谓之不弟。夫徐行者，岂人所不能哉？所不为也。尧、舜之

---

① 契：传说中的商朝祖先。
② 事亲：侍奉亲属。
③ 弗去：不丢弃。
④ 节文：调整修饰。
⑤ 恶可已：不可能停止。
⑥ 养：教导。
⑦ 曹交：无从考证，一说为曹国君主之弟。
⑧ 奚：何必。
⑨ 钧：古代计算重量的单位，一钧等于三十斤。
⑩ 乌获：秦国知名的大力士。
⑪ 弟：同"悌"，尊重兄长前辈。

道,孝弟而已矣。子服尧之服,诵尧之言,行尧之行,是尧而已矣。子服桀之服,诵桀之言,行桀之行,是桀而已矣。"

曰:"交得见于邹君,可以假馆①,愿留而受业于门。"曰:"夫道若大路然,岂难知哉?人病不求耳。子归而求之,有余师。"

孟子论修身与善教

孟子提出修身以安身立命,善教以得民心。认为"得天下英才而教育之"是君子的三大乐事之一。

卷十三　尽心上

孟子曰:"尽其心者,知其性也。知其性,则知天矣。存其心,养其性,所以事天也。殀寿不贰②,修身以俟之,所以立命也。"

…………

孟子曰:"……古之人,得志,泽加于民;不得志,修身见于世。穷则独善其身,达则兼善天下。"

孟子曰:"仁言不如仁声之入人深也,善政不如善教之得民也。善政,民畏之;善教,民爱之。善政得民财,善教得民心。"

孟子曰:"人之所不学而能者,其良能也;所不虑而知者,其良知也。孩提之童,无不知爱其亲者;及其长也,无不知敬其兄也。亲亲③,仁也;敬长,义也;无他,达之天下也。"

孟子曰:"君子有三乐,而王④天下不与存焉。父母俱存,兄弟无故⑤,一乐也;仰不愧于天,俯不怍⑥于人,二乐也;得天下英才而教育之,三乐也。君子有三乐,而王天下不与存焉。"

【出处】国学整理社编:《诸子集成·孟子正义》,北京,中华书局,1954。

---

① 假馆:借用居所。
② 殀:同"夭",夭亡。贰:二心,指改变。
③ 亲亲:孝敬亲人。
④ 王:统领、统治。
⑤ 无故:无病患灾害。
⑥ 怍(zuò):惭愧。

《性恶》

荀子论教育的作用

解题

荀子（约前313—约前238），名况，战国末期赵国人，曾三任齐国稷下学宫的祭酒。荀子生活于战国末期，是先秦诸子思想的综合者，深刻指出各家学说的"见"和"蔽"，批判各家，又吸收各家。他的思想相当庞杂，但其基本思想属于儒家。《荀子》大部分是其弟子所纂录，《性恶》论人性问题，在人性论上，荀子主张性恶论，强调教育能够"化性起伪"，可以改造人的本性。孟子的"性善论"从正面肯定了教育对于扩充善端的重要作用，而荀子的"性恶论"则从反面指出了教育对于改造人性的积极价值。孟子和荀子虽然在人性论方面观点相反，但都指出了教育在人与社会发展中的重要作用，认为"人人皆可为尧舜"，"涂之人皆可以为禹"。

选文

人之性恶，其善者伪①也。今人之性，生而有好利焉，顺是，故争

---

① 伪：人为，非本性、天生之意。

夺生而辞让亡焉；生而有疾恶焉，顺是，故残贼生而忠信亡焉；生而有耳目之欲，有好声色焉，顺是，故淫乱生而礼义文理亡焉。然则从人之性，顺人之情，必出于争夺，合于犯分乱理而归于暴。故必将有师法之化，礼义之道，然后出于辞让，合于文理，而归于治。用此观之，然则人之性恶明矣，其善者伪也。故枸木必将待檃栝、烝、矫然后直，钝金必将待砻、厉然后利。① 今人之性恶，必将待师法然后正，得礼义然后治。今人无师法则偏险而不正，无礼义则悖乱而不治。古者圣王以人之性恶，以为偏险而不正，悖乱而不治，是以为之起礼义，制法度，以矫饰人之情性而正之，以扰化人之情性而导之也。始皆出于治，合于道者也。今之人，化师法，积文学，道礼义者为君子；纵性情，安恣睢，而违礼义者为小人。用此观之，人之性恶明矣，其善者，伪也。孟子曰："人之学者，其性善。"曰：是不然。是不及知人之性，而不察乎人之性、伪之分者也。凡性者，天之就也，不可学，不可事；礼义者，圣人之所生也，人之所学而能，所事而成者也。不可学、不可事而在人者谓之性，可学而能、可事而成之在人者谓之伪。是性、伪之分也。今人之性，目可以见，耳可以听。夫可以见之明不离目，可以听之聪不离耳，目明而耳聪，不可学明矣。孟子曰："今人之性善，将皆失丧其性故也。"曰：若是，则过矣。今人之性，生而离其朴，离其资，必失而丧之。用此观之，然则人之性恶明矣。所谓性善者，不离其朴而美之，不离其资而利之也。使夫资朴之于美，心意之于善，若夫可以见之明不离目，可以听之聪不离耳，故曰目明而耳聪也。今人之性，饥而欲饱，寒而欲暖，劳而欲休，此人之情性也。今人饥，见长而不敢先食者，将有所让也；劳而不敢求息者，将有所代也。夫子之让乎父，弟之让乎兄，子之代乎父，弟之代乎兄，此二行者，皆反于性而悖于情也。然而孝子之道，礼义之文理也。故顺情性则不辞让矣，辞让则悖于情性矣。用此观之，然则人之性恶明矣，其善者伪也。

---

① 枸（gǒu）木：弯曲的树木。檃栝（yǐn kuò）：矫正木材弯曲的器具。烝（zhēng）：用火烘烤使之柔软。砻（lóng）：磨。

问者曰："人之性恶，则礼义恶①生？"应之曰：凡礼义者，是生于圣人之伪，非故生于人之性也。故陶人埏埴②而为器，然则器生于工人之伪，非故生于人之性也。故工人斲③木而成器，然则器生于工人之伪，非故生于人之性也。圣人积思虑，习伪故，以生礼义而起法度，然则礼义法度者，是生于圣人之伪，非故生于人之性也。若夫目好色，耳好声，口好味，心好利，骨体肤理好愉佚④，是皆生于人之情性者也，感而自然，不待事而后生之者也。夫感而不能然，必且待事而后然者，谓之生于伪。是性、伪之所生，其不同之征⑤也。故圣人化性而起伪，伪起而生礼义，礼义生而制法度。然则礼义法度者，是圣人之所生也。故圣人之所以同于众，其不异于众者，性也；所以异而过众者，伪也。夫好利而欲得者，此人之情性也。假之人有弟兄资财而分者，且顺情性，好利而欲得，若是，则兄弟相拂⑥夺矣；且化礼义之文理，若是则让乎国人矣。故顺情性则弟兄争矣，化礼义则让乎国人矣。凡人之欲为善者，为性恶也。夫薄愿厚，恶愿美，狭愿广，贫愿富，贱愿贵，苟无之中者，必求于外。故富而不愿财，贵而不愿埶⑦，苟有之中者，必不及于外。用此观之，人之欲为善者，为性恶也。今人之性，固无礼义，故强学⑧而求有之也；性不知礼义，故思虑而求知之也。然则生而已，则人无礼义，不知礼义。人无礼义则乱，不知礼义则悖。然则生而已，则悖乱在己。用此观之，人之性恶明矣，其善者伪也。

孟子曰："人之性善。"曰：是不然。凡古今天下之所谓善者，正理平治也；所谓恶者，偏险悖乱也。是善恶之分也矣。今诚以人之性固正理平治邪？则有恶用圣王，恶用礼义矣哉！虽有圣王礼义，将曷加于正理平治也哉！今不然，人之性恶。故古者圣人以人之性恶，以为偏险而

---

① 恶：疑问代词，哪里，怎么。
② 埏埴（shān zhí）：摔打黏土而成器皿。
③ 斲（zhuó）：通"斫"。
④ 佚：通"逸"。
⑤ 征：验证，证明。
⑥ 拂：击打，抢夺。
⑦ 埶（shì）：古通"势"。
⑧ 强学：坚持学习。

不正，悖乱而不治，故为之立君上之埶以临之，明礼义以化之，起法正以治之，重刑罚以禁之，使天下皆出于治，合于善也。是圣王之治，而礼义之化也。今当试去君上之埶，无礼义之化，去法正之治，无刑罚之禁，倚而观天下民人之相与也；若是，则夫强者害弱而夺之，众者暴寡而哗①之，天下之悖乱而相亡不待顷矣。用此观之，然则人之性恶明矣，其善者伪也。故善言古者必有节于今，善言天者必有征于人。凡论者，贵其有辨合，有符验，故坐而言之，起而可设，张而可施行。今孟子曰"人之性善"，无辨合符验，坐而言之，起而不可设，张而不可施行，岂不过甚矣哉！故性善则去圣王，息礼义矣；性恶则与圣王，贵礼义矣。故檃栝之生，为枸木也；绳墨之起，为不直也；立君上、明礼义，为性恶也。用此观之，然则人之性恶明矣，其善者伪也。直木不待檃栝而直者，其性直也；枸木必将待檃栝、烝、矫然后直者，以其性不直也。今人之性恶，必将待圣王之治，礼义之化，然后皆出于治，合于善也。用此观之，然则人之性恶明矣，其善者伪也。

问者曰："礼义积伪者，是人之性，故圣人能生之也。"应之曰：是不然。夫陶人埏埴而生瓦，然则瓦埴岂陶人之性也哉？工人斲木而生器，然则器木岂工人之性也哉？夫圣人之于礼义也，辟则陶埏而生之也，然则礼义积伪者，岂人之本性也哉？凡人之性者，尧、舜之与桀、跖②，其性一也；君子之与小人，其性一也。今将以礼义积伪为人之性邪？然则有曷贵尧、禹，曷贵君子矣哉？凡所贵尧、禹、君子者，能化性，能起伪，伪起而生礼义。然则圣人之于礼义积伪也，亦犹陶埏而生之也。用此观之，然则礼义积伪者，岂人之性也哉？所贱于桀、跖、小人者，从其性，顺其情，安恣睢，以出乎贪利争夺。故人之性恶明矣，其善者伪也。天非私曾、骞、孝已③而外众人也，然而曾、骞、孝已独厚于孝之实而全于孝之名者，何也？以綦④于礼义故也。天非私齐、鲁

---

① 哗（huá）：指从中间裂开，引申为分裂。
② 跖：盗跖。
③ 骞：闵子骞。孝已：殷高宗的太子。皆以孝行闻名。
④ 綦（qí）：极。

之民而外秦人也，然而于父子之义，夫妇之别，不如齐、鲁之孝具敬父者，何也？以秦人之从情性，安恣睢，慢于礼义故也。岂其性异矣哉？

"涂之人①可以为禹"，曷谓也？曰：凡禹之所以为禹者，以其为仁义法正也。然则仁义法正有可知可能之理，然而涂之人也，皆有可以知仁义法正之质，皆有可以能仁义法正之具，然则其可以为禹明矣。今以仁义法正为固无可知可能之理邪？然则唯②禹不知仁义法正，不能仁义法正也。将使涂之人固无可以知仁义法正之质，而固无可以能仁义法正之具邪？然则涂之人也，且内不可以知父子之义，外不可以知君臣之正。不然。今涂之人者，皆内可以知父子之义，外可以知君臣之正，然则其可以知之质，可以能之具，其在涂之人明矣。今使涂之人者以其可以知之质，可以能之具，本夫仁义之可知之理，可能之具，然则其可以为禹明矣。今使涂之人伏术为学③，专心一志，思索孰察，加日县久④，积善而不息，则通于神明，参于天地矣。故圣人者，人之所积而致矣。曰："圣可积而致，然而皆不可积，何也？"曰：可以而不可使也。故小人可以为君子而不肯为君子，君子可以为小人而不肯为小人。小人、君子者，未尝不可以相为也，然而不相为者，可以而不可使也。故涂之人可以为禹则然，涂之人能为禹，未必然也。虽不能为禹，无害可以为禹。足可以徧⑤行天下，然而未尝有能徧行天下者也。夫工匠、农、贾，未尝不可以相为事也，然而未尝能相为事也。用此观之，然则可以为，未必能也；虽不能，无害可以为。然则能不能之与可不可，其不同远矣，其不可以相为明矣。尧问于舜曰："人情何如？"舜对曰："人情甚不美，又何问焉？妻子具而孝衰于亲，嗜欲得而信衰于友，爵禄盈而忠衰于君。人之情乎！人之情乎！甚不美，又何问焉？"唯贤者为不然。有圣人之知者，有士君子之知者，有小人之知者，有役夫之知者：多言则文而类⑥，终日议其所以，言之千举

---

① 涂：道路。涂之人：路人。
② 唯：虽然。
③ 伏术为学：想尽一切办法钻研学问。
④ 加日县久：日复一日持之以恒。县：同"悬"，维系。
⑤ 徧：同"遍"。
⑥ 文：言语有文采。类：贯通如一。

万变，其统类一也，是圣人之知也。少言则径①而省，论而法②，若佚③之以绳，是士君子之知也。其言也谄，其行也悖④，其举事多悔，是小人之知也。齐给、便敏而无类，杂能、旁魄而无用，析速、粹孰而不急⑤，不恤是非，不论曲直，以期胜人为意，是役夫之知也。有上勇者，有中勇者，有下勇者：天下有中，敢直其身⑥；先王有道，敢行其意；上不循⑦于乱世之君，下不俗于乱世之民；仁之所在无贫穷，仁之所亡无富贵；天下知之，则欲与天下同苦乐之，天下不知之，则傀然⑧独立天地之间而不畏，是上勇也。礼恭而意俭，大齐信焉而轻货财⑨，贤者敢推而尚之，不肖者敢援而废之，是中勇也。轻身而重货，恬祸而广解⑩，苟免，不恤是非、然不然之情，以期胜人为意，是下勇也。繁弱、巨黍⑪，古之良弓也，然而不得排檠⑫则不能自正。桓公之葱，大公之阙，文王之录，庄君之曶⑬，阖闾之干将、莫邪、巨阙、辟闾，此皆古之良剑也，然而不加砥厉则不能利，不得人力则不能断。

骅、骝、骐、骥、纤、离、绿、耳⑭，此皆古之良马也，然而前必有衔辔之制，后有鞭策之威，加之以造父⑮之驭，然后一日而致千里也。夫人虽有性质美而心辩知，必将求贤师而事之，择良友而友之。得贤师而事之，则所闻者尧、舜、禹、汤之道也；得良友而友之，则所见

---

① 径：容易。
② 论而法：论议皆有章法，不放纵。
③ 佚：引导。
④ 其言也谄（tāo），其行也悖：言行相悖，阳奉阴违。谄，奉承讨好。
⑤ 齐给：反应迅速。便敏：快速轻巧。无类：不能贯通如一。杂能：掌握庞杂的技能。旁魄：广博。析速：语言转折快。粹孰：言论荟萃而精熟。不急：言论不急于应用。
⑥ 敢直其身：敢于挺身捍卫。
⑦ 循：顺从。
⑧ 傀（guī）然：巍然的样子，独立天地之间而不畏。
⑨ 大：看重。齐信：忠信。货财：与齐信是对文。
⑩ 恬祸而广解：安然于祸患，以言辞胜人。
⑪ 繁弱、巨黍：古代良弓的名称。
⑫ 排檠（qíng）：矫正弓箭的器具。
⑬ 葱、阙、录、曶：齐桓公、齐太公、周文王、楚庄王的剑名。
⑭ 骅、骝、骐（qí）、骥、纤、离、绿、耳：周穆王八骏之名。
⑮ 造父：西周善御者。

者忠信敬让之行也。身日进于仁义而不自知也者，靡①使然也。今与不善人处，则所闻者欺诬诈伪也，所见者污漫②、淫邪、贪利之行也，身且加于刑戮而不自知者，靡使然也。传曰："不知其子视其友，不知其君视其左右。"靡而已矣，靡而已矣。

【出处】（清）王先谦撰，沈啸寰、王星贤点校：《新编诸子集成·荀子集解》卷十七，北京，中华书局，1988。

---

① 靡：通"摩"，切磋，研究。
② 污：秽行。漫：欺慢。

《五蠹》(节选)

韩非论以法为教

解题

韩非(约前280—前233),战国末期韩国人,与李斯同出于荀子门下。他主张"法治",建立了完整的法家思想体系,是法家的杰出代表,其学说为秦国所采用,成为秦统一中国的理论基础。荀子和韩非都是性恶论者,但解决问题的方法根本不同。荀子肯定了教育的作用,韩非只肯定法治的作用而忽视了教育的作用,这是儒法两家的不同。韩非认为"儒以文乱法,侠以武犯禁",而君主却加以重用,所以国家混乱;"事智者众,则法败;用力者寡,则国贫",故"明主之国,无书简之文,以法为教;无先王之语,以吏为师",主张以耕战来富国强兵;排斥六艺之教,主张"以法为教",反对儒生担任教师,主张"以吏为师"。

选文

儒以文乱法，侠以武犯禁，而人主兼礼①之，此所以乱也。夫离法者罪②，而诸先生以文学取③；犯禁者诛，而群侠以私剑养④。故法之所非，君之所取；吏之所诛，上之所养也。法、趣、上、下⑤，四相反也，而无所定⑥，虽有十黄帝，不能治也。故行仁义者非所誉，誉之则害功；工文学者非所用，用之则乱法。楚之有直躬⑦，其父窃羊，而谒⑧之吏。令尹曰："杀之！"以为直于君而曲⑨于父，报而罪之。以是观之，夫君之直臣，父之暴子⑩也。鲁人从君战，三战三北。仲尼问其故，对曰："吾有老父，身死，莫之养也。"仲尼以为孝，举而上之⑪。以是观之，夫父之孝子，君之背臣也。故令尹诛而楚奸不上闻，仲尼赏而鲁民易降北。上下之利，若是其异也，而人主兼举匹夫之行，而求致社稷之福，必不几⑫矣。

古者苍颉⑬之作书也，自环者谓之私⑭，背私谓之公，公私之相背也，乃苍颉固以知之矣。今以为同利者，不察之患也。然则为匹夫计者，莫如修行义而习文学。行义修则见信⑮，见信则受事⑯；文学习则为明师，为明师则显荣；此匹夫之美也。然则无功而受事，无爵而显荣，有政如此，则国必乱，主必危矣。故不相容之事，不两立也。斩敌

---

① 兼礼：均以礼相待。
② 离：背离。罪：治罪。
③ 取：获得重用。
④ 以私剑养：依靠私下杀人而获得供养。
⑤ 趣：提倡、倡导。上：君主。下：官吏。
⑥ 定：固定的标准。
⑦ 直躬：人名。
⑧ 谒：举告、告发。
⑨ 直：忠。曲：背叛。
⑩ 暴子：逆子。
⑪ 举而上之：向上推举了他。
⑫ 几：达到。
⑬ 苍颉（jié）：传说中创造文字的人。
⑭ 自环者谓之私：自己围成一圈的叫做"私"。指造字法。
⑮ 见信：获得信任。
⑯ 受事：获得官职。

者受赏，而高①慈惠之行；拔②城者受爵禄，而信廉爱之说；坚甲厉兵以备难，而美荐绅之饰③；富国以农，距敌恃卒④，而贵文学之士；废敬上畏法之民，而养游侠私剑之属。举行如此，治强不可得也。国平养儒侠，难至用介士⑤，所利非所用⑥，所用非所利。是故服事者简其业⑦，而游学者日众，是世之所以乱也。

且世之所谓贤者，贞信之行也；所谓智者，微妙之言也。微妙之言，上智之所难知也。今为众人法，而以上智之所难知，则民无从识之矣。故糟糠不饱者不务粱肉，短褐不完者不待文绣。夫治世之事，急者不得，则缓者非所务也。今所治之政，民间之事，夫妇⑧所明知者不用，而慕上知之论⑨，则其于治反矣。故微妙之言，非民务⑩也。若夫贤良贞信之行者，必将贵不欺之士⑪。贵不欺之士者，亦无不欺之术也。布衣相与交，无富厚以相利，无威势以相惧也，故求不欺之士。今人主处制人之势，有一国之厚，重赏严诛，得操其柄，以修明术之所烛⑫，虽有田常、子罕⑬之臣，不敢欺也，奚⑭待于不欺之士？今贞信之士不盈于十，而境内之官以百数，必任贞信之士，则人不足官⑮。人不足官，则治者寡而乱者众矣。故明主之道，一⑯法而不求智，固术而不慕信，故法不败，而群官无奸诈矣。

---

① 高：崇尚。
② 拔：攻破。
③ 美荐绅之饰：赞美、推崇士绅宽大的服饰。
④ 距敌恃卒：阻挡敌人要依靠士兵。
⑤ 介士：武士。
⑥ 所利非所用：获得利益的人不是国家需要用的人。
⑦ 服事者：从事耕织和作战的人。简：荒废、废弃。业：生业。
⑧ 夫妇：一般的村夫民妇。
⑨ 慕上知之论：追求那些高深的论调。
⑩ 务：追求。
⑪ 不欺之士：诚实不欺的人。
⑫ 以修明术之所烛：可以用权术来洞察问题。
⑬ 田常：春秋时齐国大臣田恒，亦称田成子。子罕：春秋时期宋国大臣。二人执政时权势皆凌驾于国君之上。
⑭ 奚：何必。
⑮ 人不足官：没有合格的人可以担任官吏。
⑯ 一：统一。

今人主之于言也，说①其辩而不求其当焉；其用于行也，美其声而不责其功焉。是以天下之众，其谈言者务为辩而不周于用②，故举先王、言仁义者盈廷，而政不免于乱；行身者竞于为高③而不合于功④，故智士退处岩穴⑤，归禄不受，而兵不免于弱，政不免于乱，此其故何也？民之所誉，上之所礼，乱国之术也。今境内之民皆言治，藏商、管⑥之法者家有之，而国愈贫，言耕者众，执耒⑦者寡也；境内皆言兵，藏孙、吴⑧之书者家有之，而兵愈弱，言战者多，被甲者⑨少也。故明主用其力不听其言；赏其功必禁无用。故民尽死力以从其上。夫耕之用力也劳，而民为之者，曰：可得以富也。战之为事也危，而民为之者，曰：可得以贵也。今修文学，习言谈，则无耕之劳而有富之实，无战之危而有贵之尊，则人孰不为也？是以百人事智⑩而一人用力。事智者众则法败；用力者寡则国贫，此世之所以乱也。

故明主之国，无书简之文，以法为教；无先王之语，以吏为师；无私剑之捍⑪，以斩首为勇。是境内之民，其言谈者必轨⑫于法，动作者归之于功，为勇者尽之于军。是故无事则国富，有事则兵强，此之谓王资。既畜王资，而承敌国之衅⑬，超五帝、侔⑭三王者，必此法也。

【出处】 国学整理社编：《诸子集成·韩非子集解》卷十九，北京，中华书局，1954。

---

① 说：同"悦"。
② 不周于用：不考虑是否实用。
③ 高：清高。
④ 不合于功：不管是否能为国家建功立业。
⑤ 退处岩穴：退归山林，隐居不问世事。
⑥ 商、管：商鞅、管仲。
⑦ 耒（lěi）：古代翻土用的农具。
⑧ 孙、吴：孙子、吴起。
⑨ 被（pī）：同"披"。被甲者：指士兵。
⑩ 事智：从事文学智力活动。
⑪ 捍：捍卫。
⑫ 轨：遵循。
⑬ 衅（wèi）：勤勉。
⑭ 侔（móu）：等同。

《大学》

解题

　　《大学》是《礼记》中的一篇。《礼记》是战国末期至汉初儒家学者论述"礼"的著作汇编,是儒家学派分化又趋融合的产物。由戴德传授的《礼记》八十五篇被称为《大戴礼记》,由戴圣传授的《礼记》四十九篇被称为《小戴礼记》。我们讲的《礼记》中的教育思想,是依《小戴礼记》为准。《大学》集中反映了儒家关于大学教育目标、教育任务和教育途径的思想,指出"大学之道,在明明德,在亲民,在止于至善";为了完成这个教育目标,大学教育的程序是八个条目,即格物、致知、正心、诚意、修身、齐家、治国、平天下。在八条目中,修身是中心环节,格物、致知、正心、诚意都是为了修身,只有修身之后才能齐家、治国、平天下,"自天子以至于庶人,壹是皆以修身为本"。以道德观念的认识(格物、致知)为起点,以道德信念的建立(正心、诚意)为中心,以道德自觉性的培养(修身)为根本要求,以齐家、治国、平天下为实践目标,构成了儒家的道德教育体系。

选文

大学之道,在明明德①,在亲民②,在止于至善。知止而后有定,定而后能静,静而后能安,安而后能虑,虑而后能得。物有本末,事有终始,知所先后,则近道③矣。

古之欲明明德于天下者,先治其国;欲治其国者,先齐其家;欲齐其家者,先修其身;欲修其身者,先正其心;欲正其心者,先诚其意;欲诚其意者,先致其知;致知在格物④。物格而后知至,知至而后意诚,意诚而后心正,心正而后身修,身修而后家齐,家齐而后国治,国治而后天下平。自天子以至于庶人,壹是⑤皆以修身为本。其本乱而末⑥治者,否矣。其所厚者薄,而其所薄者厚⑦,未之有也。

《康诰》曰:"克明德。"《大甲》曰:"顾諟⑧天之明命。"《帝典》曰:"克明峻德。"⑨皆自明也。

汤之《盘铭》⑩曰:"苟日新,日日新,又日新。"⑪《康诰》曰:"作新民。"《诗》曰:"周虽旧邦,其命惟新。"⑫是故君子无所不用其极。

《诗》云:"邦畿⑬千里,惟民所止。"《诗》云:"缗蛮⑭黄鸟,止于丘隅。"子曰:"于止,知其所止,可以人而不如鸟乎!"⑮《诗》云:"穆

---

① 明明德:前面的"明"作动词,意为彰明、显明。明德:最高的道德标准。
② 亲:同新。亲民:使人们改过自新。
③ 近道:接近了解事物的本质规律。
④ 致:获得。格:探究。致知在格物:推究事物原理,而后获得知识。
⑤ 壹是:一律。
⑥ 本、末:事物的原委始末与主次轻重。
⑦ 其所厚者薄,而其所薄者厚:轻视应该重视的事情,而重视无关痛痒的小事。
⑧ 諟(shì):古通"是"。
⑨ 《康诰》、《大甲》、《帝典》:皆是《尚书》篇名。
⑩ 盘铭:刻在盥洗盘器上的铭文。
⑪ 苟日新,日日新,又日新:如果一天能改过自新,就能天天如此。
⑫ 周虽旧邦,其命惟新:周朝虽然是建立很久的王朝,但其国家命运却是历久弥新。此句出自《诗经·大雅·文王》。
⑬ 邦畿(jī):直属天子的王都地区。此句选自《诗经·商颂·玄鸟》。
⑭ 缗(mián):古通"绵";蛮,小鸟的样子。此句选自《诗经·小雅·绵蛮》。
⑮ 此句意为,孔子说:鸟儿都知道该停止的时候,就应该停止,难道人会不如鸟么?

穆文王,于缉熙①敬止!"为人君,止于仁;为人臣,止于敬;为人子,止于孝;为人父,止于慈;与国人交,止于信。《诗》云:"瞻彼淇澳,菉竹猗猗。有斐君子,如切如磋,如琢如磨。瑟兮僩兮,赫兮喧兮。有斐君子,终不可谖兮!"②如切如磋者,道学也;如琢如磨者,自修也;瑟兮僩兮者,恂栗③也;赫兮喧兮者,威仪也;有斐君子,终不可谖兮者,道盛德至善,民之不能忘也。《诗》云:"于戏前王④不忘!"君子贤其贤而亲其亲,小人乐其乐而利其利,此以没世不忘也。

子曰:"听讼⑤,吾犹人也。必也使无讼乎!"无情者不得尽其辞,大畏民志,此谓知本。

此谓知本,此谓知之至也。

所谓诚其意者:毋自欺也,如恶恶臭,如好好色,此之谓自谦⑥,故君子必慎其独也!小人闲居为不善,无所不至,见君子而后厌然,掩其不善而着其善。⑦人之视己,如见其肺肝然,则何益矣。此谓诚于中,形于外⑧,故君子必慎其独也。曾子曰:"十目所视,十手所指,其严乎!"富润屋,德润身,心广体胖⑨,故君子必诚其意。

所谓修身在正⑩其心者,身有所忿懥⑪,则不得其正;有所恐惧,则不得其正;有所好乐,则不得其正;有所忧患,则不得其正。心不在焉,视而不见,听而不闻,食而不知其味。此谓修身在正其心。

所谓齐其家在修其身者:人之其所亲爱而辟⑫焉,之其所贱恶而辟

---

① 缉(qī)熙:光明,引申为光辉。此句选自《诗经·大雅·文王》。
② 澳(yù):形容河水弯曲之处。菉(绿lù):绿色。猗(yī):茂盛美丽的样子。僩(xiàn):威武的样子。斐(fěi):文静的样子。谖(缓xuān):释怀淡忘。此句出自《诗经·卫风·淇澳》。
③ 恂(xún)栗:恐惧战栗,引申指恭敬谨慎的态度。
④ 前王:指文王,武王。此句出自《诗经·周颂·烈文》。
⑤ 听讼:审判案件。
⑥ 谦:通"慊(qiè)",自得,自足。
⑦ 厌(yǎn)然:躲藏的样子。掩(yǎn):遮蔽掩盖。着:夸耀。
⑧ 诚于中,形于外:将内心的真诚表现于外。
⑨ 胖(pán):安泰舒适。
⑩ 正:端正。
⑪ 懥(zhì):愤怒。
⑫ 辟:躲开,引申为偏颇。

焉，之其所畏敬而辟焉，之其所哀矜而辟焉，之其所敖惰而辟焉。故好而知其恶，恶而知其美者，天下鲜矣！故谚有之曰："人莫知其子之恶，莫知其苗之硕。"此谓身不修不可以齐其家。

所谓治国必先齐其家者，其家不可教而能教人者，无之。故君子不出家而成教于国：孝者，所以事君也；弟者，所以事长也；慈者，所以使众也。《康诰》曰："如保赤子。"① 心诚求之，虽不中不远矣。未有学养子而后嫁者也！一家仁，一国兴仁；一家让，一国兴让；一人贪戾，一国作乱；其机如此。此谓"一言偾②事，一人定国"。尧舜率天下以仁而民从之；桀纣率天下以暴而民从之。其所令反其所好，而民不从。是故君子有诸己而后求诸人，无诸己而后非诸人。所藏乎身不恕，而能喻诸人者，未之有也。故治国在齐其家。《诗》云："桃之夭夭，其叶蓁蓁。之子于归，宜其家人。"③ 宜其家人，而后可以教国人。《诗》云："宜兄宜弟。"④ 宜兄宜弟，而后可以教国人。《诗》云："其仪不忒，正是四国。"⑤ 其为父子兄弟足法，而后民法之也。此谓治国在齐其家。

所谓平天下在治其国者：上老老而民兴孝，上长长而民兴弟，上恤孤而民不倍⑥，是以君子有絜矩⑦之道也。所恶于上，毋以使下；所恶于下，毋以事上；所恶于前，毋以先后；所恶于后，毋以从前；所恶于右，毋以交于左；所恶于左，毋以交于右：此之谓絜矩之道。《诗》云："乐只君子，民之父母。"⑧ 民之所好好之，民之所恶恶之，此之谓民之父母。《诗》云："节彼南山，维石岩岩，赫赫师尹，

---

① 如保赤子：就像爱护婴儿一样（爱护民众）。此句选自《尚书》。
② 偾（fèn）：覆亡。
③ 蓁蓁（zhēn）：草叶茂盛的样子。此句意为桃树美丽多姿，桃叶茂密繁盛，女子出嫁，家人和睦相处。选自《诗经·周南·桃夭》。
④ 宜兄宜弟：兄弟和谐相容。此句选自《诗经·小雅·蓼萧》。
⑤ 其仪不忒（tè），正是四国：仪节没有差错，可统领四方各国。此句选自《诗经·曹风·鳲鸠》。
⑥ 倍：通"背"。
⑦ 絜（xié）矩：度量仪器，引申为法度规范。
⑧ 乐只君子，民之父母：使别人获得快乐的君子是人民的父母。此句选自《诗经·小雅·南山有台》。

民具尔瞻。"①有国者不可以不慎,辟则为天下僇②矣。《诗》云:"殷之未丧师,克配上帝;仪监于殷,峻命不易。"③道得众则得国,失众则失国。是故君子先慎乎德。有德此有人,有人此有土,有土此有财,有财此有用。德者本也,财者末也。外本内末,争民施夺。是故财聚则民散,财散则民聚。是故言悖而出者,亦悖而入;货悖而入者,亦悖而出。《康诰》曰:"惟命不于常!"④ 道善则得之,不善则失之矣。《楚书》曰:"楚国无以为宝,惟善以为宝。"舅犯曰:"亡人无以为宝,仁亲以为宝。"《秦誓》曰:"若有一个臣,断断兮⑤无他技;其心休休焉,其如有容焉。人之有技,若己有之;人之彦圣,其心好之,不啻若自其口出,寔⑥能容之。以能保我子孙黎民,尚亦有利哉!人之有技,媢嫉⑦以恶之;人之彦圣,而违之,俾⑧不通,寔不能容,以不能保我子孙黎民,亦曰殆⑨哉!"唯仁人放流之,迸诸四夷,不与同中国。此谓唯仁人为能爱人,能恶人。见贤而不能举,举而不能先,命也;见不善而不能退,退而不能远,过也。好人之所恶,恶人之所好,是谓拂人之性,菑⑩必逮夫身。是故君子有大道,必忠信以得之,骄泰以失之。生财有大道,生之者众,食之者寡,为之者疾,用之者舒,则财恒足矣。仁者以财发身,不仁者以身发财。未有上好仁而下不好义者也,未有好义其事不终者也,未有府库财非其财者也。孟献子⑪曰:"畜马乘⑫不察

---

① 师尹:周太师尹氏。节彼南山,维石岩岩,赫赫师尹,民具尔瞻:此句意为巍峨的南山,由岩石堆成,地位显要的师尹,人民都仰望你。选自《诗经·小雅·节南山》。
② 僇:古通"戮"。
③ 仪:古通"宜"。监:古通"鉴"。殷之未丧师,克配上帝,仪监于殷,峻命不易:此句意为殷商在没有失去民心时,是符合上天之道的,以殷商的灭亡为鉴,可知保有天命之不易。选自《诗经·大雅·文王》。
④ 惟命不于常:不能长久地保有天命。
⑤ 断断兮:诚实专一的样子。
⑥ 寔(shí):古通"实"。
⑦ 媢嫉(mào jí):妒忌。
⑧ 俾(bǐ):使。
⑨ 殆:危险。
⑩ 菑(zāi):古通"灾"。
⑪ 孟献子:鲁国大夫,以俭朴闻名,知人善任,求贤若渴,开后世养士风气之先。
⑫ 畜马乘:指刚由"士"升为"大夫"的人。

于鸡豚；伐冰之家①不畜牛羊；百乘之家不畜聚敛之臣，与其有聚敛之臣，宁有盗臣。"此谓国不以利为利，以义为利也。长国家而务财用者，必自小人矣。彼为善之，小人之使为国家，菑害并至，虽有善者，亦无如之何矣。此谓国不以利为利，以义为利也。

【出处】（宋）朱熹撰：《新编诸子集成·四书章句集注》，北京，中华书局，1983。

---

① 伐冰之家：古时卿大夫以上的家庭丧祭时方可用冰防止尸体腐烂，故称伐冰之家。

《实性》

董仲舒论品性与教育

解题

董仲舒（前179—前104），西汉广川（今河北景县）人，汉武帝时举贤良文学之士，他获得赞许而被推为群儒之首。董仲舒回应汉武帝大一统的政治需要，提出"天人感应"和"君权神授"说。在《实性》一文中，董仲舒将人分为上、中、下三品，即"圣人之性"、"中民之性"和"斗筲之性"。他认为"圣人之性"不教而善；"斗筲之性"没有"善质"，教化无用；只有"中民之性"才可以教而为善，因而是教育的主要对象。

选文

孔子曰："名不正则言不顺。"今谓性已善，不几于无教而如其自然！又不顺于为政之道矣。且名者性之实，实者性之质。质无教之时，何遽能善？善如米，性如禾。禾虽出米，而禾未可谓米也。性虽出善，而性未可谓善也。米与善，人之继天而成于外也，非在天所为之内也。天所为，有所至而止。止之内谓之天，止之外谓之王教。王教在性外，而性不得不遂。故曰性有善质，而未能为善也。岂敢美辞，其实然也。天之所为，止于茧麻与禾。以麻为布，以茧为丝，以米为饭，以性为善，此皆圣人所继天而进也，非情性质朴之能至也，故不可谓性。正朝夕者视北辰，正嫌疑者视圣人。圣人之所名，天下以为正。今按圣人言中，本无性善名，而有善人吾不得见之矣。使万民之性皆已能善，善人者何为不见也？观孔子言此之意，以为善甚难当。而孟子以为万民性皆能当之，过矣。圣人之性不可以名性，斗筲①之性又不可以名性，名性者，中民之性。中民之性如茧如卵。卵待覆二十日而后能为雏，茧待缲以涫汤而后能为丝②，性待渐于教训而后能为善。善，教训之所然也，非质朴之所能至也，故不谓性。性者宜知名矣，无所待而起，生而所自有也。善所自有，则教训已非性也。是以米出于粟，而粟不可谓米；玉出于璞，而璞不可谓玉；善出于性，而性不可谓善。其比多在物者为然，在性者以为不然，何不通于类也？卵之性未能作雏也，茧之性未能作丝也，麻之性未能为缕也，粟之性未能为米也。《春秋》别物之理以正其名，名物必各因其真。真其义也，真其情也，乃以为名。名霣石则后其五，退飞则先其六③，此皆其真也。圣人于言无所苟而已矣。性者，天质之朴也；善者，王教之化也。无其质，则王教不能化；无其王教，则质朴不能善。质而不以善性，其名不正，故不受也。

【出处】苏舆撰，钟哲点校：《新编诸子集成·春秋繁露义证》，北京，中华书局，1992。

---

① 筲（shāo）：一种竹器，仅容一斗二升。斗筲：引申为气量狭小和才识短浅。
② 缲（sāo）：抽茧为丝。涫（guān）汤：沸汤。
③ 霣（yǔn）：通"陨"。退飞：鸟飞遇风而退缩不进，引申为畏缩后退。名霣石则后其五，退飞则先其六：整句是对事实情况的描述。出自《左传·僖公十六年》，"十有六年春王正月戊申朔，陨石于宋五。是月，六鹢退飞，过宋都。"

《汉书·董仲舒传》(节选)

董仲舒的文教政策

解题

董仲舒博学广识,深受汉武帝赏识,曾三次受武帝接见"对贤良策"。他非常重视教育的社会作用,主张实行"德教","渐民以仁,摩民以谊,节民以礼",因为国家的兴乱都在于教化,所以君王治理国家"莫不以教化为大务"。他提出了三大文教政策,一是兴学养士,改革选士制度,"兴太学,置明师,以养天下之士";二是兴教化,正万民,"教化不立而万民不正",应该"立大学以教于国,设庠序以化于邑",推广学校教育;三是主张罢黜百家,独尊儒术。董仲舒的思想不但影响了汉武帝的文教政策,而且影响了两汉以及其后历代王朝的文教政策。

选文

董仲舒,广川人也。少治《春秋》,孝景时为博士①。下帷讲诵②,

---

① 博士:古代教学官员的名称,战国时出现,沿袭至秦汉。汉文帝时设置一经博士,汉武帝时又设五经博士,职责是教授、课试,或奉使、议政。
② 下帷:放下屋内悬挂的帷幕。下帷讲诵引申为教书。

弟子传以久次相授业，或莫见其面。盖三年不窥园，其精如此。进退容止，非礼不行，学士皆师尊之。

武帝即位，举贤良文学之士前后百数，而仲舒以贤良对策①焉。

仲舒对曰：

....

臣闻命者天之令也，性者生之质也，情者人之欲也。或夭或寿，或仁或鄙，陶冶而成之，不能粹美②，有治乱之所在，故不齐也。孔子曰："君子之德风，小人之德草，草上之风必偃。"③故尧舜行德则民仁寿，桀纣行暴则民鄙夭④。未上之化下，下之从上⑤，犹泥之在钧⑥，唯甄者⑦之所为，犹金之在熔，唯冶者之所铸。"绥之斯俫，动之斯和"⑧，此之谓也。

臣谨案《春秋》之文，求王道之端，得之于正。⑨ 正次王，王次春。⑩ 春者，天之所为也；正者，王之所为也。其意曰，上承天之所为，而下以正其所为，正王道之端云尔。然则王者欲有所为，宜求其端于天。天道之大者在阴阳。阳为德，阴为刑；刑主杀而德主生。是故阳常居大夏⑪，而以生育养长为事；阴常居大冬，而积于空虚不用之处。以此见天之任德不任刑也。天使阳出布施于上而主岁功⑫，使阴入伏于

---

① 对策：回答皇帝提出的问题，古代以经义或政事等设置问题要求应试之人回答以选拔人才。
② 粹美：完美，精美。
③ 偃：停止，此处指草遇风吹而低头的样子。君子之德风，小人之德草，草上之风必偃：指君子的德行如风，小人的德行如草，草随风飘忽不定。出自《论语·颜渊》。
④ 鄙夭：性情鄙陋而早亡。
⑤ 未上之化下，下之从上：没有施行上层教化下层，下层听从上层。
⑥ 钧：古代制作陶器时所用的转轮。
⑦ 甄者：制作泥瓦的工匠。
⑧ 绥之斯俫，动之斯和：感化百姓，他们自然就会来归附；精心引导，他们就会和睦团结。出自《论语·子张》。
⑨ 正，正月。求王道之端，得之于正：寻求正确的统治之道，其开端在于正月。《春秋公羊传·隐公元年》记载："元年。春王正月。元年者何？君之始年也。春者何？岁之始也。王者孰谓？谓文王也。曷为先言王而后言正月？王正月也。何言乎王正月？大一统也。"
⑩ 正次王，王次春：正月确定之后才有王政，而王政以春天为开始。
⑪ 大夏：盛夏。
⑫ 岁功：每年的收成。

下而时出佐阳；阳不得阴之助，亦不能独成岁。终阳以成岁为名①，此天意也。王者承天意以从事，故任德教而不任刑。刑者不可任以治世，犹阴之不可任以成岁也。为政而任刑，不顺于天，故先王莫之肯为也。今废先王德教之官，而独任执法之吏治民，毋乃任刑之意与！孔子曰："不教而诛谓之虐。"虐政用于下，而欲德教之被四海，故难成也。

臣谨案《春秋》谓一元之意②，一者万物之所从始也，元者辞之所谓大也。谓一为元者，视大始而欲正本也。《春秋》深探其本，而反自贵者③始。故为人君者，正心以正朝廷，正朝廷以正百官，正百官以正万民，正万民以正四方。四方正，远近莫敢不壹④于正，而亡有邪气奸其间者。是以阴阳调而风雨时，群生和而万民殖，五谷孰而草木茂，天地之间被润泽而大丰美，四海之内闻盛德而皆徕臣，诸福之物，可致之祥，莫不毕至，而王道终⑤矣。

孔子曰："凤鸟不至，河不出图，吾已矣夫！"⑥自悲可致此物，而身卑贱不得致也。今陛下贵为天子，富有四海，居得致之位，操可致之势，又有能致之资，行高而恩厚，知明而意美，爱民而好士，可谓谊主矣。然而天地未应而美祥莫至者，何也？凡以教化不立而万民不正也。夫万民之从利也，如水之走下，不以教化堤防之，不能止也。是故教化立而奸邪皆止者，其堤防完也；教化废而奸邪并出，刑罚不能胜者，其堤防坏也。古之王者明于此，是故南面而治天下，莫不以教化为大务。立大学以教于国，设庠序以化于邑，渐民以仁，摩民以谊，节民以礼⑦，故其刑罚甚轻而禁不犯者，教化行而习俗美也。

....

① 成岁：指形成一年。终阳以成岁为名：最终使"阳"成为年岁的主要表象。
② 《春秋》谓一元之意：《春秋》里所谓"一元"的意思，即《春秋》里记载鲁隐公即位时，不用"一年"而用"元年"的说法。
③ 贵者：地位尊贵的人。
④ 壹：统一。
⑤ 终：完成。
⑥ 凤鸟不至，河不出图，吾已矣夫：古代认为凤凰、河图出现是祥瑞的象征，所以孔子借以比喻学时天下无清明之望。出自《论语·子罕》。
⑦ 渐：教化。摩：勉励。谊：通"义"。节：节制。

臣闻圣王之治天下也，少则习之学，长则材诸位①，爵禄以养其德，刑罚以威其恶，故民晓于礼谊而耻犯其上。武王行大谊，平残贼，周公作礼乐以文②之，至于成康之隆③，囹圄空虚四十余年，此亦教化之渐而仁谊之流，非独伤肌肤之效也④。至秦则不然。师申商之法，行韩非之说⑤，憎帝王之道，以贪狼为俗，非有文德以教训于下也。诛名而不察实，为善者不必免，而犯恶者未必刑也。是以百官皆饰虚辞而不顾实，外有事君之礼，内有背上之心；造伪饰诈，趣利无耻；又好用憯酷⑥之吏，赋敛亡度，竭民财力，百姓散亡，不得从耕织之业，群盗并起。是以刑者甚众，死者相望，而奸不息，俗化使然也。故孔子曰"导之以政，齐之以刑，民免而无耻"⑦，此之谓也。

今陛下并有天下，海内莫不率服，广览兼听，极群下之知，尽天下之美，至德昭然，施于方外。夜郎、康居⑧，殊方万里，说德归谊，此太平之致也。然而功不加于百姓者，殆王心未加焉⑨。曾子⑩曰："尊其所闻，则高明矣；行其所知，则光大矣。高明光大，不在于它，在乎加之意而已。"愿陛下因用所闻，设诚于内而致行之，则三王⑪何异哉！

陛下亲耕藉田⑫以为农先，夙寤晨兴⑬，忧劳万民，思惟往古，而务以求贤，此亦尧舜之用心也，然而未云获者，士素不厉⑭也。夫不素

---

① 少则习之学，长则材诸位：年少时让其学习，成年后按照才能授予职位。
② 文：教化。
③ 成康之隆：周成王和周康王时圣明的统治。
④ 非独伤肌肤之效也：不是这些通过伤害人的肌肤、身体等刑罚能实现的功效。
⑤ 申：申不害。商：商鞅。韩非：韩非子。这些人都是法家学派的代表人物。
⑥ 憯（cǎn）酷：残酷。
⑦ 导：引导。齐：约束。免：免予刑罚。
⑧ 夜郎、康居：古代国家的名字，位于边远地带。
⑨ 殆王心未加焉：大概是王者没有真正将百姓放在心上。
⑩ 曾子：曾参，孔子的学生，后世尊称为"曾子"。
⑪ 三王：指夏、商、周三代的开国国君禹、汤、周武王，也有记载为夏禹、商汤、周文王。
⑫ 藉田：即籍田，古代帝王常常于春耕之时亲自耕田以示重视农业生产。
⑬ 夙：早晨。寤：醒来。夙寤（sù wù）晨兴：早醒早起。
⑭ 厉：砥砺、磨炼。

养士而欲求贤,譬犹不琢①玉而求文采也。故养士之大者,莫大摩②太学;太学者,贤士之所关③也,教化之本原也。今以一郡一国之众,对亡应书者④,是王道往往而绝也。臣愿陛下兴太学,置明师,以养天下之士,数考问以尽其材,则英俊⑤宜可得矣。今之郡守、县令,民之师帅⑥,所使承流而宣化也;故师帅不贤,则主德不宣,恩泽不流。今吏既亡教训于下,或不承用主上之法,暴虐百姓,与奸为市,贫穷孤弱,冤苦失职,甚不称陛下之意。是以阴阳错缪,氛气弃塞⑦,群生寡遂,黎民未济,皆长吏不明,使至于此也。

夫长吏多出于郎中、中郎⑧,吏二千石子弟⑨选郎吏,又以富訾⑩,未必贤也。且古所谓功者,以任官称职为差,非谓积日累久也。故小材虽累日,不离于小官;贤材虽未久,不害⑪为辅佐。是以有司竭力尽知,务治其业而以赴功。今则不然。累日以取贵,积久以致官,是以廉耻贸乱⑫,贤不肖浑殽⑬,未得其真。臣愚以为使诸列侯、郡守、二千石各择其吏民之贤者,岁贡各二人以给宿卫⑭,且以观大臣之能;所贡贤者有赏,所贡不肖者有罚。夫如是,诸侯、吏二千石皆尽心于求贤,天下之士可得而官使也。遍得天下之贤人,则三王之盛易为,而尧、舜之名可及。毋以日月为功⑮,实试贤能为上,量材而授官,录德而定位,则廉耻殊路,贤不肖异处

---

① 琢:打磨、琢磨。
② 摩(hū):通"乎"。
③ 关:由来。
④ 对亡应书者:没有应对贤良诏书的人才。
⑤ 英俊:英才、俊杰。
⑥ 师帅:师表、典范。
⑦ 氛气弃塞:怨愤之气聚集。
⑧ 郎中、中郎:古代官员的名称。
⑨ 吏二千石子弟:薪俸两千石官员的子弟。
⑩ 訾(zī):同"资"。
⑪ 害:妨害。
⑫ 贸乱:纷乱。
⑬ 浑殽(xiáo):同"混淆"。
⑭ 宿卫:担任宿卫之职。
⑮ 毋以日月为功:不要以担任官职时间的长短来衡量功绩。

矣。陛下加惠，宽臣之罪，令勿牵制于文，使得切磋究之，臣敢不尽愚！

【出处】（汉）班固：《汉书》，北京，中华书局，2007。

《效力》（节选）

王充论"知为力"

解题

王充（27—约97），东汉会稽上虞人。他是一位无神论者和唯物论者，肯定教育在人的培养过程中的重要作用。王充所著甚多，今存《论衡》八十四篇。其中，《效力》提出了"人有知学，则有力矣"的重要命题，官吏"以理事为力"，而儒生则"以学问为力"。儒生之力表现在"博达疏通"，壮士之力表现在"举重拔坚"，强调儒生要多闻博识，获得真才实学。王充在培根之前一千五百年提出"知为力"的思想，是很深刻的。

选文

《程才》、《量知》之篇，徒言知学①，未言才力也。人有知学，则有力矣。文吏以理事②为力，而儒生以学问为力。或问杨子云③曰："力

---

① 知学：知识和学问。
② 理事：处理事情。
③ 杨子云：扬雄。

能扛鸿鼎揭华旗，知德亦有之乎？"答曰："百人矣。"① 夫知德百人者，与彼扛鸿鼎揭华旗者为料敌②也。夫壮士力多者，扛鼎揭旗；儒生力多者，博达疏通③。故博达疏通，儒生之力也；举重拔坚，壮士之力也。《梓材》曰："强人有王开贤，厥率化民。"④ 此言贤人亦壮强于礼义，故能开贤，其率化民。化民须礼义，礼义须文章，"行有余力，则以学文"⑤，能学文，有力之验也。

问曰："说一经之儒，可谓有力者？"曰：非有力者也。陈留庞少都⑥，每荐诸生之吏，常曰："王甲某子，才能百人。"⑦ 太守非⑧其能，不答。少都更⑨曰："言之尚少，王甲某子，才能百万人。"太守怒曰："亲吏妄言。"少都曰："文吏不通一经一文，不调⑩师一言。诸生能说百万章句，非才知百万人乎！"太守无以应。夫少都之言，实也，然犹未⑪也。何则？诸生能传百万言，不能览古今，守信师法，虽辞说多，终不为博。殷、周以前，颇载《六经》，儒生所不能说也⑫。秦汉之事，儒生不见，力劣不能览也⑬。周监⑭二代，汉监周秦，周秦以来，儒生不知；汉欲观览，儒生无力。使儒生博观览，则为文儒。文儒者，力多于儒生，如少都之言，文儒才能千万人矣。

【出处】 国学整理社编：《诸子集成·论衡》，北京，中华书局，1954。

---

① 百人矣：指一百个儒生方有扛鼎揭旗的力量。
② 料敌：指实力相当。
③ 博达疏通：博学多才，通达道理。
④ 强人有王开贤，厥率化民：本句指上古有明君任用贤人，教化百姓。《梓材》是《尚书》中的篇名。
⑤ 行有余力，则以学文：意为如果行有余力，可以钻研学问。出自《论语·学而》。
⑥ 陈留：古代地名，汉代为陈留郡。庞少都：人名。
⑦ 王甲某子，才能百人：意思为王某人，才能超过一百个人。
⑧ 非：否认。
⑨ 更：变更。
⑩ 调：理解。
⑪ 未：未讲完，未讲全。
⑫ 儒生所不能说也：应为儒生所能说也。"不"字有误。
⑬ 力劣不能览也：能力有限，不能通览全貌。
⑭ 监：借鉴。

《超奇》

王充论儒者分类

解题

《超奇》对儒者进行了分类。按照知识、才能从高到低分为四类：第一类是儒生，"说一经者为儒生"，儒生不能博览古今。第二类是通人，"通书千篇以上，万卷以下，弘畅雅闲，审定文读，而以教授为人师者，通人也"。通人读书多，但不能应用。第三类是文人，"采掇传书以上书奏记者为文人"，文人可以写文章，但不能"兴论立说"。第四类是鸿儒，"能精思著文，连结篇章者为鸿儒。"鸿儒论说古今，著书立说，影响后人。因此，教育要培养"鸿儒"。这种培养创造性人才的思想是有深刻现实意义的。

选文

通书千篇以上，万卷以下，弘畅雅言，审定文读①，而以教授为人

---

① 文：章节段落。读（dòu）：断句。

师者，通人①也。杼②其义旨，损益③其文句，而以上书奏记，或兴论立说，结连篇章者，文人鸿儒④也。好学勤力，博闻强识，世间多有；著书表文，论说古今，万不耐一。然则著书表文，博通所能用之者也。入山见木，长短无所不知；入野见草，大小无所不识。然而不能伐木以作室屋，采草以和⑤方药者，此知草木所不能用也。夫通人览见广博，不能掇⑥以论说，此为匿书主人⑦，孔子所谓"诵《诗》三百，授之以政不达"⑧者也，与彼草木不能伐采，一实也⑨。孔子得史记⑩以作《春秋》，及其立义创意，褒贬赏诛，不复因史记者，眇⑪思自出于胸中也。凡贵通者，贵其能用之也。即徒诵读，读诗讽术，虽千篇以上，鹦鹉能言之类也。衍传书⑫之意，出膏腴⑬之辞，非俶傥之才，不能任也。夫通览者世间比有；著文者历世希然⑭。近世刘子政父子、杨子云、桓君山⑮，其犹文、武、周公并出一时也，其余直有，往往而然，譬珠玉不可多得，以其珍也。

故能说一经者为儒生，博览古今者为通人，采掇传书以上书奏记者为文人，能精思著文连结篇章者为鸿儒。故儒生过俗人，通人胜儒生，

---

① 通人：知识广博，但不能学以致用的人。
② 杼（shù）：通"抒"，阐发。
③ 损益：增加减少，引申为适当运用。
④ 鸿儒：学识深厚并懂得应用的人。
⑤ 和：调配。
⑥ 掇（duō）：拿来。
⑦ 匿书主人：将书籍藏起来（而不会应用其中知识）的人。
⑧ 本句出自《论语•子路》，原文为"诵《诗》三百，授之以政，不达；使于四方，不能专对；虽多，亦奚以为?"原文意为：虽然精通《诗经》三百篇，但如果委派他完成政治任务，却不成功；派他出使四方，进行外交活动，也不能单独应对；如果是这样的话，即便读书万卷，又有什么意义呢?
⑨ 一实也：实质是一样的。
⑩ 史记：史官的记录，此处特指鲁国的编年史。
⑪ 眇：通"妙"，精致奥妙。
⑫ 衍：推衍，延伸。传书：流传下来的古籍。
⑬ 膏腴（gāo yú）：形容言辞华美的样子。
⑭ 比有：比比皆是。希然：稀少的样子。
⑮ 刘子政：刘向，字子政，西汉文学家、经学家和目录学家；其子刘歆字子骏。父子分别努力编订了大型图书分类目录《别录》、《七略》。杨子云：扬雄，西汉文学家和哲学家，代表作《法言》。桓君山：桓谭，字君山，汉代哲学家。

文人逾通人，鸿儒超文人。故夫鸿儒，所谓超而又超者也。以超之奇，退与儒生相料①，文轩②之比于敝车，锦绣之方于缊③袍也，其相过远矣。如与俗人相料，太山之巅坻④，长狄之项跖⑤，不足以喻。故夫丘山，以土石为体，其有铜铁，山之奇也。铜铁既奇，或出金玉。然鸿儒，世之金玉也，奇而又奇矣。奇而又奇，才相超乘，皆有品差。

儒生说名于儒门，过俗人远也。或⑥不能说一经，教诲后生。或带徒聚众，说论洞溢⑦，称为经明⑧。或不能成牒⑨治一说⑩。或不能陈得失，奏便宜⑪，言应经传⑫，文如星月。其高第若谷子云、唐子高者，说书⑬于牒奏之上，不能连结篇章。或抽列古今，纪著行事⑭，若司马子长⑮、刘子政之徒，累积篇第，文以万数，其过子云、子高远矣。然而因成纪前，无胸中之造⑯。若夫陆贾、董仲舒论说世事，由意而出，不假取⑰于外，然而浅露易见，观读之者，犹曰传记。阳成子长作《乐经》，杨子云作《太玄经》，造于眇思⑱，极窅冥⑲之深，非庶几之才，不能成也。孔子作《春秋》，二子作两经⑳，所谓卓尔蹈孔子之迹，鸿

---

① 相料：相比。
② 文轩：外观华美的车子。
③ 缊：新旧混合的丝棉絮。
④ 太山之巅坻（zhì）：泰山的最高处和最低处。
⑤ 长狄：相传是春秋时狄族的一支，其族人身材高大。项跖（xiàng zhí）：从头到脚，形容身高。
⑥ 或：有人。
⑦ 洞溢：通达透彻，内容充实。
⑧ 经明：通晓经书。
⑨ 牒：写于竹简之上的公文奏章。
⑩ 治一说：形成一家一派之言。
⑪ 便宜：方便适合（采用的政策）。
⑫ 言应经传：言论回应经书古籍的内容。
⑬ 说书：阐发书文原义。
⑭ 抽列古今，纪著行事：抽拣古往今来之往事，加以记载。
⑮ 司马子长：司马迁。
⑯ 无胸中之造：没有思想方面的创造。
⑰ 假取：借用。
⑱ 眇思：精妙的思想。
⑲ 窅（yǎo）：深邃。冥（míng）：暗淡。窅冥：引申为深奥难懂的理论。
⑳ 二子：阳成子长，杨子云（扬雄）。二经：《乐经》和《太玄经》。

茂参贰圣之才者也①。

王公子问于桓君山以杨子云。君山对曰："汉兴以来，未有此人。"君山差才②，可谓得高下之实矣。采玉者心羡③于玉，钻龟者知神于龟④。能差众儒之才，累⑤其高下，贤于所累。又作《新论》，论世间事，辩照然否⑥，虚妄之言，伪饰之辞，莫不证定。彼子长、子云说论之徒，君山为甲。自君山以来，皆为鸿眇之才，故有嘉令⑦之文。笔能著文，则心能谋论，文由胸中而出，心以文为表。观见其文，奇伟俶傥，可谓得论⑧也。由此言之，繁文之人⑨，人之杰也。

有根株⑩于下，有荣⑪叶于上；有实核于内，有皮壳于外。文墨辞说，士之荣叶、皮壳也。实诚⑫在胸臆，文墨著竹帛，外内表里，自相副称⑬。意奋而笔纵，故文见而实露也。人之有文也，犹禽之有毛也。毛有五色，皆生于体。苟有文无实，是则五色之禽毛妄⑭生也。选士以射，心平体正，执弓矢审固，然后射中。论说之出，犹弓矢之发也。论之应理⑮，犹矢之中的。夫射以矢中效巧⑯；论以文墨验奇。奇巧俱发于心，其实一也。

文有深指⑰巨略，君臣治术，身不得行，口不能绁⑱，表著情心，

---

① 参贰：并列。参贰圣之才：能与圣人相比的才能之士。
② 差才：区分人才等级。
③ 羡：超越，盖过。
④ 钻龟：古代占卜之法。知（zhì）：古同"智"，智慧。神：高超。
⑤ 累：排列。
⑥ 辩照：辨别明确。然否：正确与错误。
⑦ 嘉令：极好。
⑧ 得论：精妙的言辞。
⑨ 繁文之人：勤于书写文章的人。
⑩ 株：伸出地面的树根。
⑪ 荣：花朵。
⑫ 实诚：本意诚心。
⑬ 自相副称：即相符相称。
⑭ 妄：凭空。
⑮ 应理：反映真理。
⑯ 效巧：检验技巧。
⑰ 指（zhǐ）：同"旨"，主旨。
⑱ 绁（xiè）：通"泄"，表述。

以明已之必能为之也。孔子作《春秋》，以示王意。然则孔子之《春秋》，素王①之业也，诸子之传书②，素相之事也。观《春秋》以见王意，读诸子以睹相指。故曰：陈平割肉，丞相之端见③；孙叔敖决期思，令尹之兆著④。观读传书之文，治道政务，非徒割肉决水之占⑤也。足不强则迹不远，锋不铦⑥则割不深。连结篇章，必大才智鸿懿⑦之俊也。

或曰："著书之人，博览多闻，学问习熟，则能推类兴文⑧。文由外而兴，未必实才，学文相副⑨也。且浅意于华叶之言⑩，无根核之深；不见大道体要⑪，故立功者希。安危之际，文人不与，无能建功之验，徒能笔说之效也。"

曰：此不然。周世著书之人，皆权谋之臣，汉世直言之士，皆通览之吏，岂谓文非华叶之生，根核推⑫之也？心思为谋，集扎为文，情见于辞，意验于言。商鞅相秦，致功于霸，作耕战之书⑬；虞卿⑭为赵，决计定说，行退作春秋之思，起城中之议；《耕战》之书，秦堂上之计也。陆贾消吕氏之谋，与《新语》同一意⑮；桓君山易晁错

---

① 素王：无帝王之名，但有帝王之实。
② 传书：阐释古书。
③ 陈平割肉，丞相之端见：出自《史记·陈丞相世家》。陈平是西汉的开国功臣，吕后时任丞相。他还是平头百姓时，有一次在祭祀中负责分肉，所分的肉量大致均衡，受到了人们的拥护。因而王充在此评论称陈平从割肉之举中展现出能做丞相的端倪。
④ 孙叔敖：春秋时楚国令尹。决：疏导。兆：征兆。著：明显。出自《淮南子·人间训》："孙叔敖决期思之水，而灌雩娄之野，庄王知其可以为令尹也。"
⑤ 占：征兆。
⑥ 铦（xiān）：锋利。
⑦ 懿（yì）：美好。
⑧ 推类兴文：触类旁通，写作文章。
⑨ 相副：相辅相成。
⑩ 华叶之言：华丽的言辞。
⑪ 大道体要：根本的道理和关键的原则。
⑫ 华叶：花朵枝叶。推：推动，促进。
⑬ 相：辅佐。耕战之书：指商鞅所作《商君书》，集中体现了他的政治改革思想。
⑭ 虞卿：战国人，曾进谏赵孝成王，建议联合齐、魏抗秦，其论证文章合称《虞氏春秋》。
⑮ 陆贾消吕氏之谋：事见《史记·郦生陆贾列传》。汉惠帝、吕后死后，吕后的亲戚吕禄、吕产发动反叛。陆贾向丞相陈平建议，任用太尉周勃平定叛乱，拥立刘恒为汉文帝。《新语》，为陆贾所著，分两卷十二篇，主要论述分析朝代兴替的原因。

之策,与《新论》共一思①。观谷永②之陈说,唐林之直言,刘向之切议,以知③为本,笔墨之文,将而送之④,岂徒雕文饰辞,苟为华叶之言哉?精诚由中,故其文语感动人深。是故鲁连飞书,燕将自杀⑤;邹阳上疏,梁孝开牢⑥。书疏文义,夺于肝心,非徒博览者所能造,习熟者所能为也。

夫鸿儒希有,而文人比然,将相长吏,安可不贵⑦?岂徒用其才力,游文于牒牍哉?州郡有忧,能治章上奏,解理结烦⑧,使州郡连事。有如唐子高、谷子云之吏,出身尽思,竭笔牍之力,烦忧适有不解者哉!

古昔之远,四方辟匿,文墨之士,难得纪录,且近自以会稽言之。周长生者,文士之雄也,在州为刺史任安举奏,在郡为太守孟观上书,事解忧除,州郡无事,二将以全。长生之身不尊显,非其才知少、功力薄也,二将怀俗人之节,不能贵也。使遭前世燕昭⑨,则长生已蒙邹衍之宠⑩矣。长生死后,州郡遭忧,无举奏之吏,以故事结不解,征诣相属,文轨不尊,笔疏不续⑪也。岂无忧上之吏哉?乃其中文笔不足类⑫

---

① 晁错:文帝景帝两代名臣,主张削藩废分封,在七国之乱中被杀。桓君山支持分封制,与晁错的"削藩"的政论相对。《新论》,是桓谭(桓君山)的代表作。
② 谷永:汉成帝时大臣。
③ 知:思想认识。
④ 将而送之:借助(文章言辞)来表达。
⑤ 鲁连飞书,燕将自杀:事见《史记·鲁仲连邹阳列传》。战国时,燕国的一位将领攻陷了齐国的聊城,后来因为遭到国中奸臣的陷害,不能返回燕国,但又不想投降齐国,只好死死盘踞在聊城。鲁连用箭将一封书信送入城内,在信中他指出了燕国将领四面楚歌,已陷入绝境的状况。燕国将领看信后,感到无路可走,万念俱灰,便自杀了。
⑥ 邹阳上疏,梁孝开牢:事见《史记·鲁仲连邹阳列传》。汉文帝之子梁孝王刘武因故抓捕了邹阳。邹阳在牢中写信给刘武说明自己的冤屈,刘武看信后,不但释放了邹阳,还将其奉为府中上宾。
⑦ 贵:以……为尊贵,尊重。
⑧ 解理结烦:阐释道理,处理棘手事务。
⑨ 遭:遇到。燕昭:战国时期燕昭王以礼贤下士、重视人才闻名,曾重金聘请过苏秦等人才,促进了燕国实力的增长。
⑩ 邹衍之宠:事见《史记·孟子荀卿列传》,据载邹衍曾受到燕昭王的热情款待。
⑪ 文轨不尊,笔疏不续:写文著书不受尊重,书写文章的技能没有得到传承。
⑫ 类:相比。

也。长生之才,非徒锐于牒牍也①,作《洞历》十篇,上自黄帝,下至汉朝,锋芒毛发之事,莫不纪载,与太史公《表》、《纪》相似类也。上通下达,故曰《洞历》。然则长生非徒文人,所谓鸿儒者也。前世有严夫子②,后有吴君高③,末有周长生。

白雉贡于越,畅草献于宛④,雍州出玉,荆、扬生金。珍物产于四远,幽辽之地,未可言无奇人也。孔子曰:"文王既没,文不在兹乎!"⑤文王之文在孔子,孔子之文在仲舒,仲舒既死,岂在长生之徒与?何言之卓殊,文之美丽也!唐勒、宋玉⑥,亦楚文人也,竹帛不纪⑦者,屈原⑧在其上也。会稽文才,岂独周长生哉?所以未论列者,长生尤逾出也。九州多山,而华、岱⑨为岳,四方多川,而江、河为渎⑩者,华、岱高而江、河大也。长生,州郡高大者也。同姓之伯贤,舍而誉他族之孟,未为得⑪也。长生说文辞之伯,文人之所共宗,独纪录之,《春秋》记元于鲁之义也⑫。

俗好高古⑬而称所闻,前人之业,菜果甘甜,后人新造,蜜酪辛苦⑭。长生家在会稽,生在今世,文章虽奇,论者犹谓稚于前人。天禀元气,人受元精,岂为古今者差杀哉?⑮优者为高,明者为上。实事之

---

① 非徒锐于牒牍也:不是仅以日常公文写作见长。
② 严夫子:西汉时著名学者,原名庄忌。
③ 吴君高:吴平,东汉会稽人,曾与同乡袁康、吴平辑录《越绝书》。
④ 雉(zhì):野鸡。越:古时对浙江东部的简称,也用于指代南部。畅草:香草。宛(yù):通"郁",古时的郁林郡。
⑤ 文王既没,文不在兹乎:周文王死后,他所留下的文化遗产不就在我这里么?出自《论语·子罕》。
⑥ 唐勒、宋玉:战国时楚国文学家。
⑦ 纪:记载。
⑧ 屈原:战国时楚国名臣,曾作《离骚》。
⑨ 华:华山。岱:泰山。
⑩ 江:长江。河:黄河。渎:大河。
⑪ 伯,孟:家族的长子。得:恰当。
⑫ 宗:尊奉。本句意为:周长生的文辞无人能比,众人共同尊奉他,单独记录他的事迹,就像《春秋》中以鲁国年号来表示年份,以表示尊重一样。
⑬ 好高古:喜好推崇古代。
⑭ 辛苦:辛辣有苦味。
⑮ 差杀:区分降低。本句意谓古今的元气和元精都是一样的,怎能说当今不如古代呢?

人见然否之分者①，睹非，却前退置于后②，见是，推今进置于古③，心明知昭，不惑于俗也。班叔皮续《太史公书》④，百篇以上，记事详悉，义浃⑤理备，观读之者以为甲，而太史公乙。子男孟坚⑥为尚书郎，文比叔皮，非徒五百里也，乃夫周、召、鲁、卫⑦之谓也。苟可高古⑧，而班氏父子不足纪也。周有郁郁⑨之文者，在百世之末也。汉在百世之后，文论辞说，安得不茂！喻大以小，推民家事，以睹王庭之义。庐宅始成，桑麻才有，居之历岁，子孙相续，桃李梅杏，庵丘蔽野。根茎众多，则华叶繁茂。汉氏治定久矣，土广民众，义兴事起，华叶之言，安得不繁？夫华与实俱成者也，无华生实，物希有之。山之秃也，孰其茂也？地之泻也⑩，孰其滋也？文章之人滋茂汉朝者，乃夫汉家炽盛之瑞也⑪。天晏，列宿焕炳⑫；阴雨，日月蔽匿。方今文人并出见者，乃夫汉朝明明之验也。高祖读陆贾之书，叹称万岁⑬，徐乐、主父偃⑭上疏，征拜郎中，方今未闻。膳无苦酸之肴，口所不甘味，手不举以啖人。诏书每下，文义经传四科⑮，诏书斐然⑯，郁郁好文之明验也。上书不实

---

① 见然否之分者：能分辨是非的人。
② 却：退后。本句意谓将位于前面的放在后面。
③ 古：以前，引申为前面。推今进置于古：将在后面发生的放在前面。
④ 班叔皮：即班彪。《太史公书》：指《史记》。
⑤ 浃（jiā）：通达，透彻。
⑥ 子男孟坚：班彪的儿子班固。
⑦ 周、召：周公旦和召公奭（shì）。鲁、卫：周公旦之子伯禽的封地称鲁，武王弟康叔的封地称卫。周、召、鲁、卫在此处指大国。（班固）写文章的能力能达到班彪的水平，（他们的水平如用国家大小来比喻）不是仅仅五百里的小国，而是疆土辽阔的大国。
⑧ 苟可高古：如果仅仅尊崇古代。
⑨ 郁郁：文辞繁盛的样子。
⑩ 地之泻也：有盐碱，不易于植物生长的土地。
⑪ 炽盛：繁茂兴盛。瑞：祥瑞，好兆头。
⑫ 天晏：天空晴朗。列宿焕炳：群星闪耀。以上均用以形容社会安定的样子。
⑬ 事见《史记·陆贾列传》。陆贾将朝代存亡的道理写成十二篇文章，每上奏一篇，汉高祖都十分赞赏，群臣也高呼"万岁"。汉高祖将文集赐名《新语》。
⑭ 徐乐、主父偃：均曾是汉武帝的宠臣，得到武帝的破格提拔。
⑮ 文义经传四科：汉代的选官标准，根据《后汉书·和帝纪》记载，此四科分别包括："一曰德行高妙，志节清白；二曰经明行修，能任博士；三曰明晓法律，足以决疑，能案章覆问，文任御史；四曰刚毅多略，遭事不惑，明足照奸，勇足决断，才任三辅令。皆存孝悌清公之行。"
⑯ 斐然：内容明确的样子。

核,著书无义指,"万岁"之声,"征拜"之恩,何从发哉?饰面者皆欲为好,而运目者希①;文音者皆欲为悲,而惊耳者寡②。陆贾之书未奏,徐乐、主父之策未闻,群诸瞽言之徒,言事粗丑,文不美润,不指所谓,文辞淫滑,不被涛沙③之谪,幸矣!焉蒙征拜为郎中之宠乎?

【出处】 国学整理社编:《诸子集成·论衡》,北京,中华书局,1954。

---

① 饰面者皆欲为好,而运目者希:梳妆打扮的人都想把自己变漂亮,但能引人注意的却没有几个。
② 文音者皆欲为悲,而惊耳者寡:创作乐曲的人都想让音乐感人肺腑,但能使人感动惊讶的却没有多少。
③ 涛沙:波涛翻滚、沙土漫天之地,引申为边疆。

《难自然好学论》

嵇康论顺其自然

解题

嵇康（223—263），字叔夜，谯郡铚县（今安徽宿县）人。他好言老庄，与阮籍、山涛、向秀等人并称"竹林七贤"。著作有《嵇中散集》。他的教育主张是"越名教而任自然"，反对儒家教育，主张人应该顺其自然才好，不需要教育。他反礼教，旗帜鲜明地指出："向之不学，未必为长夜，六经未必为太阳也。"他大力批判六经，认为六经抑制人性，推崇自然和人的真性，认为"不须学而后能，不待借而后有"是"必然之理"。他把"明堂"、"讽诵"、"六经"、"仁义"、"文籍"、"揖让"、"章服"、"礼典"之类的名教，一概反之为腐臭的垃圾，应该"兼而弃之"。

选文

夫民之性，好安而恶危，好逸而恶劳，故不扰则其愿得，不逼则其志从。洪荒之世，大朴未亏①，君无文于上，民无竞于下，物全理顺，

---

① 洪荒之世，大朴未亏：指上古之世，原始质朴的大道并未匮乏。

莫不自得，饱则安寝，饥则求食，怡然鼓腹，不知为至德之世也；若此，则安知仁义之端，礼律之文？及至人不存，大道陵迟①，乃始作文墨，以传其意。区别群物，使有类族，造立仁义，以婴②其心，制其名分，以检其外，劝学讲文③，以神其教；故六经纷错，百家繁炽，开荣利之涂④，故奔骛⑤而不觉。是以贪生之禽，食园池之粱菽⑥，求安之士，乃诡⑦志以从俗，操笔执觚⑧，足容苏息⑨，积学明经⑩，以代稼穑；是以困而后学，学以致荣，计而后习，好而习成，有似自然，故令吾子谓之自然耳。推其原也，六经以抑引⑪为主，人性以从欲为欢，抑引则违其愿，从欲则得自然；然则自然之得，不由抑引之六经，全性之本，不须犯情之礼律。故仁义务于理伪，非养真之要术，廉让生于争夺，非自然之所出也。由是言之：则鸟不毁以求驯，兽不群而求畜⑫，则人之真性，无为正当，自然耽此礼学矣。论又云：嘉肴珍膳，虽所未尝，尝必美之，适于口也。处在暗室，睹烝烛之光，不教而悦得于心，况以长夜之冥，得照太阳，情变郁陶⑬，而发其蒙，虽事以末来，情以本应，则无损于自然好学。难曰：夫口之于甘苦，身之于痛痒，感物而动，应事而作⑭，不须学而后能，不待借而后有，此必然之理，吾所不易也。今子以必然之理，喻未必然之好学，则恐似是而非之议，学如一

---

① 陵迟：原意指山坡丘陵的陡势渐渐变缓，后引申为逐渐衰败、败坏。
② 婴：环绕、缠绕和接触。
③ 劝学：指荀子曾作《劝学》。讲文：是指汉景帝时下诏"选豪俊，讲文学"，指讲习文献经典。
④ 涂：通"途"。
⑤ 骛（wù）：纵横奔驰。奔骛：奔驰的样子。
⑥ 粱菽（shū）：米和豆类，泛指粮食。
⑦ 诡：违背。
⑧ 觚（gū）：原指方形的木头，后指用来书写文字的书简。
⑨ 苏息：休息。
⑩ 明经：明白通晓经术。
⑪ 抑引：抑制人的情绪心性。
⑫ 鸟不毁以求驯，兽不群而求畜：动物离弃群体而求驯畜于人是为了求生，是其本性所致。
⑬ 郁陶：心情由抑郁变为舒畅。
⑭ 感物：有感于外物。应事：指处理应付事情。

粟之论，于是乎在也。今子立六经以为准，仰仁义以为主，以规矩为轩驾①，以讲诲为哺乳，由其涂则通，乖其路则滞，游心极视，不睹其外，终年驰骋，思不出位，聚族献议，唯学为贵，执书摛②句，俛仰咨嗟，使服膺③其言，以为荣华，故吾子谓六经为太阳，不学为长夜耳。今若以明堂为丙舍④，以诵讽为鬼语，以六经为芜秽⑤，以仁义为臭腐，睹文籍则目瞧⑥，修揖让则变伛⑦，袭章服则转筋⑧，谭⑨礼典则齿龋，于是兼而弃之，与万物为更始，则吾子虽好学不倦，犹将阙⑩焉；则向之不学，未必为长夜，六经未必为太阳也。俗语曰：乞儿不辱马医。⑪若遇上有无文之始，可不学而获安，不勤而得志，则何求于六经，何欲于仁义哉？以此言之：则今之学者，岂不先计而后学？苟计而后动，则非自然之应也。子之云云，恐故得菖蒲菹⑫耳。

【出处】（三国魏）嵇康著，戴明扬校注：《嵇康集校注》卷第七，北京，人民文学出版社，1962。

---

① 轩驾：车驾。
② 摛：同"摘"。
③ 服膺（yīng）：接受，衷心赞同。
④ 丙舍：正室旁边的房屋。
⑤ 芜秽（wú huì）：原指田地不加管理而杂草丛生，后引申为污秽。
⑥ 瞧：又作"爝"，眼昏花。
⑦ 伛（yǔ）：佝偻、驼背。
⑧ 袭：衣服重叠。章服：华丽的礼服。转筋：肌肉痉挛，抽筋。
⑨ 谭：同"谈"。
⑩ 阙（quē）：即缺少。
⑪ 马医：专治疗马病的兽医。乞儿不辱马医：出自《列子·说符》："齐有贫者，常乞于城市。城市患其亟也，众莫之与。遂适田氏之厩，从马医作役而假食。郭中人戏之曰：'从马医而食，不以辱乎？'乞儿曰：'天下之辱莫过于乞。乞犹不辱，岂辱马医哉？'"即不以就食于马医为耻。
⑫ 菖蒲：一种具有香辣味的水生植物。菹（zū）：同"菹"，酱。菖蒲菹：是一种用菖蒲草制成的酱。

《宋书·恩幸传》序

沈约论九品中正制

解题

沈约（441—513），字休文，南朝吴兴武康（今浙江德清）人，撰有《宋书》。魏晋时期实行九品中正制，设置中正一职，中正负责对士人的才德进行打分评等，共分九品，按品授官。由于中正官几乎被名门望族垄断，所以发展到后来，选拔人才只讲家世出身，不讲品行与才德，形成了"下品无高门，上品无贱族"的局面。于是，寒门子弟的学习积极性受到打击，发出了"世胄蹑高位，英俊沉下僚"的慨叹，从而对学校教育产生了非常不利的影响。

选文

汉末丧乱，魏武始基，军中仓卒，权立九品。盖以论人才优劣，非谓世族高卑。因此相沿，遂成为法。自魏至晋，莫之能改，州都郡正，以才品①人，而举世人才，升降盖寡。徒以凭藉世资②，用相陵驾。都正

---

① 品：评价。
② 世资：世代积累的资历地位。

俗士，斟酌时宜，品目少多，随事俯仰①。刘毅所云"下品无高门，上品无贱族"者也。岁月迁讹，斯风渐笃，凡厥衣冠②，莫非二品。自此以还，遂成卑庶。周、汉之道，以智役愚，台隶参差，用成等级；魏晋以来，以贵役贱，士庶之科，较然③有辨。夫人君南面，九重奥绝，陪奉朝夕，义隔卿士，阶闼④之任，宜有司存。

【出处】（南朝梁）沈约撰：《宋书》卷九十四《恩幸传》序，北京，中华书局，1974。

---

① 俯仰：增减。
② 厥：触碰，引申为位居。衣冠：此处指代官位。
③ 较然：明显的样子。
④ 阶闼（tà）：陛阶和宫门，引申为皇帝身边品位较高的重臣。

《南宗顿教最上大乘摩诃般若波罗蜜经六祖惠能大师于韶州大梵寺施法坛经》（节选）

惠能论顿悟

解题

惠能（638—713），又称慧能，河北范阳（今河北涿县）人，于公元672年到湖北蕲州参拜弘忍大师学法，入寺后不久，以"菩提本无树，明镜亦非台，佛性常清净，何处有尘埃"偈句获得弘忍的赏识，成为禅宗六祖。后在广东韶州、广州讲佛法三十多年，弟子整理为《六祖坛经》。禅宗形成标志着佛教中国化的开花结果。惠能主张顿悟说，"识心见性"、顿悟成佛，指出"若欲修行，在家亦得，不由在寺"，使佛教更容易被广大群众所接受，而且对宋明理学的形成产生了重要影响。

选文

童子引能，至南廊下，能即礼拜此偈①，为不识字，请一人读，惠

---

① 偈（jì）：佛经的主要体裁之一，意思为"颂"，僧人常用这种体裁来阐发佛理。

能闻已，即识大意。惠能亦作一偈，又请得一解书人，于西间壁上题着，呈自本心①。不识本心，学法无益，识心见性，即悟大意。惠能偈曰：

菩提本无树，明镜亦非台，
佛性常清净，何处有尘埃！

又偈曰：

心是菩提树，身为明镜台，
明镜本清净，何处染尘埃！

院内徒众，见能作此偈尽怪。惠能却入碓房②。五祖③忽见惠能偈，即善知识大意。恐众人知，五祖乃谓众人曰："此亦未得了。"

五祖夜至三更，唤惠能堂内，说《金刚经》，惠能一闻，言下便悟。其夜受法，人尽不知，便传顿法及衣④："汝为六代祖，衣将为信禀⑤，代代相传；法以心传心，当令自悟。"

教是先圣所传，不是惠能自知，愿闻先圣教者，各须净心，闻了愿自除迷，于先代悟。惠能大师唤言："善知识！⑥菩提般若⑦之知，世人本自有之，即缘心迷，不能自悟，须求大善知识示道见性⑧。善知识！遇悟即成智。"

大师言：善知识！归依觉，两足尊；归依正，离欲尊；归依净，众中尊。⑨从今已后，称佛为师，更不归依邪迷外道。愿自三宝⑩，慈悲证明。善知识！惠能劝善知识归依三宝。佛者，觉也；法者，正也；僧

---

① 本心：众生本来的心性，最初的心态，也就是佛家所谓的"净心"。
② 碓（duì）房：古时舂米的作坊。
③ 五祖：禅宗第五祖弘忍，七岁追随禅宗四祖道信出家于蕲州黄梅双峰山东山寺，世称"五祖黄梅"，其思想以悟彻心性之本源为旨，守心为参学之要，形成"东山法门"，门徒众多。
④ 衣：袈裟、法衣。便传顿法及衣：此处指五祖传授慧能顿悟之法和袈裟，以示传承衣钵。
⑤ 信禀：信物、凭证。
⑥ 善知识：佛教用语，引导人们到一切知识去的护送者，即传授人们知识的人。
⑦ 菩提般若（bō rě）：均是梵语，觉悟、智慧。
⑧ 示道见性：开示佛道，明白本性。
⑨ 归依觉，两足尊；归依正，离欲尊；归依净，众中尊：归依佛道，福报和智慧都会得到满足；归依佛法，要远离欲望；归依真正清净的僧人，是众人中最尊贵的人。
⑩ 三宝：佛宝、法宝、僧宝。

者，净也。自心归依觉，邪迷不生，少欲知足，离财离色，名两足尊。自心归依正，念念无邪故，即无爱著①。以无爱著，名离欲尊。自心归依净，一切尘劳妄念，虽在自性，自性不染著，名众中尊。凡夫不解，从日至日，受三归依戒。若言归佛，佛在何处？若不见佛，即无所归；既无所归，言却是妄。善知识，各自观察，莫错用意。经中只即言自归依佛，不言归依他佛。自性不归，无所依处。

少根之人②，闻此顿教，犹如大地草木根性自小者，若被大雨一沃③，悉皆自倒，不能增长；少根之人，亦复如是。有般若之智之，与大智之人，亦无差别，因何闻法师不悟？④缘邪见障重，烦恼根深⑤。犹如大云，盖覆于日，不得风吹，日无能现。般若之智，亦无大小，为一切众生，自有迷心，外修觅佛，未悟本性⑥，即是小根人。闻其顿教，不假外修，但于自心，令自本性常起正见⑦，烦恼尘劳众生，当时尽悟，犹如大海，纳于众流，小水大水，合为一体，即是见性。内外不住，来去自由，能除执心⑧，通达无碍，能修此行，即与《般若波罗蜜经》本无差别。

一切经书，及诸文字，小大二乘⑨，十二部经，皆因人置，因智惠性故，故然能建立。若无世人，一切万法，本元不有。故知万法，本因人兴；一切经书，因人说有。缘在人中有愚有智，愚为小人，智为大人。迷人问于智者，智人与愚人说法，令彼愚者悟解心解；迷人若悟解心开，与大智人无别。故知不悟，即是佛是众生；一念若悟，即众生是佛。故知一切万法，尽在自身中，何不从于自心顿见真如本性。菩萨戒经云："我本元自性清净。"识心见性，自成佛道。《维摩经》云："即时

---

① 无爱著：不受喜好等欲望所束缚。
② 少根之人：缺少慧根的人。
③ 沃：浇灌。
④ 闻法即不悟：听闻佛法却不能顿悟。
⑤ 缘：因为。邪见障重：错误的见解和业障深重。烦恼根深：烦恼很多，根深蒂固。
⑥ 外修觅佛，未悟本性：通过外在的修行寻觅佛道和佛法，但不能了悟自己的本性。
⑦ 令自本性常起正见：使自己的本性常常源于正确的见解。
⑧ 执心：执著于欲望的心态。
⑨ 小大二乘：佛家大乘、小乘两个派别。

豁然，还得本心。"

大师言："善知识！若欲修行，在家亦得，不由在寺。在寺不修，如西方心恶之人；在家若修，如东方人修善。但愿自家修清净，即是西方。"

大师言："善知识！汝等尽诵取此偈，依偈修行，去惠能千里，常在能边；此不修，对面千里①。各各自修，法不相待。众人且散，惠能归漕溪山，众生若有大疑，来彼山问，为汝破疑，同见佛世。"合座官寮、道俗，礼拜和尚，无不嗟叹："善哉大悟，昔所未闻；岭南有福，生佛在此，谁能得智。"一时尽散。

大师住漕溪山，韶、广二州行化②四十余年。若论门人，僧之与俗三五千人说不尽。若论宗旨，传授《坛经》，以此为依约；若不得《坛经》，即无禀受③。须知去处、年、月、日、姓名，递相付嘱。无《坛经》禀承，非南宗弟子也。未得禀承者，虽说顿教法，未知根本，修不免诤④。但得法者，只劝修行，诤是胜负之心，与道违背。

何以渐顿⑤？法即一种，见有迟疾，见迟即渐，见疾即顿。法无顿渐，人有利钝，故名渐顿。

【出处】（唐）慧能著，郭朋校释：《坛经校释》，北京，中华书局，1986。

---

① 对面千里：身处对面，心隔千里。
② 化，转化。行化：佛教用语，指僧人行善，传扬佛法。
③ 禀受：承受。
④ 修不免诤：即使修行也不能免除争斗和好胜心。
⑤ 渐顿：佛教禅宗的渐悟和顿悟两种修行方法。渐悟是指循序渐进地觉悟和领悟，又名"因缘见性"。顿悟是指快速直接地进入终极的觉悟，比如"放下屠刀，立地成佛"。

《原性》

韩愈论人性与教育

解题

韩愈（768—824），字退之，世称韩昌黎，河阳（今河南孟州）人，唐宋八大家之一，著作有《韩昌黎集》。他反对佛老，以儒家的"道统"来对抗佛教的"法统"，是儒家思想和传统的卫道者。从西汉董仲舒到宋明理学，韩愈的学说起到了承前启后的作用。《原性》一文承续董仲舒的人性论，主张性有上、中、下三品，上品之性是善的，下品之性是恶的，中品之性可导而上下。人性中除了性之外，还有情。情是人接触到外界事物后产生的内心反应。情与性相应，也分为上、中、下三品。决定人发展的主要因素是人性，教育不可能改变人性，不可能使下品转化为中品，使中品转化为下品，只能在已定的人性品位内发挥作用。人性也决定了教育的主要内容，人性天生包含着仁义礼智信的道德内容，教育就是将这些先验的道德发扬开来，使其付诸自身的实践。

选文

性也者，与生俱生也；情也者，接于物而生也①。性之品有三，而其所以为性者五；情之品有三，而其所以为情者七。

曰何也？曰：性之品有上中下三。上焉者，善焉而已矣；中焉者，可导而上下也②；下焉者，恶焉而已矣。其所以为性者五：曰仁、曰礼、曰信、曰义、曰智。上焉者之于五也，主于一而行于四③；中焉者之于五也，一不少有焉，则少反焉，其于四也混④；下焉者之于五也，反于一而悖于四⑤。性之于情视其品。情之品有上中下三，其所以为情者七：曰喜、曰怒、曰哀、曰惧、曰爱、曰恶、曰欲。上焉者之于七也，动而处其中⑥；中焉者之于七也，有所甚，有所亡⑦，然而求合其中者也；下焉者之于七也，亡与甚，直情而行者也⑧。情之于性视其品。

孟子之言性，曰人之性善；荀子之言性，曰人之性恶；扬子之言性，曰人之性善恶混。夫始善而进⑨恶，与始恶而进善，与始也混而今也善恶，皆举其中而遗其上下者也，得其一而失其二者也。叔鱼⑩之生也，其母视之，知其必以贿死；杨食我⑪之生也，叔向之母闻其号也，知必灭其宗；越椒⑫之生也，子文以为大戚，知若敖氏之

---

① 情也者，接于物而生也：人的情感是通过接触事物而产生的。
② 可导而上下也：可以经引导而成为上品或下品。
③ 主于一而行于四：（品性上等的人）具备其中一个良好的品德，其他四个也基本具备。
④ 一不少有焉，则少反焉，其于四也混：（品性中等的人）某一种善行或偏多，或偏少，其他四种则杂而不纯。
⑤ 反于一而悖于四：（品性下等的人）具备一点善行，但其他四种基本都不具备，行为有悖。
⑥ 动而处其中：动而能够得到情性的平衡。
⑦ 有所甚，有所亡：有的情绪多一些，有的情绪则没有。
⑧ 直情而行者也：任情而为，不加控制。
⑨ 进：后。
⑩ 叔鱼：羊舌鲋（fù），一名叔鲋，字叔鱼，春秋末期晋国的代理司寇。他在审理晋国贵族邢侯和雍子争夺田产的案件中受贿贪污，娶了雍子的女儿，徇私枉法宣判雍子胜诉，因而被以贪墨之罪处死。
⑪ 杨食我：杨伯石，晋国大夫叔向的儿子，曾因参与栾盈族党叛乱被大臣范宣子逮捕杀死，封地被剥夺，父叔向亦被囚禁。
⑫ 越椒：即斗越椒，春秋时期楚国司马，其家封邑在斗。斗越椒指使他人在楚庄王面前诋毁其伯父子文的儿子斗般，结果楚庄王杀死斗般，并让斗越椒当了令尹。后斗越椒欲篡夺王位被杀死于乱军之中。

鬼不食也①：人之性果善乎？后稷②之生也，其母无灾，其始匍匐也，则岐岐然，嶷嶷然③；文王④之在母也，母不忧，既生也，傅不勤，既学也，师不烦：人之性果恶乎？尧之朱⑤，舜之均⑥，文王之管、蔡⑦，习非不善也，而卒为奸；瞽瞍之舜、鲧⑧之禹，习非不恶也，而卒为圣：人之性善恶果混乎？故曰：三子之言性也，举其中而遗其上下者也，得其一而失其二者也。曰：然则性之上下者，其终不可移乎？曰：上之性，就学而愈明⑨；下之性，畏威而寡罪⑩。是故上者可教，而下者可制也。其品则孔子谓不移也。

曰：今之言性者异于此，何也？曰：今之言者，杂佛老而言也。杂佛老而言也者，奚言而不异？

【出处】（唐）韩愈撰，马其昶校注，马茂元整理：《韩昌黎文集校注》第一卷，上海，上海古籍出版社，1986。

---

① 敖氏：指楚国的一门贵族，因叛乱被楚庄王击败。敖氏之鬼不食：古代人认为人死后还需要食物和金钱的供给，只有留有后人，定期祭祀，才能在阴间有良好的生活状态。其族被灭，死后无人祭奠，即不能享受后人的祭祀。
② 后稷：周朝的始祖。传说其母姜嫄踏巨人足迹，怀孕而生后稷。后稷为尧舜时代农官，教民耕种，被认为是最早种植稷和麦的人。
③ 岐：走路歪歪扭扭而不稳的样子。嶷（nì）：幼小而聪慧的样子。《诗经·大雅·生民》有言："诞实匍匐，克岐克嶷。"指诞生后匍匐爬动走路的样子，又聪明又可爱。
④ 文王：周文王姬昌。
⑤ 尧之朱：尧的儿子丹朱。《史记·五帝本纪》记载："尧知子丹朱之不肖，不足授天下，于是乃权授舜。"
⑥ 舜之均：舜的儿子商均。《史记·五帝本纪》记载："舜子商均亦不肖，舜乃豫荐禹于天。"
⑦ 文王之管、蔡：周文王之子管叔鲜、周武王之弟蔡叔度，两人联合商纣王之子武庚发动叛乱，被周公平定，武庚和管叔鲜被杀，蔡叔度被软禁。
⑧ 鲧：大禹的父亲，曾奉尧的命令治理水患，他用筑堤防堵之法治水失败被杀。
⑨ 明：聪明、明白。
⑩ 畏威而寡罪：畏惧刑罚威严而少犯罪。

《材论》

王安石论人才

解题

　　王安石（1021—1086），北宋抚州临川（今江西临川）人。宋神宗时，王安石两次为相，在推行变法过程中，实行教育改革，主张教育要为社会政治经济改革服务，人才的培养要理论联系实际。《材论》主要论述怎样识别、运用人才；人才的重要性在于，"夫材之用，国之栋梁也，得之则安以荣，失之则亡以辱。"统治者选拔人才，应该是任用他们去做事，因为"其遇事而事治，画策而利害得，治国而国安焉"。"试之之道，在当其所能而已。"

选文

　　天下之患，不患材之不众，患上之人不欲其众；不患士之不欲为，患上之人不使其为也。夫材之用，国之栋梁也，得之则安以荣，失之则亡以辱。然上之人不欲其众不使其为者，何也？是有三蔽焉。其尤蔽者，以为吾之位可以去辱绝危，终身无天下之患，材之得失，无补于治乱之数，故偃然①肆吾之志，而卒入于败乱危辱，此一蔽也。又或以谓吾之爵禄贵富，足以诱天下之士，荣辱忧戚在我，吾可以坐骄天下之士，而其将无不趋我者，则亦卒入于败乱危辱而已，此亦一蔽也。又或不求所以养育取用之道，而諰諰然②以为天下实无材，则亦卒入于败乱危辱而已，此亦一蔽也。此三蔽者，其为患则同然。而用心非不善，而犹可以论其失者，独以天下为无材者耳。盖其心非不欲用天下之材，特未知其故也。且人之有材能者，其形③何以异于人哉？惟其遇事而事治，画策④而利害得，治国而国安焉，此其所以异于人者也。上之人苟不能精察之审用之，则虽抱皋夔稷契⑤之智，且不能自异于众，况其下者乎？世之蔽者方曰："人之有异能于其身，犹锥之在囊，其末立见⑥，故未有有其实而不可见者也。"此徒有见于锥之在囊，而固未睹夫马之在厩也。驽骥⑦杂处，饮水食刍，嘶鸣蹄啮。求其所以异者盖寡矣。及其引重车，取夷路，不屡策，不烦御，一顿其辔⑧而千里已至矣。当是之时，使驽马并驱，则虽倾轮绝勒，败筋伤骨，不舍昼夜而追之，辽⑨乎其不可以及也，夫然后骐骥騕褭与驽骀⑩别矣。古之人君，知其如此，故不以天下为无材，尽其道以求而试之，试之之道，在当其所能而已⑪。夫南越之修簳⑫，簇以百炼之精金，羽以秋鹗之劲翮⑬，加强弩

---

① 偃（yǎn）然：倒伏的样子。
② 諰（xǐ）諰然：忧惧的样子。
③ 形：外形，外貌。
④ 画策：筹划策略。
⑤ 皋：皋陶，舜时主管刑法的官员。夔（kuí）：舜时的乐官。稷：名农，尧舜时代农官，被奉为能种植百谷的先祖。契：商朝祖先，曾作为舜的司徒官员，掌管民众教化，后因助禹治水，被封于商地。
⑥ 犹锥之在囊，其末立见：锥子放在囊中，尖端会立刻刺破囊壁而显露出来，这里用于比喻卓越的人才会立即从人群中凸显出来。
⑦ 驽：劣马。骥：良马。
⑧ 一顿其辔：拉一下马的缰绳。
⑨ 辽：遥远。
⑩ 騕褭（yǎo niǎo）：古代骏马的名称。驽骀：资质低劣的马。
⑪ 试之之道，在当其所能而已：本句意指将人才放在合适的位置上，达到人称其位、才尽所用的效果。
⑫ 簳（gǎn）：箭杆。
⑬ 翮（hé）：鸟的翅膀。

之上而彍①之千步之外，虽有犀兕②之捍，无不立穿而死者，此天下之利器，而决胜觌武③之所宝也。然用以敲扑，则无以异于朽槁之梃④。是知虽得天下之瑰材杰智，而用之不得其方，亦若此矣。古之人君，知其如此，于是铢⑤量其能而审处之，使大者小者长者短者强者弱者无不适其任者焉。如是则士之愚蒙鄙陋者，皆能奋其所知以效小事，况其贤能智力卓荦⑥者乎。呜呼！后之在位者，盖未尝求其说而试之以实也，而坐曰天下果无材，亦未之思而已矣。或曰："古之人于材有以教育成就之，而子独言其求而用之者，何也？"曰：天下法度未立之后，必先索天下之材而用之。如能用天下之材，则能复先王之法度，能复先王之法度，则天下之小事无不如先王时矣，况教育成就人材之大者乎？此吾所以独言求而用之之道也。噫！今天下盖尝患无材。吾闻之，六国合从，而辩说之材出；刘项⑦并世，而筹划战斗之徒起；唐太宗欲治，而谟⑧谋谏诤之佐来。此数辈者，方此数君未出之时，盖未尝有也，人君苟欲之，斯至矣，今亦患上之不用之耳。天下之广，人物之众，而曰果无材可用者，吾不信也。

【出处】（宋）王安石撰：《临川先生文集》卷六十四《论议》，北京，中华书局，1959。

---

① 彍（guō）：拉满（弓弩）。
② 兕（sì）：雌犀牛。
③ 觌（dí）武：炫耀武力。
④ 槁（gǎo）：枯干。梃：棍棒。
⑤ 铢（zhū）：古代的重量单位，引申为细致考虑。
⑥ 荦（luò）：突出，明显。
⑦ 刘项：刘邦、项羽。
⑧ 谟（mó）：计谋，策略。

《河南程氏遗书》（节选）

二程论教育作用

解题

程颢（1032—1085），字泊淳，世称明道先生，河南洛阳人；程颐（1033—1107），字正叔，世称伊川先生。程颢、程颐兄弟二人是著名的理学家，并称"二程"，一同求学于周敦颐，在嵩阳、扶沟、洛阳等地讲学，一生心血花在授徒讲学上，培养了一批有识之士。他们的主要观点是"心是理，理是心"，主张"理"是天地万物的根源。下面节选的几段话主要反映他们对教育作用的认识，"善固性也，然恶亦不可不谓之性也"，教育可以改变人的禀性，恢复善性，即"循此而修之，各得其分，则教也"，教育的重要性就在于此。

选文

盖上天之载，无声无臭，其体则谓之易，其理则谓之道，其用则谓之神，其命于人则谓之性。率性则谓之道，修道则谓之教。孟子去其中又发挥出浩然之气，可谓尽矣。

圣贤千言万语，只是欲①人将已放②之心，约之使反③，复入身来，自能寻向上去，下学而上达也。

"生之谓性"④，性即气，气即性，生之谓也。人生气禀⑤，理有善恶，然不是性中元有此两物相对而生也。有自幼而善，有自幼而恶，是气禀有然也。善固性也，然恶亦不可不谓之性也。盖"生之谓性"，"人生而静"⑥以上不容说，才说性时，便已不是性也。凡说人性，只是说"继之者善"⑦也，孟子言人性善是也。夫所谓"继之者善"也者，犹水流而就下也。皆水也，有流而至海，终无所污，此何烦人力之为也？有流而未远，固已渐浊；有出而甚远，方有所浊。有浊之多者，有浊之少者。清浊虽不同，然不可以浊者不为水也。如此，则人不可以不加澄治⑧之功。故用力敏勇则疾清，用力缓怠则迟清。及其清也，则却只是元初水也，亦不是将清来换却浊，亦不是取出浊来置在一隅也。水之清，则性善之谓也。故不是善与恶在性中为两物相对，各自出来。此理，天命也。顺而循之，则道也。循此而修之，各得其分，则教也。自天命以至于教，我无加损焉。此舜有天下而不与焉者也。

【出处】（宋）程颢、程颐著，王孝鱼校：《二程集》，北京，中华书局，1981。

---

① 欲：希望。
② 放：放弃。
③ 约之使反：通过约束使失落的人心重新返回。
④ 生之谓性：出自《孟子·告子上》，告子是战国时期思想家，在人性问题上与孟子的观点相对立。告子认为"生之谓性"，即天生的就是本性。孟子反对此种观点。
⑤ 禀：禀性。
⑥ 人生而静：出自《礼记·乐记》，原文为"人生而静，天之性也"。
⑦ 继之者善：出自《周易·系辞上》，原文为："一阴一阳之谓道，继之者善也，成之者性也。"
⑧ 澄治：澄清治理。

《大学章句序》

朱熹论教育

🌀 解题

朱熹（1130—1200），字元晦，号晦庵，徽州婺源（今属江西）人，南宋哲学家、教育家。朱熹继承和发展了二程学说，成为宋代理学思想的集大成者。同时，他是一位大教育家，毕生讲学活动不断。朱熹一生编撰了各种教材，影响最深远的是《四书章句集注》。《大学章句序》是为《大学章句集注》所写的序言，记述了三代以来，从王宫、朝廷到乡村都设有学校教育，并且区分了"小学"和"大学"两个阶段不同的教育内容：小学阶段的任务是"教以事"，"教之以洒扫、应对、进退之节，礼乐、射御、书数之文"；大学阶段的任务是"教之理"，"教之以穷理、正心、修己、治人之道"。朱熹极力推崇《大学》一文，认为自孟子以后久失其传，自己表章此篇，以改变学风，必将有助于"修己治人，化民成俗"。

🌀 选文

大学之书，古之大学所以教人之法也。盖自天降生民，则既莫不与之以仁义礼智之性矣。然其气质之禀或不能齐，是以不能皆有以知其性之所有而全之也。一有聪明睿智能尽其性者出于其间，则天必命之以为亿兆之君师，使之治而教之，以复其性。此伏羲、神农、黄帝、尧、舜，所以继天立极①，而司徒之职、典乐之官所由设也。

三代之隆，其法浸备②，然后王宫、国都以及闾巷，莫不有学。人生八岁，则自王公以下，至于庶人之子弟，皆入小学，而教之以洒扫、应对、进退之节，礼乐、射御、书数之文；及其十有五年，则自天子之元子③、众子，以至公、卿、大夫、元士之嫡子，与凡民之俊秀，皆入大学，而教之以穷理、正心、修己、治人之道④。此又学校之教、大小之节所以分也。

夫以学校之设，其广如此，教之之术，其次第节目之详又如此，而其所以为教，则又皆本之人君躬行心得之余，不待求之民生日用彝伦⑤之外，是以当世之人无不学。其学焉者，无不有以知其性分之所固有，职分之所当为，而各俛⑥焉以尽其力。此古昔盛时所以治隆于上，俗美于下，而非后世之所能及也！

及周之衰，贤圣之君不作，学校之政不修，教化陵夷⑦，风俗颓败，时则有若孔子之圣，而不得君师之位以行其政教，于是独取先王之法，诵而传之以诏后世。若《曲礼》、《少仪》、《内则》、《弟子职》⑧诸篇，固小学之支流余裔，而此篇者，则因小学之成功，以著大学之明法，外有以极其规模之大，而内有以尽其节目之详者也。三千之徒，盖

---

① 继天立极：秉承天意，登顶帝位，操持国事。
② 浸备：完备。
③ 元子：天子和诸侯的嫡长子。
④ 穷理、正心、修己、治人：都是教化的方法和原则。"穷理"是穷尽事物的道理，"正心"是端正心态，"修己"是修炼、锻炼自己，"治人"是教育他人。
⑤ 彝伦：伦常、常理。
⑥ 俛（miǎn）：通"勉"，即勉励。
⑦ 陵夷：原指山坡缓平的样子，后引申为颓废、衰落。
⑧ 《曲礼》、《少仪》、《内则》、《弟子职》：《曲礼》、《少仪》、《内则》是《礼记》中的篇名，《弟子职》是《管子》中的篇名，皆是关于礼仪、仪制方面的著作。

莫不闻其说，而曾氏①之传独得其宗，于是作为传义，以发其意。及孟子没而其传泯焉，则其书虽存，而知者鲜矣！

自是以来，俗儒记诵词章之习，其功倍于小学而无用；异端虚无寂灭②之教，其高过于大学而无实。其他权谋术数，一切以就功名之说，与夫百家众技之流，所以惑世诬民、充塞仁义者，又纷然杂出乎其间。使其君子不幸而不得闻大道之要，其小人不幸而不得蒙至治之泽，晦盲否塞③，反复沈痼④，以及五季⑤之衰，而坏乱极矣！

天运循环，无往不复。宋德隆盛，治教休明。于是河南程氏两夫子出，而有以接乎孟氏之传。实始尊信此篇而表章之，既又为之次其简编，发其归趣，然后古者大学教人之法、圣经贤传之指，粲然复明于世。虽以熹之不敏，亦幸私淑⑥而与有闻焉。顾其为书犹颇放失，是以忘其固陋，采而辑之，间亦窃附己意，补其阙略，以俟后之君子。极知僭踰，无所逃罪，然于国家化民成俗之意、学者修己治人之方，则未必无小补云。

淳熙己酉二月甲子，新安朱熹序。

【出处】（宋）朱熹撰：《新编诸子集成·四书章句集注》，北京，中华书局，1983。

---

① 曾氏：曾参，孔子的学生。
② 寂灭：消逝、超脱生死，是佛教用语。
③ 晦盲否（pǐ）塞（sè）：政局混乱，不能下情上达。
④ 沈痼：亦作"沉痼"，即陋习积弊。
⑤ 五季：后梁、后唐、后晋、后汉、后周五代。
⑥ 私淑：没有得到某人的亲身教授而又敬仰其学识而尊其为师，称之为"私淑"。

《殿试对策卷》

文天祥针砭学风

解题

文天祥（1236—1283），字履善，号文山，吉州庐陵（今江西吉安）人。南宋理宗宝祐四年（1256）殿试第一，中状元，后任右丞相，坚持抗元，写有著名的爱国主义诗篇《过零丁洋》、《正气歌》等。文天祥在《殿试对策卷》中针砭时弊，批评当时的学风，他指出父兄之所教、师友之所讲，都是"利而已矣"，既然"心术既坏于未仕之前"，则"气节可想于既仕之后"。文天祥提出的改革对策是"厚今之人才"，"变今之士习"，士风淳正，而后人才可得。

选文

臣闻穷之所养，达之所施，幼之所学，壮之所行。今日之修于家，他日之行于天子之庭者也。国初诸老，尝以厚士习为先务，宁收落韵之李迪，不取凿说之贾边①；宁收直言之苏辙，不取险怪之刘

---

① 宁收落韵之李迪，不取凿说之贾边：事见《宋史·王旦传》。北宋初年，李迪、贾边均以才学闻名。他俩一起参加进士考试，李迪作赋文落下韵脚，而贾边作论文时与当时通行的经书注疏不相符合，于是两人同时落第。经主考官申请，得到复议机会，当时的宰相王旦认为：李迪作赋落韵是可以原谅的疏忽之举，但贾边违背官方注疏有标新立异、投机取巧之嫌，不能谅解。最终李迪被录取而贾边未获进仕机会。

几①。建学校，则必欲崇经术，复乡举，则必欲参行艺②。其后国子监，取湖学法，建经学治道边防水利等斋，使学者因其名以求其实。当时如程颐、徐积、吕希哲③，皆出其中。呜呼！此元祐人物之所从出也。士习厚薄，最关人才，从古以来，其语如此。陛下以为今之士习何如邪？今之士大夫之家，有子而教之，方其幼也，则授其句读④，择其不戾于时好⑤，不震于有司者，俾熟复焉。及其长也，细书为工，累牍为富，持试于乡校者以是，较艺于科举者以是，取青紫而得车马也以是。父兄之所教诲，师友之所讲明，利而已矣。其能卓然自拔于流俗者，几何人哉？心术既坏于未仕之前，则气节可想于既仕之后。以之领郡邑，如之何责其为卓茂、黄霸⑥；以之镇一路，如之何责其为苏章、何武⑦；以之曳朝绅，如之何责其为汲黯、望之⑧。奔竞于势要之路者，无怪也；趋附于权贵之门者，无怪也。牛维马絷，狗苟蝇营⑨，患得患失，无所不至者，无怪也。悠悠风尘，靡靡偷俗，清芬消歇，浊滓横流。惟皇降衷秉彝之懿⑩，萌蘖⑪于牛羊斧斤相寻之冲者，其有几哉？厚今之人才，臣以为变今之士习，而后可也。臣愿陛下持不息之心，急求所以为淑士之道。则士风一淳，人才或于是而可得矣。何谓兵力之弱，国计屈之也。

【出处】（宋）文天祥著：《文天祥全集》卷三《对策》，北京，中国书店，1985。

---

① 宁收直言之苏辙，不取险怪之刘几：事见《梦溪笔谈》及《宋史·欧阳修传》。嘉祐二年，欧阳修担任礼部贡举的主考官，在评卷中彻底批判了以怪文闻名于世，代表当时流行文风的刘几的文章，并将以平实见长的苏辙的文章评为上品。刘几落第之事使当时举子群情激愤，但欧阳修坚持取苏辙、曾巩等人，其后，苏辙等人的卓越表现也逐渐平抑了各种非议，怪诞的文风潮流也被最终压制下去。
② 经术：经书学问。行艺：品德技能。
③ 徐积：北宋诗人。吕希哲：北宋官员。此二人都曾跟着胡瑗学习。
④ 句读（dòu）：文辞停顿休止之法。
⑤ 戾：违背。时好：当时的潮流。
⑥ 卓茂：东汉贤臣。黄霸：西汉贤臣。
⑦ 苏章：东汉的贤德官员。何武：西汉官员，为人宽宏大量。
⑧ 汲黯：西汉官员，为政清明，为人纯正。望之：萧望之，西汉贤臣。
⑨ 絷（zhí）：缰绳。牛维马絷，狗苟蝇营：指不顾廉耻的趋炎附势之辈。
⑩ 秉彝之懿：出自《诗经·大雅·烝民》："民之秉彝，好是懿德。"指秉承良好的常规。
⑪ 萌蘖（niè）：植物发出新芽，引申为开始。

《科举》

黄宗羲论科举

解题

黄宗羲(1610—1695),字太冲,号南雷,世称梨洲先生,浙江余姚人,明末清初著名思想家。明亡以后,曾从事抗清武装斗争,后隐居专事著述和教学。黄宗羲具有初步的民主主义思想,对教育上的专制和科举进行了猛烈的抨击。黄宗羲在《科举》一文中细数科举的种种弊端,读书人为了中举,不读经,只注重于"四书"和细枝末节,并且科举中选的文章,"讽诵摹仿,移前缀后",很多是模仿、抄袭之作。在这种科举制度下,国家无法获得有用人才。黄宗羲进一步提出了科举的改革方法,包括考试、阅卷等,使考生"不得专以经义为主",不敢以空洞无物的文章来应试,如此才能培养和选拔人才。

选文

科举之弊,未有甚于今日矣。余见高曾①以来,为其学者,《五

---

① 高曾:指高祖、曾祖。

经》、《通鉴》、《左传》、《国语》、《战国策》、《庄子》、八大家①，此数书者，未有不读以资举业之用者也。自后则束之高阁，而钻研于《蒙》、《存》、《浅》、《达》②之讲章。又其后则以为泛滥，而说约③出焉。又以说约为冗，而圭撮④于低头《四书》之上，童而习之，至于解褐⑤出仕，未尝更见他书也。此外但取科举中选之文，讽诵摹仿，移前缀后⑥，雷同下笔已耳。

昔有举子以尧舜问主司者，欧阳公答之云："如此疑难故事，不用也罢。"⑦今之举子，大约此类也。此等人才，岂能效国家一悻一亭之用？徒使天下之生民，受其笞挞，可哀也夫！顾有心世道者，亦明知此辈之无用，皆因循而莫之救，何也？如以朱子《学校贡举私议》行之，未始不可。然极重难返之势，不无惶骇，莫若就今见行事例，稍为变通，未尝不可以得真才也。今第一场经义，第二场论、表、判，第三场策五道。⑧经义当依朱子之法，通贯经文，条陈众说，而断以己意，不必如今日分段、破题、对偶敷衍之体。论以观其识见，表以观其绮靡⑨，判当设为甲乙，以观其剖决。策观其通今致用，所陈利害，其要如何，无取德行言语，剿从套括⑩。嗟乎！举子苟能通此，是亦足矣。无奈主文者相习成风，去取只在经义。经义又以首篇为主，二场三场，

---

① 八大家：唐宋八大家。
② 《蒙》、《存》、《浅》、《达》：是福建泉州四大学者对朱熹《四书章句集注》进行的阐述笺注，分别为蔡清注释的《四书蒙引》、林希元注释的《四书存疑》、陈紫峰注释的《四书浅说》、苏浚注释的《四书达旨》。
③ 说约：指简要叙述。
④ 圭撮：圭、撮都是古代的容量单位，体积很小，后引申为关注于细枝末节。
⑤ 解褐：直意为脱去平民穿的褐色布衣，后指脱离平民身份。
⑥ 移前缀后：将名家文章摘取、移动至自己文章之中，加以抄袭模仿。
⑦ 欧阳公：欧阳修，宋朝岳珂《桯史》曾记载："欧公知贡举，有举子问尧舜事是一是二，观者哄然大笑。公不动色，徐曰：'疑事恐误者，即不必用。'观者又一笑。"
⑧ 第一场经义，第二场论、表、判，第三场策五道：明清科举考试一般考三场，内容分别为：经义，以经书中的词句为题，应试者阐明其义理，即八股文。论，就某一论题进行阐释的文章。表，是给君主的奏章。判，是根据所给案例进行裁判。策，指策问或策论，以经义或时事、政事设置问题要求应试者进行作答。
⑨ 绮靡：文辞浮华。
⑩ 套括：既成的模式和条条框框。

未尝过目。逮夫经义已取,始吊后场以充故事。虽累经申敕,裒①如充耳,亦以时日迫速,不得不然也。

余尝与万季野②私议,即浙江而论,举子万人,分房十余人,每人所阅,不及千卷,日阅二百卷,五日可毕。第一场取一千卷,揭榜其不在千卷内者,不得进第二场。第二场千卷,每人阅一百卷,一日可毕。当取五百卷,揭榜其不在五百卷内者,不得进第三场。第三场方依定额揭榜,始谓之中式。如此,则主文者不得专以经义为主,而二场三场为有用,举子亦不敢以空疎③应世。会试亦然。此亦急救之术,行之数科后,取朱子之议行之,又何患人才之不出乎!

【出处】(明)黄宗羲著,沈善洪主编:《黄宗羲全集·破邪论》(第一册),杭州,浙江古籍出版社,2005。

---

① 裒(póu):聚集。
② 万季野:万斯同,字季野,清初著名学者、史学家,参与编撰了《明史》。
③ 疎(shū):同"疏"。

《学校》

黄宗羲论扩大学校的政治职能

解题

《学校》一文选自《明夷待访录》。《明夷待访录》是黄宗羲非常重要的著作,全面阐述了黄宗羲的政治理想和社会改革设想,由于包含初步民主政治思想,清乾隆时被列为禁书,到清末被谭嗣同、梁启超翻印以推动维新。《明夷待访录》在一定程度上对君权至上的合法性提出了质疑,认为不受约束的君权是天下祸患的根源,想通过一定的制度设计对君权有所限制。从而提出了"公其非是于学校"的主张,即通过扩大学校的政治职能——"议政",使政统置于道统的批评监督之下。应该说,黄宗羲通过扩大学校的政治职能来限制君主专制,在某种程度上突破了《大学》提出的以修身为前提进行教化的局限性,是传统民本主义思想的一个创新。

选文

学校,所以养士也。然古之圣王,其意不仅此也,必使治天下之具皆出于学校,而后设学校之意始备。非谓班朝,布令,养老,恤孤,讯馘①,大师旅②则会将士,大狱讼③则期吏民,大祭祀则享始祖,行之自辟雍④也。盖使朝廷之上,闾阎⑤之细,渐摩濡染,莫不有诗书宽大之气;天子之所是未必是,天子之所非未必非,天子亦遂不敢自为非是而公其非是于学校。是故养士为学校之一事,而学校不仅为养士而设也。

三代以下,天下之是非一出于朝廷。天子荣之,则群趋以为是;天子辱之,则群摘⑥以为非。簿书、期会、钱谷、戎狱⑦,一切委之俗吏。时风众势之外,稍有人焉,便以为学校中无当于缓急之习气。而其所谓学校者,科举嚣争,富贵熏心,亦遂以朝廷之势利一变其本领;而士之有才能学术者且往往自拔于草野之间,于学校初无与也,究竟养士一事亦失之矣。

于是学校变而为书院;有所非也,则朝廷必以为是而荣之;有所是也,则朝廷必以为非而辱之。伪学之禁,书院之毁,必欲以朝廷之权与之争胜。其不仕者有刑,曰:"此率天下士大夫而背朝廷者也。"其始也,学校与朝廷无与;其继也,朝廷与学校相反,不特不能养士,且至于害士,犹然循其名而立之何与?

东汉太学三万人,危言深论,不隐豪强,公卿避其贬议。宋诸生伏阙捶鼓,请起李纲⑧。三代遗风,惟此犹为相近。使当日之在朝廷者,以其所非是为非是,将见盗贼奸邪慑心于正气霜雪之下,君安而国可保

---

① 班朝:肃整朝廷班次纲纪。布令:颁布法令。养老:赡养老人。恤孤:抚恤孤独贫困的人。讯:古代指俘虏。馘(guó):战争中割去敌人的左耳以记战功。讯馘:审讯俘虏和敌人的仪式。
② 师旅:古代军队的编制,后指代军队或战事。
③ 狱讼:古代民事纠纷为讼,刑事官司为狱,后指司法断狱或民间争讼。
④ 辟雍:西周天子为贵族子弟设立的学校。
⑤ 闾阎:里巷内外的门,引申为民间。
⑥ 摘(tī):指责。
⑦ 簿书:官府管理的文书账册。期会:在规定期限内实施政令。钱谷:缴纳征收税赋和财政管理。戎狱:处理民刑纠纷和军事义务。这四项是古代官府的主要任务和职责。
⑧ 宋诸生伏阙捶鼓,请起李纲:宋钦宗时,太学生陈东等数百人伏阙宣德门,为被罢相的李纲请命,谴责奸臣的卖国行径。

也。乃论者目之为衰世之事；不知其所以亡者，收捕党人，编管陈、欧①，正坐破坏学校所致，而反咎学校之人乎！

嗟乎！天之生斯民也，以教养托之于君；授田之法废，民买田而自养，犹赋税以扰之；学校之法废，民蚩蚩②而失教，犹势利以诱之。是亦不仁之甚，而以其空名跻③之曰"君父，君父"，则吾谁欺！

郡县学官④，毋得出自选除⑤；郡县公议，请名儒主之。自布衣以至宰相之谢事⑥者，皆可当其任，不拘已仕未仕也。其人稍有干于清议，则诸生得共起而易之，曰："是不可以为吾师也。"其下有五经师，兵法、历算、医、射各有师，皆听学官自择。凡邑之生童皆裹粮从学⑦，离城烟火聚落之处士人众多者，亦置经师⑧。民间童子十人以上，则以诸生之老而不仕者充为蒙师⑨。故郡邑无无师之士；而士之学行成者，非主六曹⑩之事，则主分教之务，亦无不用之人。

学宫以外，凡在城在野寺观庵堂，大者改为书院，经师领之；小者改为小学，蒙师领之；以分处诸生受业。其寺产即隶于学，以赡诸生之贫者。二氏之徒⑪，分别其有学行者，归之学宫，其余则各还其业。

太学祭酒⑫，推择当世大儒，其重与宰相等，或宰相退处为之。每朔⑬日，天子临幸太学，宰相、六卿、谏议皆从之。祭酒南面讲学，天子亦就弟子之列。政有缺失，祭酒直言无讳。

---

① 陈：陈东。欧：欧阳澈。两人曾上书钦宗。
② 蚩蚩：无知的样子。
③ 跻（jī）：原意为攀登。
④ 学官：古代主管学生教务和学习的官员或老师。
⑤ 选除：即铨选而除授，由朝廷授任。
⑥ 谢事：辞职、退休。
⑦ 裹粮从学：古代学生进入学校均须自己准备粮食用度，此处指进入学校进行学习。
⑧ 经师：教授六经等经书的老师。
⑨ 蒙师：教授蒙学的老师，即启蒙之师。
⑩ 六曹：各地方官府的职位，六曹即吏曹、户曹、礼曹、兵曹、刑曹、工曹。
⑪ 二氏之徒：指佛、道之信徒。
⑫ 祭酒：古代飨宴时酹酒祭神的长者，后指太学的主管官。
⑬ 朔：农历每月初一。

天子之子年至十五，则与大臣之子就学于太学，使知民之情伪，且使之稍习于劳苦。毋得闭置宫中，其所闻见不出宦官宫妾之外，妄自崇大也。

郡县朔望，大会①一邑之缙绅士子。学官讲学，郡县官就弟子列，北面再拜，师弟子各以疑义相质难。其以簿书期会，不至者罚之。郡县官政事缺失，小则纠绳②，大则伐鼓号③于众。其或僻郡下县，学官不得骤得名儒，而郡县官之学行过之者，则朔望之会，郡县官南面讲学可也。若郡县官少年无实学，妄自压老儒而上之者，则士子哗而退之。

择名儒以提督学政④；然学官不隶属于提学，以其学行名辈相师友也。每三年，学官送其俊秀于提学而考之，补博士弟子⑤；送博士弟子于提学而考之，以解礼部，更不别遣考试官。发榜所遗之士，有平日优于学行者，学官咨于提学补入之。其弟子之罢黜，学官以生平定之，而提学不与焉。

学历者能算气朔⑥，即补博士弟子。其精者同入解额⑦，使礼部考之，官于钦天监。学医者送提学考之，补博士弟子，方许行术。岁终，稽⑧其生死效否⑨之数，书之于册，分为三等：下等黜之；中等行术如故；上等解试礼部，入太医院而官之。

凡乡饮酒⑩，合一郡一县之缙绅士子。士人年七十以上，生平无玷

---

① 会：聚集。
② 纠绳：纠正、指正。
③ 伐鼓号：击鼓吹号，引申为公开督促批评。
④ 提督：管理。提督学政：官名，指由朝廷委派到各省主持院试，并督察地方学官的官员，又简称为学政、提学。
⑤ 博士弟子：博士为古代设置的教授诗赋、术数或经义等不同学科的教育官员，博士弟子则为各地方选送的由博士进行教授的学生。
⑥ 气朔：显示吉凶的云气和每月的朔日。
⑦ 解额：唐代以来进士应举往往限定每一地区的解送名额，所以称为"解额"。
⑧ 稽：考察。
⑨ 生死效否：泛指生老病死、医治效果好坏。
⑩ 乡饮酒：乡饮酒礼始于周代，有两类，一类旨在尊贤，指大比之年，乡大夫以主人的身份在乡学中与青年贤能之士饮酒，以宾兴贤能；另一类旨在敬老，指地方官按时举行的一种敬老仪式。儒家通过乡饮酒礼，使人们得到教化。

清议者，庶民年八十以上无过犯者，皆以齿①南面，学官、郡县官皆北面，宪老乞言。

凡乡贤名宦祠，毋得以势位及子弟为进退。功业气节则考之国史，文章则稽之传世，理学则定之言行。此外乡曲之小誉，时文之声名，讲章②之经学，依附之事功，已经入祠者皆罢之。

凡郡邑书籍，不论行世藏家，博搜重购。每书钞印三册，一册上秘府③，一册送太学，一册存本学。时人文集，古文非有师法，语录非有心得，奏议无裨实用，序事无补史学者，不许传刻。其时文、小说、词曲、应酬代笔，已刻者皆追板④烧之。士子选场屋⑤之文及私试义策⑥，蛊惑坊市者，弟子员黜革，见任官落职，致仕官夺告身⑦。

民间吉凶，一依朱子《家礼》行事。庶民未必通谙其丧服之制度，木主⑧之尺寸，衣冠之式，宫室之制，在市肆工艺者，学官定而付之；离城聚落，蒙师相其礼以革习俗。

凡一邑之名迹及先贤陵墓祠宇，其修饰表章，皆学官之事。淫祠通行拆毁，但留土谷⑨，设主祀之。故入其境，有违礼之祀，有非法之服，市悬无益之物，土留未掩之丧，优歌⑩在耳，鄙语满街，则学官之职不修⑪也。

【出处】（明）黄宗羲：《明夷待访录》，北京，古籍出版社，1955。

---

① 齿：年岁、年龄。
② 讲章：为学习或教授古代经书而编写的解读或讲义。
③ 秘府：古代将收藏禁书或载记的地方称为秘府。
④ 追板：追查雕刻书籍文章的原本印刷底板。
⑤ 场屋：科场，即古代举行科举考试的地方。
⑥ 义策：古代科举考试的形式，指经义和策论。
⑦ 告身：古代授予官职的委任状。
⑧ 木主：木制的供奉神仙或祖先的牌位。
⑨ 土谷：土地神和五谷神。
⑩ 优歌：优伶等艺人所唱的歌曲。
⑪ 修：整治、尽职。

《生员论》

顾炎武论生员制

解题

　　顾炎武（1613—1682），字宁人，江苏昆山人，因其乡有亭林湖，故世称亭林先生。出身于官宦之家，祖父以上三代都是进士，明亡以后参加抗清斗争，失败后北游，讲学著述，但时时不忘复兴。他批评理学教育培养出来的读书人学问空疏，无补于国家危亡；对于八股考试更是深恶痛绝，"八股之害甚于焚坑，而败坏人才有甚于咸阳之郊所坑者"。顾炎武的《生员论》认为，对生员只教以场屋之文，不能达到"与天子分猷公治"。所以他大胆提出"废天下之生员"的主张，以为"废天下之生员而官府之政清，废天下之生员而百姓之困苏，废天下之生员而门户之习除，废天下之生员而用世之材出"。同时主张改革官学制度，通过两种途径来选拔国家人才，"用辟举之法，而并存生儒之制"，就是通过地方官员举荐和考试这两种方法入仕，以解决生员制的种种弊端。

选文

生员论上

国家之所以设生员①者何哉？盖以收天下之才俊子弟，养之于庠序之中，使之成德达材，明先王之道，通当世之务，出为公卿大夫，与天子分猷②共治者也。今则不然，合天下之生员，县以三百计，不下五十万人，而所以教之者，仅场屋之文③。然求其成文者，数十人不得一，通经知古今，可为天子用者，数千人不得一也。而嚚讼逋顽④，以病有司者⑤，比比而是。上之人以是益厌之，而其待之也日益轻，为之条约也日益苛。然以此益厌益轻益苛之生员，而下之人犹日夜奔走之如鹜，竭其力而后止者何也？一得为此，则免于编氓⑥之役，不受侵于里胥⑦；齿于衣冠⑧，得于礼见官长，而无笞、捶之辱。故今之愿为生员者，非必其慕功名也，保身家而已。以十分之七计，而保身家之生员，殆有三十五万人，此与设科之初意悖，而非国家之益也。人之情孰不为其身家者？故日夜求之，或至行关节⑨，触法抵罪而不止者，其势然也。今之生员，以关节得者十且七八矣，而又有武生、奉祀生⑩之属，无不以钱鬻⑪之。夫关节，朝廷之所必诛，而身家之情，先王所弗能禁，故以今日之法，虽尧、舜复生，能去在朝之四凶⑫，而不能息天下之关节也。

---

① 生员：明清时期科举制度中，通过最初一级考试的人，可以入府、县学进行学习，习称秀才。
② 猷（yóu）：打算、谋划。分猷：共同出谋划策。
③ 场屋之文：仅仅有应试之才。
④ 嚚（yín）：奸诈。逋：懈怠。嚚讼逋顽：奸诈好讼、懈怠顽劣。
⑤ 病：祸害、损害。以病有司者：上述奸诈顽劣的人成为官府的祸害。
⑥ 编氓：编户齐民，需服役的普通百姓。
⑦ 里胥：古代基层单位的乡差人员，常常负责收取赋税、差派徭役。
⑧ 齿于衣冠：年长之后行成年冠礼。
⑨ 或至行关节：这里指有人利用各种非法关系通过生员考试。
⑩ 武生：武生员，即经过考试考取的武童生，俗称武秀才。奉祀生：官府特设的主持古圣贤祠宇祭祀活动的生员；奉祀生不经科举考试，而被赐予秀才功名。
⑪ 鬻（yù）：卖。
⑫ 四凶：尧舜时期的四个部族首领，即饕餮、浑沌、穷奇和梼杌（táo wù），后引申为凶残的动物或者破坏国家的祸害。

然则如之何？请一切罢之，而别为其制①。必选夫五经②兼通者而后充之，又课③之以二十一史与当世之务而后升之。仍分为秀才、明经二科，而养之于学者，不得过二十人之数，无则阙④之。为之师者，州县以礼聘焉，勿令部选⑤。如此而国有实用之人，邑有通经之士，其人材必盛于今日也。然则一乡之中，其粗能自立之家，必有十焉，一县之中，必有百焉。皆不得生员以芘⑥其家，而同于编氓，以受里胥之凌暴，官长之笞捶，岂王者保息⑦斯人之意乎？则有秦汉赐爵之法，其初以赏军功，而其后或以恩赐，或以劳赐，或普赐，或特赐，而高帝之诏有曰："今吾于爵，非轻也。其令吏善遇高爵，称吾意。⑧"至惠帝之世，而民得买爵。夫使爵之重得与有司为礼，而复其户勿事，则人将趋之。开彼则可以塞此，即入粟拜爵，其名尚公，非若鬻诸生以乱学校者之为害也。夫立功名与保身家，二涂⑨也；收俊乂⑩与恤平人，二术也。并行而不相悖也，一之则敝矣。夫人主⑪与此不通今古之五十万人共此天下，其芘身家而免笞捶者且三十五万焉，而欲求公卿大夫之材于其中，以立国而治民，是缘木而求鱼也。以守则必危，以战则必败矣。

生员论中

废天下之生员而官府之政清，废天下之生员而百姓之困苏⑫，废天下之生员而门户之习除，废天下之生员而用世之材出。今天下之出入公门以挠官府之政者，生员也；倚势以武断于乡里者，生员也；与胥史⑬

---

① 别为其制：另行设立选拔国家人才的制度。
② 五经：即《易》、《书》、《诗》、《礼》、《春秋》五部经书。
③ 课：考课，考察。
④ 阙（quē）：同"缺"。
⑤ 部选：由吏部进行选任。
⑥ 芘：通"庇"，指庇护。
⑦ 保息：保护百姓，使之休养生息。
⑧ 其令吏善遇高爵，称吾意：受封官吏能够得到好的待遇和爵位，符合我的心意。
⑨ 涂：通"途"。二涂：两种不同的途径。
⑩ 俊乂（ài）：也写作"俊艾"，指德才兼备的人才。
⑪ 人主：一国之主，帝王。
⑫ 困苏：困难、问题得到解决。
⑬ 胥史：犹"胥吏"，官府中办理文书的小吏。

为缘,甚有身自为胥史者,生员也;官府一拂其意,则群起而哄者,生员也;把持官府之阴事①,而与之为市者,生员也。前者噪,后者和;前者奔,后者随;上之人欲治之而不可治也,欲锄之而不可锄也,小有所加,则曰是杀士也,坑儒也。百年以来,以此为大患,而一二识治体能言之士,又皆身出于生员,而不敢显言其弊,故不能旷然一举而除之也。故曰废天下之生员而官府之政清也。天下之病民者②有三:曰乡宦,曰生员,曰吏胥。是三者,法皆得以复其户,而无杂泛之差,于是杂泛之差,乃尽归于小民。今之大县至有生员千人以上者,比比也。且如一县之地有十万顷,而生员之地五万,则民以五万而当十万之差矣;一县之地有十万顷,而生员之地九万,则民以一万而当十万之差矣。民地愈少,则诡寄③愈多;诡寄愈多,则民地愈少,而生员愈重。富者行关节以求为生员,而贫者相率而逃且死,故生员之于其邑人无秋毫之益,而有丘山之累。然而一切考试科举之费,犹皆派取之民,故病民之尤者,生员也。故曰:废天下之生员,而百姓之困苏也。天下之患,莫大乎聚五方不相识之人,而教之使为朋党。生员之在天下,近或数百千里,远或万里,语言不同,姓名不通,而一登科第,则有所谓主考官者,谓之座师;有所谓同考官者,谓之房师;同榜之士,谓之同年;同年之子,谓之年侄;座师、房师之子,谓之世兄;座师、房师之谓我,谓之门生;而门生之所取中者,谓之门孙;门孙之谓其师之师谓之太老师;朋比胶固,牢不可解。书牍④交于道路,请托遍于官曹,其小者足以蠹政害民,而其大者,至于立党倾轧,取人主太阿之柄⑤而颠倒之,皆此之繇⑥也。故曰:废天下之生员,而门户之习除也。国家之所以取生员而考之以经义、论、策、表、判者,欲其明六经之旨,通当世之务

---

① 阴事:秘密、隐秘的事情。
② 病民者:祸害百姓的人。
③ 诡寄:将自己拥有的田地寄托在他人名下,借以逃避赋税。
④ 书牍:书信。
⑤ 太阿:原指古代宝剑的名称,后来指代权力、权柄。太阿之柄:指权柄。
⑥ 繇(yóu):同"由"。

也。今以书坊所刻之义,谓之时文①,舍圣人之经典、先儒之注疏与前代之史不读,而读其所谓时文。时文之出,每科一变,五尺童子能诵数十篇而小变其文,即可以取功名,而钝者至白首而不得遇。老成之士,既以有用之岁月,销磨于场屋之中,而少年捷得之者,又易视天下国家之事,以为人生之所以为功名者,惟此而已。故败坏天下之人材,而至于士不成士,官不成官,兵不成兵,将不成将,夫然后寇贼奸宄②得而乘之,敌国外侮得而胜之。苟以时文之功,用之于经史及当世之务,则必有聪明俊杰通达治体之士起于其间矣。故曰:废天下之生员,而用世之材出也。

生员论下

问曰:废天下之生员,则何以取士?曰:吾所谓废生员者,非废生员也,废今日之生员也。请用辟举之法③,而并存生儒之制,天下之人,无问其生员与否,皆得举而荐之于朝廷,则我之所收者,既已博矣,而其廪之学者④为之限额,略仿唐人郡县之等:小郡十人,等而上之,大郡四十人而止;小县三人,等而上之,大县二十人而止。约其户口之多寡、人材之高下而差次之,有阙则补,而罢岁贡⑤举人之二法。其为诸生者,选其通隽⑥,皆得就试于礼部,而成进士者,不过授以簿尉亲民之职,而无使之骤进,以平其贪躁之情。其设之教官,必聘其乡之贤者以为师,而无隶于仕籍;罢提学之官,而领其事于郡守。此诸生之中,有荐举而入仕者;有考试而成进士者;亦或有不率⑦而至于斥退者;有不幸而死,及衰病不能肄业⑧,愿给衣巾⑨以老者。阙至于二人

---

① 时文:当时人所写的为了应付科举考试的文章。
② 宄(guǐ):奸恶作乱的人。奸宄:犯法作恶的盗贼。
③ 辟举之法:汉代以来的选拔人才的制度,主要通过地方官员进行举荐。
④ 廪:粮仓、米仓。古时有廪生,又叫做廪膳生员,是指由官府按时发给钱财补助生活的生员。廪之学者:这里指由官府补助生活的儒生、人才。
⑤ 岁贡:古时由地方官员向朝廷举荐人才的制度。明清时期,定期从州县学中选送廪生入国子监肄业,称为岁贡生。
⑥ 隽(jùn):同"俊"。
⑦ 不率:不服从,不遵从。
⑧ 肄业:这里指在学校学习。
⑨ 衣巾:原指秀才穿的衣服服式,后引申为秀才的待遇和资格。

三人，然后合其属之童生，取其通经能文者以补之。然则天下之为生员者少矣。少则人重之，而其人亦知自重。为之师者不烦于教，而向所谓聚徒合党，以横行于国中①者，将不禁而自止。若夫温故知新，中年考较，以蕲②至于成材，则当参酌乎古今之法，而兹不具论也。或曰：天下之才，日生而无穷也，使之皆壅③于童生，则奈何？吾固曰：天下之人，无问其生员与否，皆得举而荐之于朝廷，则取士之方，不恃诸生之一途而已也。夫取士以佐人主理国家，而仅出于一涂，未有不弊者也。

【出处】（明）顾炎武：《顾亭林诗文集》，北京，中华书局，1983。

---

① 国中：原指古代诸侯郡国境内，这里指州县之内。
② 蕲（qí）：祈求。
③ 壅（yōng）：原指堵塞，这里指将大部分生员限制在童生阶段。

《病梅馆记》

龚自珍反对束缚和摧残人才

解题

龚自珍(1792—1841),字尔玉,号定庵,浙江仁和(今杭州)人。《病梅馆记》是一篇寓言体的散文,以梅喻人,"文人画士"以病为美,以变态为美,卖梅的人为求好价,"斫其正,养其旁条,删其密,夭其稚枝,锄其直,遏其生气"。龚自珍以病梅比喻旧思想、旧观念、旧体制对人才的束缚和摧残。

选文

江宁之龙蟠,苏州之邓尉,杭州之西溪,皆产梅。或曰:梅以曲为美,直则无姿;以欹①为美,正则无景;梅以疏为美,密则无态。固也。此文人画士,心知其意,未可明诏大号,以绳天下之梅也;又不可以使天下之民,斫直②,删密,锄正,以夭梅、病梅为业以求钱也。梅之欹、之疏、之曲,又非蠢蠢求钱之民,能以其智力为也。有以文人画

---

① 欹:(枝干)横斜。
② 斫(zhuó)直:用刀、斧等砍伐、修剪使其变直。

士孤癖之隐,明告鬻①梅者,斫其正,养其旁条,删其密,夭其稚枝,锄其直,遏其生气,以求重价,而江、浙之梅皆病。文人画士之祸之烈至此哉!予购三百盆,皆病者,无一完者,既泣之三日,乃誓疗之、纵之、顺之,毁其盆,悉埋于地,解其棕缚②;以五年为期,必复之全之。予本非文人画士,甘受诟厉,辟病梅之馆以贮之。呜呼!安得使予多暇日,又多闲田,以广贮江宁、杭州、苏州之病梅,穷予生之光阴以疗梅也哉?

【出处】（清）龚自珍：《龚自珍全集》（第三辑），北京,中华书局,1959。

---

① 鬻（yù）：卖。
② 棕缚：棕绳。

为师与教学

《论语》(节选)

孔子论为师与教学

解题

孔子授徒三千,具有非常丰富的教学思想和经验。孔子强调为人师者自身修养的重要性,主张教师应当安贫乐道。教师的身教比言教更重要,"其身正,不令而行;其身不正,虽令不从。"教师应当以治学和教学为乐,"学而不厌,诲人不倦"。孔子好学善教,认为教学的重点在启发学生"学"。《论语》一书中,"教"字出现过七次,"学"字多达六十五次,与"学"义相近的"问"字一百二十次。孔子教学,或启发,或点化,或诱导,或反诘,或激励,或陶冶,或问辩,或感化,或商量,根据不同的教学对象与特定教育环境,灵活地、创造性地采用不同的教学方式方法,达到了教学艺术的最高境界,为后世树立了为师的典范。

选文

学而第一

子曰:"学而时习之,不亦说①乎?有朋自远方来,不亦乐乎?人

---

① 说:同"悦",愉悦。

不知，而不愠①，不亦君子乎？"

曾子曰："吾日三省吾身②——为人谋而不忠乎？与朋友交而不信乎？传不习乎③？"

子曰："弟子，入则孝，出则悌④，谨而信，泛爱众，而亲仁。行有余力，则以学文。"

子曰："君子不重⑤，则不威；学则不固。主忠信⑥。无友不如己者。过，则勿惮⑦改。"

子曰："君子食无求饱，居无求安，敏于事而慎于言⑧，就有道而正焉⑨，可谓好学也已。"

子贡曰："贫而无谄，富而无骄，何如？"子曰："可也；未若贫而乐，富而好礼者也。"

子贡曰："诗⑩云：'如切如磋，如琢如磨'，其斯之谓与？"子曰："赐⑪也，始可与言诗已矣，告诸往而知来者⑫。"

为政第二

子曰："道⑬之以政，齐⑭之以刑，民免而无耻；道之以德，齐之以礼，有耻且格⑮。"

子曰："吾十有五而志于学，三十而立，四十而不惑，五十而知天

---

① 愠（yùn）：恼怒。
② 三：多的意思。省：反省。三省吾身：多次反省自身。
③ 传：老师教学、传授。习：学生学习。
④ 悌：善事见长。
⑤ 重：端庄，庄重。
⑥ 主忠信：以忠诚信义的品德为主。
⑦ 惮：害怕。
⑧ 敏于事而慎于言：做事勤快，言辞慎重。
⑨ 就有道而正焉：接近有道之人，使自己的言行举止端正有礼。
⑩ 诗：《诗经》。
⑪ 赐：子贡（端木赐）。
⑫ 告诸往而知来者：见古知今。
⑬ 道：引导。
⑭ 齐：惩治规范。
⑮ 格：格心，即亲近向往之心。有耻且格：有耻辱感，而内心归附认同。

命，六十而耳顺，七十而从心所欲，不逾矩。"

子曰："吾与回①言终日，不违如愚。退而省其私，亦足以发，回也不愚。"

子曰："温故而知新，可以为师矣。"

子曰："君子不器②。"

子贡问君子。子曰："先行其言，而后从之。"

子曰："君子周③而不比④，小人比而不周。"

子曰："学而不思则罔⑤；思而不学则殆⑥。"

子曰："由！⑦诲女⑧知之乎！知之为知之，不知为不知，是知也。"

子张学干禄⑨。子曰："多闻阙疑，慎言其余⑩，则寡尤；多见阙殆⑪，慎行其余⑫，则寡悔。言寡尤，行寡悔，禄在其中矣。"

八佾第三

子曰："君子无所争。必也射乎!⑬ 揖让⑭而升⑮，下而饮。其争也君子。"

子夏问曰："'巧笑倩兮，美目盼兮，素以为绚兮。'⑯ 何谓也？"子曰："绘事后素。"⑰ 曰："礼后乎？"子曰："起予者，商⑱也！始可与言诗已矣。"

---

① 回：颜回，孔子弟子。
② 不器：不像器皿那样局限于某一种用途。
③ 周：以道义来团结人。
④ 比：以暂时利害关系相互勾结。
⑤ 罔：迷惘。
⑥ 殆：疑惑。
⑦ 由：仲由，字子路，孔子弟子。
⑧ 女：通"汝"。
⑨ 子张：颛孙师，字子张，孔子弟子。干禄：指获得官俸的方法。
⑩ 慎言其余：言语谨慎，不妄下结论。
⑪ 阙殆：与"阙疑"同义，指有怀疑的地方。
⑫ 慎行其余：行为慎重，三思而行。
⑬ 必也射乎：一定要有的话，那就是射箭。
⑭ 揖让：相互作揖行礼。
⑮ 升：登堂射箭。
⑯ 巧笑倩兮，美目盼兮，素以为绚兮：出自《诗经·卫风·硕人》，灿烂的笑容很动人，美丽的眼睛很传神，白纸作画颜色绚丽。
⑰ 绘事后素：先有素绢，再进行描绘。
⑱ 起：启发。商：卜商，字子夏，孔子弟子。

子语鲁太师①乐，曰："乐其可知也：始作，翕②如也；从③之，纯如也，皦④如也，绎如也，以成。"

里仁第四

子曰："士志于道，而耻恶衣恶食者，未足与议也。"

子曰："君子之于天下也，无适也，无莫也，义之与比。⑤"

子曰："君子怀德，小人怀土；君子怀刑，小人怀惠。⑥"

子曰："君子喻⑦于义，小人喻于利。"

子曰："见贤思齐焉，见不贤而内自省⑧也。"

子曰："君子欲讷于言而敏于行。"

公冶长第五

子贡问曰："赐也何如？"子曰："女器也。"曰："何器也？"曰："瑚琏⑨也。"

或曰："雍⑩也，仁而不佞⑪。"子曰："焉用佞？御人以口给⑫，屡憎于人。不知其仁，焉用佞？"

子使漆雕开仕⑬。对曰："吾斯之未能信。"子说⑭。

---

① 语，告诉。太师：掌管音乐的官职。
② 翕（xī）：合。
③ 从（zòng）：放纵，展开。
④ 皦（jiǎo）：清浊分明。
⑤ 无适也，无莫也，义之与比：不过分热衷，不过分冷淡，而以"义"作为合理的标准。
⑥ 怀：指关怀，关心。君子怀德，小人怀土；君子怀刑，小人怀惠：全句指君子关心道德教化，小人关心自己的小家私业；君子关心刑罚法度，小人关心小利小惠。
⑦ 喻：明白，清楚。
⑧ 内自省：自己要反省自己的过错与不足。
⑨ 瑚琏：古代宗庙祭祀的玉器，用来盛放黍稷。
⑩ 雍：冉雍，字仲弓，孔子弟子，与冉耕（伯牛）、冉求（子有）皆在孔门十哲之列，称为三冉，世称"一门三贤"。
⑪ 佞：能言善辩，有口才。
⑫ 御人以口给：强辩于人。
⑬ 漆雕开：孔子的学生，姓漆雕，名开。子使漆雕开仕：孔子要漆雕开出仕做官。
⑭ 说：通"悦"。

子曰："道不行,乘桴①浮于海。从我者,其由与?"子路闻之喜。子曰:"由也好勇过我,无所取材。②"

　　孟武伯③问:"子路仁乎?"子曰:"不知也。"又问。子曰:"由也,千乘之国,可使治其赋也④,不知其仁也。""求⑤也何如?"子曰:"求也,千室之邑,百乘之家,可使为之宰也⑥,不知其仁也。""赤⑦也何如?"子曰:"赤也,束带立于朝,可使与宾客言也,不知其仁也。"

　　子谓子贡曰:"女与回也孰愈?⑧"对曰:"赐也,何敢望回?回也闻一以知十,赐也闻一以知二。"子曰:"弗如也;吾与女弗如也。"

　　宰予昼寝。子曰:"朽木不可雕也,粪土之墙不可杇⑨也;于予与何诛?⑩"子曰:"始吾于人也,听其言而信其行;今吾于人也,听其言而观其行。于予与改是。"

　　子贡问曰:"孔文子⑪何以谓之'文'也?"子曰:"敏而好学,不耻下问,是以谓之'文'也。"

　　子谓子产⑫,"有君子之道四焉:其行己也恭,其事上也敬,其养民也惠,其使民也义。"

　　季文子⑬三思而后行。子闻之,曰:"再,斯可矣。"

　　颜渊季路侍。子曰:"盍各言尔志?⑭"子路曰:"愿车马,衣轻裘,

---

① 桴(fú):竹筏、木排。
② 材:同"哉"。由也好勇过我,无所取材:子路勇敢超过我(孔子),但是不知如何审度情势,不可取。
③ 孟武伯:鲁国的贵族,名彘,谥号为"武"。
④ 赋:指兵赋。可使治其赋也:可使子路负责兵赋的工作。
⑤ 求:冉求。
⑥ 宰:古代的官名,意为总管。
⑦ 赤:姓公西,名赤,字子华,又叫公西华,孔子弟子。
⑧ 女与回也孰愈:你与颜回谁更强?
⑨ 杇(wū):同"圬",指涂抹、粉刷。
⑩ 于予与何诛:对宰予还有什么能责备的。
⑪ 孔文子:卫国大夫孔圉,死后谥号被赐为"文",所以后人称之为孔文子。
⑫ 子产:姓公孙,名侨,字子产,春秋时期郑国人。
⑬ 季文子:姓季孙,字行父。春秋时鲁国执政,谥号文子,史称季文子。
⑭ 盍各言尔志:为何不说说你们各自的志向?

与朋友共，敝之而无憾。"颜渊曰："愿无伐善，无施劳。①"子路曰："愿闻子之志。"子曰："老者安之，朋友信之，少者怀②之。"

子曰："已矣乎，吾未见能见其过，而内自讼③者也。"

子曰："十室之邑，必有忠信如丘者焉，不如丘之好学也。"

雍也第六

子华使④于齐，冉子为其母请粟⑤。子曰："与之釜⑥。"请益⑦。曰："与之庾⑧。"冉子与之粟五秉⑨。子曰："赤之适齐也，乘肥马，衣轻裘。吾闻之也：君子周急不继富。"

季康子⑩问："仲由可使从政也与？"子曰："由也果⑪，于从政乎何有？⑫"曰："赐也可使从政也与？"曰："赐也达⑬，于从政乎何有？"曰："求也可使从政也与？"曰："求也艺⑭，于从政乎何有？"

伯牛⑮有疾，子问之，自牖⑯执其手，曰："亡之，命矣夫！斯人也，而有斯疾也！斯人也，而有斯疾也！"

子曰："贤哉回也！一箪食，一瓢饮，在陋巷，人不堪其忧，回也不改其乐。贤哉回也！"

子谓子夏曰："女为君子儒！无为小人儒！⑰"

---

① 愿无伐善，无施劳：不夸耀自己的长处和功劳。
② 怀：怀念。
③ 自讼：自我责备。
④ 使：出使。
⑤ 粟：小米。冉子为其母请粟：冉子为子华的母亲请求一些粮食。
⑥ 釜：古代的容量单位，六斗四升为一釜。
⑦ 请益：请求再多给一些。
⑧ 庾（yǔ）：古代容器单位，十六斗为一庾。
⑨ 秉：古代容量单位，一秉为十六斛，一斛为十斗。
⑩ 季康子：鲁国人，姓季孙，名肥。
⑪ 果：果断。
⑫ 于从政乎何有：从政有何难？
⑬ 达：通达。
⑭ 艺：多才多艺。
⑮ 伯牛：冉耕，字伯牛，春秋时期鲁国人，孔子弟子。
⑯ 牖：窗户。
⑰ 女为君子儒！无为小人儒！：你应当做像君子一样的儒生，不要做像小人那样的儒生。

子曰："质胜文则野，文胜质则史。① 文质彬彬，然后君子。"

子曰："知之者不如好之者，好之者不如乐之者。"

子曰：中人②以上，可以语上也③；中人以下，不可以语上也。

子曰："君子博学于文，约之以礼，亦可以弗畔④矣夫！"

述而第七

子曰："述而不作，信而好古，窃比于我老彭⑤。"

子曰："默而识⑥之，学而不厌，诲人不倦，何有于我哉。"

子曰："志于道，据于德，依于仁，游于艺⑦。"

子曰："自行束修⑧以上，吾未尝无诲焉。"

子曰："不愤不启，不悱不发。⑨ 举一隅，不以三隅反，则不复也。"

子在齐闻韶，三月不知肉味，曰："不图为乐之至于斯也。⑩"

子曰："饭疏食饮水，曲肱而枕之⑪，乐亦在其中矣。不义而富且贵，于我如浮云。"

子曰："加我数年⑫，五十以学易，可以无大过矣。"

叶公⑬问孔子于子路，子路不对。子曰："女奚不曰，其为人也，发奋忘食，乐以忘忧，不知老之将至云尔。"

---

① 质：朴实。文：有文采。野：粗野。史：浮夸。
② 中人：资质一般的人。
③ 可以语上也：可以告诉其比较深奥的知识。
④ 畔：同"叛"。弗畔：指不叛离正道。
⑤ 老彭：老子和彭祖。
⑥ 识（zhì）：记住。
⑦ 游于艺：熟练地掌握六艺。
⑧ 束修：十条干肉，指古代学生拜见教师时为表示敬意的见面礼，后指代教师的酬金。
⑨ 不愤不启，不悱不发：不到求而不得则不提示，不经深思熟虑则不启发。按照朱熹的注解："愤者，心求通而未得之意；悱者，口欲言而未能之貌。启，谓开其意；发，谓达其辞。"就是说只有当学生进入积极思维状态时教师才适当地诱导、引发，帮助学生打开知识的门扉，端正思维的方向，即"开其意"、"达其辞"。
⑩ 不图为乐之至于斯也：没料到音乐的快乐可以使人达到这种状态（即三月不知肉味）。
⑪ 疏食：粗粮。肱（gōng）：手臂。
⑫ 加我数年：假如再让我多活几年时间。
⑬ 叶（shè）公：沈诸梁，楚国叶城的县长。

子曰:"三人行,必有我师焉:择其善者而从之,其不善者而改之。"

子曰:"二三子以我为隐①乎?吾无隐乎尔。吾无行而不与二三子者,是丘也。"

子以四教:文,行,忠,信。

子曰:"盖有不知而作之者,我无是也。多闻,择其善者而从之;多见而识之;知之次也②。"

子与人歌而善,必使反之③,而后和之。

子曰:"文,莫吾犹人也④。躬行君子,则吾未之有得。"

子曰:"若圣与仁,则吾岂敢?抑为之不厌,诲人不倦,则可谓云尔已矣。"公西华曰:"正唯弟子不能学也。"

子曰:"君子坦荡荡,小人长戚戚。"

泰伯第八

曾子曰:"以能问于不能,以多问于寡;有若无,实若虚,犯而不校⑤:昔者吾友,尝从事于斯矣。"

曾子曰:"可以托六尺之孤⑥,可以寄百里之命⑦,临大节而不可夺也:君子人与?君子人也。"

曾子曰:"士不可以不弘毅⑧,任重而道远。仁以为己任,不亦重乎?死而后已,不亦远乎?"

子曰:"兴于诗,立于礼,成于乐。"⑨

---

① 二三子:指代众多学生。隐:隐瞒。
② 知之次也:这样的"知",仅次于"生而知之"(孔子认为,"生而知之者"为上,"学而知之者"居次)。
③ 子与人歌而善,必使反之:孔子与人一起唱歌,若别人唱得好,务必使其再唱一次。
④ 莫吾犹人也:我大概和别人相差无几。
⑤ 犯而不校:被侵犯而不计较。
⑥ 六尺之孤:指身长不满六尺的未成年人。托六尺之孤:可以将国之幼君托付(给他)。
⑦ 寄百里之命:可以将国家的命运交付(给他)。
⑧ 弘毅:强大、刚毅。
⑨ 兴于诗,立于礼,成于乐:诗歌使人奋发,礼仪能让人安身立命,音乐能够陶冶性情。

子曰："三年学，不至于谷①，不易得也。"

子曰："学如不及，犹恐失之。"②

子罕第九

子绝四：毋意，毋必，毋固，毋我。③

太宰问于子贡曰："夫子圣者与？何其多能④也？"子贡曰："固天纵之将圣，又多能也。"子闻之，曰："太宰知我乎！吾少也贱，故多能鄙事⑤。君子多乎哉？不多也。"牢⑥曰："子云：'吾不试⑦，故艺。'"

子曰："吾有知乎哉？无知也。有鄙夫⑧问于我，空空如也。我叩其两端而竭⑨焉。"

颜回喟然叹曰："仰之弥高，钻之弥坚。⑩ 瞻之在前，忽焉在后。夫子循循然善诱人，博我以文，约我以礼，欲罢不能。既竭吾才，如有所立卓尔⑪。虽欲从之，末由也已⑫。"

子曰："吾未见好德如好色者也。"

子曰："后生可畏，焉知来者之不如今也？四十、五十而无闻焉，斯亦不足畏也已。"

子曰："三军可夺帅也，匹夫不可夺志也。"

子曰："岁寒，然后知松柏之后彫⑬也！"

子曰："知者不惑，仁者不忧，勇者不惧。"

---

① 谷：功名利禄。
② 学如不及，犹恐失之：做学问总担心赶不上，赶上了又担心失去。
③ 子绝四：毋意，毋必，毋固，毋我：孔子不犯这四种错误，即不臆断、不妄下结论、不固执、不自以为是。
④ 多能：多才多艺。
⑤ 鄙事：贫贱之事。
⑥ 牢：子牢，一说为孔子学生。
⑦ 试：指做官。
⑧ 鄙夫：农夫。
⑨ 叩其两端而竭：纠根问底，把事情弄清楚。
⑩ 仰之弥高，钻之弥坚：越向上仰望就越高大，越继续钻研就越深奥。
⑪ 卓尔：才能超群出众。
⑫ 末由也已：不知如何做起。
⑬ 彫：同"凋"，凋落。

先进第十一

子曰:"先进于礼乐①,野人②也;后进于礼乐,君子也。如用之,则吾从先进。"

子曰:"从我于陈、蔡者,皆不及门也③。"

德行:颜渊,闵子骞,冉伯牛,仲弓。言语:宰我,子贡。政事:冉有,季路。文学:子游,子夏。

颜渊死。子曰:"噫!天丧予!天丧予!"

颜渊死,子哭之恸④。从者曰:"子恸矣!"曰:"有恸乎?非夫人之为恸而谁为?⑤"

子贡问师与商⑥也孰贤。子曰:"师也过,商也不及。"曰:"然则师愈与?"子曰:"过犹不及。"

柴也愚,参也鲁,师也辟,由也喭。⑦

子路问:"闻斯行诸?⑧"子曰:"有父兄在,如之何其闻斯行之?"冉有问:"闻斯行诸?"子曰:"闻斯行之。"公西华曰:"由也问闻斯行诸,子曰:'有父兄在';求也问闻斯行诸,子曰:'闻斯行之'。赤也惑,敢问。"子曰:"求也退,故进之;由也兼人⑨,故退之。"

颜渊第十二

司马牛⑩问君子。子曰:"君子不忧不惧。"曰:"不忧不惧,斯谓

---

① 先进于礼乐:先学习礼乐,而后做官。
② 国指城市、城郭。野指郊外荒野。周朝有国、野之分。野人:居住在郊外的地位低下的人。
③ 从我于陈、蔡者,皆不及门也:跟随我于陈、蔡两地的人,现在都不在这里。陈、蔡都是春秋时期的国家,孔子曾经在陈国绝粮,在蔡国受困,遭受很多苦难。后世把跟随老师身边学习的人称为及门弟子。
④ 恸(tòng):悲痛异常。
⑤ 非夫人之为恸而谁为:不为这样的人伤心还能为谁伤心?
⑥ 师与商:子张和子夏。
⑦ 柴:姓高名柴,字子羔,又称子皋、子高、季高。参:曾参。师:颛孙师,字子张。由:仲由,即子路。鲁:迟钝。辟:偏激。喭:鲁莽。
⑧ 闻斯行诸:知道了就要付诸实施吗?
⑨ 兼人:比较胆大,行动力强过别人。
⑩ 司马牛:复姓司马,名耕,又名犁,字子牛。

之君子已乎？"子曰："内省不疚，夫何忧何惧？"

司马牛忧曰："人皆有兄弟，我独无。"子夏曰："商闻之矣：死生有命，富贵在天。君子敬而无失，与人恭而有礼。四海之内，皆兄弟也——君子何患乎无兄弟也？"

棘子成①曰："君子质而已矣，何以文为？②"子贡曰："惜乎，夫子之说君子也！驷不及舌。③ 文犹质也，质犹文也。虎豹之鞹犹犬羊之鞹。④"

子曰："君子成人之美，不成人之恶。小人反是。"

曾子曰："君子以文会友，以友辅仁。"

子路第十三

子曰："其身正，不令而行；其身不正，虽令不从。"

子贡问曰："何如斯可谓之士矣？"子曰："行己有耻，使于四方，不辱君命，可谓士矣。"曰："敢问其次。"曰："宗族称孝焉，乡党称弟焉。"曰："敢问其次。"曰："言必信，行必果，硁硁⑤然小人哉！——抑亦可以为次矣。"曰："今之从政者何如？"子曰："噫⑥！斗筲之人⑦，何足算也？"

子曰："君子和而不同，小人同而不和。"

子曰："君子易事⑧而难说⑨也。说之不以道，不说也；及其使人也，器⑩之。小人难事而易说也。说之虽不以道，说也；及其使人也，

---

① 棘子成：卫国大夫。
② 君子质而已矣，何以文为：君子的内在本质纯真高尚即可，为什么还要追求那些外在的文采礼仪呢？
③ 驷不及舌：一言既出，驷马难追。
④ 鞹（kuò）：皮革。虎豹之鞹犹犬羊之鞹：除去外表的皮毛和装饰，虎豹的皮革和犬羊的皮革就看不出区别。
⑤ 硁硁（kēng kēng）：见解知识有限，性情执拗顽固。
⑥ 噫（yī）：表示感叹的文言叹词。
⑦ 斗：古代计量单位。筲：能容纳五升的量器。斗筲（dǒu shāo）之人：比喻知识匮乏、气量狭窄的人。
⑧ 易事：容易共事。
⑨ 说：通"悦"，取悦。
⑩ 器：衡量才德高低。

求备①焉。"

子曰："君子泰而不骄，小人骄而不泰。"

子曰："刚、毅、木②、讷③，近仁。"

宪问第十四

子曰："士而怀居④，不足以为士矣。"

子曰："邦有道，危⑤言危行；邦无道，危行言孙⑥。"

子曰："有德者必有言，有言者不必有德。仁者必有勇，勇者不必有仁。"

子曰："爱之能勿劳乎？忠焉能勿诲乎？"

子曰："贫而无怨，难，富而无骄，易。"

子路问成人⑦。子曰："若臧武仲⑧之知，公绰之不欲⑨，卞庄子⑩之勇，冉求之艺，文⑪之以礼乐，亦可以为成人矣。"曰："今之成人者，何必然？见利思义，见危授命，久要不忘平生之言，亦可以为成人矣。"

子曰："君子上达，小人下达。"

子曰："古之学者为己⑫，今之学者为人⑬。"

子曰："不在其位，不谋其政。"曾子曰："君子思不出其位。"

---

① 求备：求全责备。
② 木：质朴。
③ 讷：不多言。
④ 怀居：留恋安逸的生活。
⑤ 危：直，正直。
⑥ 孙：通"逊"，恭敬顺从。
⑦ 成人：有完美品行的人。
⑧ 臧武仲：鲁国臧孙纥，在齐国时预测齐庄公将被杀，于是委婉拒绝了齐庄公要赐予他的田地，后免遭池鱼之祸。
⑨ 公绰：鲁国大夫孟公绰。不欲：克制欲望。
⑩ 卞庄子：鲁国知名的勇士。
⑪ 文：修饰。
⑫ 为己：为了完善自身。
⑬ 为人：为了获得他人的赞誉。

子曰:"君子耻其言而过①其行。"

子曰:"君子道者三,我无能焉:仁者不忧,知者不惑,勇者不惧。"子贡曰:"夫子自道也。"

子曰:"不患人之不己知②,患其不能也。"

子曰:"莫我知也夫!"③ 子贡曰:"何为其莫知子也?"子曰:"不怨天,不尤人,下学而上达。知我者其天乎!"

子路问君子。子曰:"修己以敬。"曰:"如斯而已乎?"④ 曰:"修己以安人。"曰:"如斯而已乎?"曰:"修己以安百姓。修己以安百姓,尧舜其犹病诸?"

阙党⑤童子将命⑥。或问之曰:"益者与⑦?"子曰:"吾见其居于位也,见其与先生并行也。非求益者也,欲速成者也。"

卫灵公第十五

在陈绝粮,从者病,莫能兴⑧。子路愠见曰:"君子亦有穷乎?"子曰:"君子固穷⑨,小人穷斯滥矣⑩。"

子曰:"赐也,女以予为多学而识⑪之者与?"对曰:"然,非与?"曰:"非也,予一以贯之。"

子曰:"可与言而不与之言,失人;不可与言而与之言,失言。知者不失人,亦不失言。"

子曰:"志士仁人,无求生以害仁,有杀身以成仁。"

---

① 过:超过。
② 己知:即知己,了解自己。
③ 莫我知也夫:没有人了解我。
④ 如斯而已乎:只是这样就足够了么?
⑤ 阙党:孔子所在之地的名称。
⑥ 将命:传递信息。
⑦ 益者与:是求知上进的人么?
⑧ 兴:身体健康,精神抖擞。
⑨ 君子固穷:君子陷于穷困,但仍保持信念。
⑩ 小人穷斯滥矣:小人穷困后便一蹶不振了。
⑪ 识:记忆。

子贡问为仁。子曰："工欲善其事，必先利其器。居是①邦也，事其大夫之贤者，友其士之仁者。②"

子曰："人无远虑，必有近忧。"

子曰："不曰'如之何，如之何'者，吾末如之何者也已矣。"

子曰："群居③终日，言不及义，好行小慧④，难矣哉！"

子曰："君子义以为质，礼以行之，孙以出之⑤，信以成之。君子哉！"

子曰："君子病⑥无能焉，不病人之不己知也。"

子曰："君子疾⑦没世而名不称焉。"

子曰："君子求诸己，小人求诸人。"

子曰："君子矜⑧而不争，群而不党。"

子曰："君子不以言举人，不以人废言。"

子贡问曰："有一言而可以终身行之者乎？"子曰："其恕⑨乎！己所不欲，勿施于人。"

子曰："巧言乱德。小不忍⑩，则乱大谋。"

子曰："众恶之，必察焉；众好之，必察焉。"

子曰："人能弘道，非道弘人。"

子曰："过而不改，是谓过矣。"

子曰："吾尝终日不食，终夜不寝，以思，无益，不如学也。"

子曰："君子不可小知而可大受也；小人不可大受而可小知也。"

子曰："当仁⑪，不让⑫于师。"

---

① 是：这。
② 事：侍奉。友：结交。
③ 群居：与众人居住在一起。
④ 小慧：小聪明。
⑤ 孙以出之：用恭敬顺从的语言说出。
⑥ 病：忧愁。
⑦ 疾：引以为憾。
⑧ 矜：庄重矜持。
⑨ 恕：与"己所不欲，勿施于人"是同样的意义。
⑩ 小不忍：不忍耐微小的愤怒。
⑪ 当仁：对待仁义问题。
⑫ 不让：不能让步。

子曰:"君子贞而不谅。"

子曰:"有教无类。"

子曰:"道不同,不相为谋。"

子曰:"辞达①而已矣。"

季氏第十六

孔子曰:"益者三友,损者三友。② 友直,友谅③,友多闻,益矣。友便辟,友善柔,友便佞,损矣。"

孔子曰:"益者三乐,损者三乐。乐节礼乐,乐道人之善,乐多贤友,益矣。乐骄乐,乐佚游④,乐宴乐,损矣。"

孔子曰:"侍于君子有三愆⑤:言未及之而言谓之躁,言及之而不言谓之隐,未见颜色而言谓之瞽。"

孔子曰:"君子有三戒:少之时,血气未定,戒之在色;及其壮也,血气方刚,戒之在斗;及其老也,血气既衰,戒之在得⑥。"

孔子曰:"君子有三畏:畏天命,畏大人,畏圣人之言。小人不知天命而不畏也,狎⑦大人,侮圣人之言。"

孔子曰:"君子有九思:视思明,听思聪,色思温⑧,貌思恭,言思忠,事思敬,疑思问,忿思难⑨,见得思义⑩。"

陈亢⑪问于伯鱼⑫曰:"子亦有异闻乎?"⑬ 对曰:"未也。尝独立⑭,

---

① 辞达:言辞能表达本意。
② 益者三友,损者三友:好的朋友有三种,坏的朋友也有三种。
③ 谅:信用。
④ 佚游:恣意出游。
⑤ 愆(qiān):过错。
⑥ 得:贪婪。
⑦ 狎(xiá):怠慢。
⑧ 色思温:考虑面色是否温和。
⑨ 忿思难:愤怒时思考是否会遇到困难。
⑩ 见得思义:思考得到的物品是否符合道义准则。
⑪ 陈亢:孔子的弟子。字子元,又字子禽,又名原亢。
⑫ 伯鱼:孔子的儿子,名鲤,字伯鱼。
⑬ 子亦有异闻乎:从孔子那里得到什么特别的教诲么?
⑭ 尝独立:孔子曾经单独站着。

鲤趋而过庭,曰:'学诗乎?'对曰:'未也。''不学诗,无以言。'鲤退而学诗。他日,又独立,鲤趋而过庭。曰:'学礼乎?'对曰:'未也。''不学礼,无以立。'鲤退而学礼。闻斯二者。"陈亢退而喜曰:"问一得三,闻诗,闻礼,又闻君子之远其子也①。"

阳货第十七

子张问仁于孔子。孔子曰:"能行五者于天下,为仁矣。""请问之。"曰:"恭、宽、信、敏、惠。恭则不侮,宽则得众,信则人任焉,敏则有功,惠则足以使人。"

子曰:"小子②何莫学夫诗?诗,可以兴,可以观,可以群,可以怨。迩③之事父,远之事君;多识于鸟兽草木之名。"

子曰:"予欲无言。"子贡曰:"子如不言,则小子何述焉?"子曰:"天何言哉?四时行焉,百物生焉④,天何言哉?"

子曰:"饱食终日,无所用心,难矣哉!不有博弈⑤者乎?为之,犹贤乎已。"

子张第十九

子张曰:"士见危致命⑥,见得思义,祭思敬,丧思哀,其可已矣。"

子夏曰:"虽小道,必有可观者焉;致远恐泥⑦,是以君子不为也。"

子夏曰:"日知其所亡⑧,月无忘其所能,可谓好学也已矣。"

子夏曰:"博学而笃志,切问而近思,仁在其中矣。"

---

① 君子之远其子也:君子对自己的儿子不偏向,没有偏爱。
② 小子:指学生。
③ 迩:近。
④ 四时行焉,百物生焉:四季变换,万物衍生。
⑤ 博弈:下棋。
⑥ 见危致命:在危急时刻,能够勇于牺牲。
⑦ 泥:牵绊。
⑧ 亡:不知道的。

子夏曰："百工居肆①，以成其事，君子学以致②其道。"

子游曰："子夏之门人小子③，当洒扫、应对、进退，则可矣，抑末④也。本⑤之则无，如之何？"子夏闻之，曰："噫！言游过⑥矣！君子之道，孰先传焉？孰后倦焉？譬诸草木，区以别矣。君子之道，焉可诬⑦也？有始有卒者，其惟圣人乎！"

子贡曰："君子之过也，如日月之食焉：过也，人皆见之；更⑧也，人皆仰之。"

卫公孙朝⑨问于子贡曰："仲尼焉学？⑩"子贡曰："文武⑪之道，未坠于地，在人。贤者识其大者，不贤者识其小者。莫不有文武之道焉，夫子焉不学？而亦何常师之有？"

叔孙武叔⑫语大夫于朝曰："子贡贤于仲尼。"子服景伯⑬以告子贡。子贡曰："譬⑭之宫墙，赐之墙也及肩，窥见室家之好。夫子之墙数仞⑮，不得其门而入，不见宗庙之美，百官之富。得其门者或寡矣。夫子之云⑯，不亦宜乎！"

叔孙武叔毁仲尼。子贡曰："无以为也！仲尼不可毁也。他人之贤者，丘陵也，犹可踰⑰也；仲尼，日月也，无得而踰焉。人虽欲自绝，其何伤于日月乎？多见其不知量也。"

---

① 肆：作坊。
② 致：获取。
③ 门人小子：学生。
④ 末：下等事务。
⑤ 本：学识根本。
⑥ 过：过错。
⑦ 诬：扭曲。
⑧ 更：更改。
⑨ 卫公孙朝：卫国大夫公孙朝。
⑩ 仲尼焉学：孔子从哪里学习到知识呢?
⑪ 文武：周文王和周武王。
⑫ 叔孙武叔：叔孙州仇，谥号为武，鲁国大夫。
⑬ 子服景伯：子服伯，谥号为景，鲁国大夫。
⑭ 譬：用……来比喻。
⑮ 仞：古代计量单位。
⑯ 夫子之云：叔孙武叔评价孔子的言论。
⑰ 踰：同"逾"，越过。

陈子禽谓子贡曰:"子为恭也①,仲尼岂贤于子乎?"子贡曰:"君子一言以为知,一言以为不知,言不可不慎也。夫子之不可及也,犹天之不可阶而升也。夫子之得邦家②者,所谓立之斯立,道之斯行,绥③之斯来,动之斯和。其生也荣,其死也哀,如之何其可及也?"

尧曰第二十

孔子曰:"不知命,无以为君子也;不知礼,无以立也;不知言,无以知人也。"

【出处】 国学整理社编:《诸子集成·论语正义》,北京,中华书局,1954。

---

① 子为恭也:你(子贡)对孔子恭敬吧。
② 邦家:诸侯的邦国和卿大夫的采邑。
③ 绥:安顿抚慰(民众)。

《孟子》（节选）

孟子论为师与教学

解题

孟子提倡"养吾浩然之气"，提出了"生于忧患，死于安乐"的思想，认为大丈夫应该做到在各种考验面前不动摇。"富贵不能淫，贫贱不能移，威武不能屈"，即便在生死面前也要坚持"舍生取义"。孟子主张通过持志养气、加强自我修养、改过迁善、刻苦锻炼来加强以孝悌为主体的道德教育。孟子在教学中强调"思"，重视发挥学生的主动精神。学习主要靠学生自求自得、专心有恒。教师也不是无所作为，而是要积极引导，启发学生思维，指明学习的方向和目标。孟子认为教与学如同植物生长一样，有自己的规律，必须循序渐进，不能"揠苗助长"，要像流水一样"盈科渐进"，"其进锐者其退速"。

选文

孟子论"养吾浩然之气"与"大丈夫"

孟子主张"持志"、"养气"，"我善养吾浩然之气"。孟子认为"志"应该统率"气"，"志，气之帅也"，养气主要是倍养意念和意志。大丈夫应该"富贵不能淫，贫贱不能移，威武不能屈"。孟子强调"生于忧患而死于安乐"，修身必"苦其心志，劳其筋骨，饿其体肤"，舍生取义。

卷三 公孙丑上

曰①："敢问夫子②之不动心，与告子③之不动心，可得闻与？"

"告子曰：'不得于言，勿求于心；不得于心，勿求于气。'④ 不得于心，勿求于气，可；不得于言，勿求于心，不可。夫志，气之帅⑤也；气，体之充也。夫志至⑥焉，气次焉；故曰：'持其志，无暴⑦其气。'"

曰："我知言，我善养吾浩然之气。"

"敢问何谓浩然之气？"曰："难言也。其为气也，至大至刚，以直养而无害，则塞于天地之间。其为气也，配义与道；无是，馁⑧也。是集义⑨所生者，非义袭⑩而取之也。行有不慊⑪于心，则馁矣。我故曰告子未尝知义，以其外之也。必有事焉而勿正，心勿忘，勿助长也。无若宋人然：宋人有闵其苗之不长而揠之者⑫，芒芒然⑬归，谓其人曰：'今日病矣！予助苗长矣！'其子趋而往视之，苗则槁矣。天下之不助苗长者寡矣。以为无益而舍之者，不耘苗者也；助之长者，揠苗者也，非徒⑭无益，而又害之。"

---

① 曰：公孙丑问。公孙丑，姓公孙，名丑，孟子弟子，齐国人。
② 夫子：老师，指孟子。
③ 告子：战国时期思想家，姓名不详。曾为墨子门下弟子，善于辩论，与孟轲在人性等问题上观点对立。
④ 不得于言，勿求于心；不得于心，勿求于气：不能用言论使人信服，就探求思路观点上的问题。不能用思路观念来影响别人，就不要从意志气息上找原因。
⑤ 帅：主宰，统率。
⑥ 至：至上重要。
⑦ 暴：乱用。
⑧ 馁：泄气。
⑨ 集义：聚集正义之气。
⑩ 义袭：偶然的正当行为。
⑪ 慊（qiè）：满足。
⑫ 闵：担忧。揠：拔。宋人有闵其苗之不长而揠之者：指揠苗助长的寓言。
⑬ 芒芒然：疲倦的样子。
⑭ 非徒：不仅仅是。

卷六　滕文公下

景春①曰："公孙衍②、张仪③岂不诚大丈夫哉？一怒而诸侯惧，安居而天下熄。"

孟子曰："是焉得为大丈夫乎？子未学礼乎？丈夫之冠④也，父命⑤之；女子之嫁也，母命之，往送之门，戒之曰：'往之女⑥家，必敬必戒，无违夫子⑦！'以顺⑧为正者，妾妇之道也。居天下之广居⑨，立天下之正位，行天下之大道；得志⑩，与民由之；不得志，独行其道。富贵不能淫⑪，贫贱不能移，威武不能屈，此之谓大丈夫。"

卷十二　告子下

孟子曰："……故天将降大任于斯人也，必先苦其心志，劳其筋骨，饿其体肤，空乏其身，行拂⑫乱其所为，所以动心忍性⑬，曾⑭益其所不能。人恒过⑮，然后能改。困于心，衡于虑，而后作。征于色⑯，发于声，而后喻。入则无法家拂士，出则无敌国外患者，国恒亡。然后知生于忧患而死于安乐也。"

孟子曰："教亦多术矣，予不屑之教诲也者，是亦教诲之而已矣。"

---

① 景春：战国时纵横家，热衷于各国外交事务的著名人物。
② 公孙衍：魏国人，号犀首，游走各国的知名说客。
③ 张仪：战国时著名的纵横家，与主张合纵的苏秦对立，他主张秦国应与强国交好后，逐个攻破弱国，最终获得势力增长。
④ 丈夫之冠：男子举行冠礼。冠礼是古人的成人礼仪。
⑤ 命：教诲。
⑥ 女：通"汝"，你。
⑦ 夫子：丈夫。
⑧ 顺：恭顺。
⑨ 广居：宽敞的住所。
⑩ 得志：能够实现志向，获得权位。
⑪ 淫：腐蚀。
⑫ 拂：违背抗拒。
⑬ 动心忍性：改变他的心意，坚定他的性情。
⑭ 曾：同"增"。
⑮ 恒过：常常犯错误。
⑯ 征于色：表现在脸色上。

孟子论反求诸己、改过迁善、易子而教之

孟子指出，行为没有达到预想目标，应该首先从自身上找原因。提出古之君子，过则改之，主张改过迁善。提出"君子之不教子"、"易子而教之"。

卷三 公孙丑上

孟子曰："矢人①岂不仁于函人②哉？矢人唯恐不伤人，函人唯恐伤人。巫匠③亦然。故术不可不慎也。孔子曰：'里仁为美。择不处仁，焉得智？'④ 夫仁，天之尊爵也，人之安宅也。莫之御⑤而不仁，是不智也。不仁不智，无礼无义，人役也。人役而耻为役，由弓人而耻为弓，矢人而耻为矢也。如耻之，莫如为仁。仁者如射，射者正己⑥而后发；发而不中，不怨胜己者，反求诸己而已矣⑦。"

卷四 公孙丑下

"然则圣人且有过与？"⑧

曰："周公，弟也；管叔⑨，兄也。周公之过，不亦宜乎？且古之君子，过则改之；今之君子，过则顺之⑩。古之君子，其过也，如日月之食，民皆见之，及其更也，民皆仰之；今之君子，岂徒顺之，又从为之辞。"

卷七 离娄上

孟子曰："爱人不亲反其仁；治人不治反其智；礼人不答反其敬。

---

① 矢：箭。矢人：造箭的工匠。
② 函人：造铠甲的工匠。
③ 巫匠：治病的巫师与造棺材的木匠。
④ 出自《论语·里仁》。
⑤ 御：阻碍。
⑥ 正己：端正自身。
⑦ 反求诸己而已矣：在自己身上探求原因。
⑧ 此句为陈贾所问。陈贾：齐国大夫。
⑨ 管叔：名鲜，周武王之弟。其事见《史记·管蔡世家》。管叔负责管控殷商遗民，监视纣王之子武庚，在武王死后，曾煽动武庚叛乱。周公平定叛乱后，杀管叔。
⑩ 过则顺之：有过错反而顺势而为。

行有不得者①皆反求诸己，其身正而天下归之。诗云：'永言配命，自求多福。'②"

公孙丑曰："君子之不教子，何也？"孟子曰："势③不行也。教者必以正。以正不行，继之以怒。继之以怒，则反夷④矣。夫子教我以正，夫子未出于正也，则是父子相夷也。父子相夷，则恶矣。古者易子而教之，父子之间不责善。责善则离⑤，离则不祥莫大焉。"

孟子曰："人之患，在好为人师。"

孟子论"博学反约"与"盈科渐进"

孟子认为学习要积累，提出"博学反约"，强调进行教与学要循序渐进，要像流水一样"盈科渐进"。

卷八　离娄下

孟子曰："中⑥也养⑦不中，才也养不才，故人乐⑧有贤父兄也。如中也弃不中，才也弃不才，则贤不肖之相去⑨，其间不能以寸⑩。"

孟子曰："君子深造之以道，欲其自得之也。自得之，则居之安；居之安，则资⑪之深；资之深，则取之左右逢其原⑫，故君子欲其自得之也。"

孟子曰："博学而详说之，将以反说约也⑬。"

---

① 行有不得者：没有达到预想目的的行为。
② 永言配命，自求多福：出自《诗经·大雅·文王》，本句意为：要经常思考自己的行为是否符合上天的要求，自己要主动追求充满幸福和好运的生活。
③ 势：情况趋势。
④ 夷：伤害。
⑤ 离：隔膜疏离。
⑥ 中：行为符合礼仪，品德符合道义的人。
⑦ 养：熏陶教化。
⑧ 乐：愿意。
⑨ 贤不肖之相去：贤德之人与不肖之徒的差别。
⑩ 其间不能以寸：其中的间隔不能达到一寸之远，比喻几乎没有分别。
⑪ 资：积累。
⑫ 原：通"源"。
⑬ 将以反说约也：其后反而能简单明了地说明道理。

徐子①曰："仲尼亟称于水②，曰'水哉，水哉！'何取于水也？"孟子曰："源泉混混③，不舍昼夜，盈科而后进④，放乎四海。有本者如是⑤，是之取尔。苟为无本，七八月之间雨集，沟浍⑥皆盈，其涸也，可立而待也。故声闻过情⑦，君子耻之。"

卷十三　尽心上

孟子曰："孔子登东山⑧而小鲁，登太山而小天下，故观于海者难为水⑨，游于圣人之门者难为言。观水有术，必观其澜⑩。日月有明，容光⑪必照焉。流水之为物也，不盈科不行；君子之志于道也，不成章不达。"

孟子论求放心

孟子强调后天环境、教育的重要性。强调学问之道在于求放心，提出"尽信书，则不如无书"，学习要自求自得，积极、主动、专心致志、持之以恒。教师教学要以身作则，积极引导，启发学生思维。

卷十一　告子上

孟子曰："富岁⑫，子弟多赖⑬；凶岁，子弟多暴⑭。非天之降才⑮

---

① 徐子：徐辟，孟子弟子。
② 仲尼亟称于水：孔子几次称赞水。
③ 混混：水流奔腾流淌的样子。
④ 盈科而后进：填满沟坎而后前进。
⑤ 本：源头。有本者如是：有源头的水就是这样。
⑥ 浍（kuài）：小水沟。
⑦ 声闻：声望。情：实际情况。
⑧ 东山：山东蒙山。
⑨ 难为水：难以称赞（海洋以外）的水流。
⑩ 澜：波澜。
⑪ 容光：微小的空隙。
⑫ 富岁：丰收的年头。
⑬ 赖：懒惰。
⑭ 暴：性情暴烈。
⑮ 才：本性。

尔殊也，其所以陷溺其心者然也。今夫麰①麦，播种而耰②之，其地同，树③之时又同，浡然④而生，至于日至⑤之时，皆熟矣。虽有不同，则地有肥硗⑥，雨露之养、人事之不齐也。故凡同类者，举⑦相似也，何独至于人而疑之？圣人与我同类者……"

孟子曰："无或⑧乎王之不智也。虽有天下易生之物也，一日暴⑨之，十日寒之，未有能生者也。吾见亦罕矣，吾退而寒之者至矣，吾如有萌焉何哉？今夫弈⑩之为数，小数⑪也，不专心致志，则不得也。弈秋⑫，通国之善弈者也。使弈秋诲二人弈，其一人专心致志，惟弈秋之为听。一人虽听之，一心以为有鸿鹄⑬将至，思援⑭弓缴⑮而射之，虽与之俱学，弗若之矣。为是其智弗若与？曰：非然也。"

孟子曰："仁，人心也；义，人路也。舍其路而弗由⑯，放其心而不知求，哀哉！人有鸡犬放⑰，则知求之；有放心⑱而不知求。学问之道无他，求其放心而已矣。"

孟子曰："羿之教人射，必志于彀⑲。学者亦必志于彀。大匠诲人必以规矩，学者亦必以规矩。"

---

① 麰（móu）：大麦。
② 耰（yōu）：古代翻地用的农具，此处用作动词。
③ 树：栽种。
④ 浡（bó）然：茂盛兴起的样子。
⑤ 日至：夏至。
⑥ 硗（qiāo）：土地坚硬而贫瘠。
⑦ 举：总体。
⑧ 或：同"惑"，疑惑。
⑨ 暴：暴晒。
⑩ 弈：下棋。
⑪ 小数：小技能。
⑫ 弈秋：名秋，因善于下棋，故名弈秋。
⑬ 鸿鹄（hú）：天鹅。
⑭ 援（yuán）：拿起。
⑮ 缴（zhuó）：有丝带的箭。
⑯ 由：顺着走。
⑰ 鸡犬放：鸡狗走失了。
⑱ 放心：丢失了仁义之心。
⑲ 彀（gòu）：拉开满弓。

卷十四　尽心下

孟子曰："尽信书①，则不如无书。吾于武成②，取二三策而已矣。仁人无敌于天下，以至仁伐至不仁，而何其血之流杵也③？"

孟子曰："梓匠轮舆④能与人规矩，不能使人巧。"

孟子曰："身不行道，不行于妻子；使⑤人不以道，不能行于妻子。"

孟子曰："周于利者⑥，凶年不能杀⑦，周于德者⑧，邪世不能乱。"

孟子曰："好名之人，能让千乘之国，苟非其人，箪食豆羹⑨见于色。"

孟子曰："圣人，百世之师也，伯夷、柳下惠⑩是也。故闻伯夷之风者，顽夫廉，懦夫有立志；闻柳下惠之风者，薄夫敦，鄙夫宽。奋乎百世之上，百世之下，闻者莫不兴起也。非圣人而能若是乎？而况于亲炙之⑪者乎？"

孟子曰："贤者以其昭昭⑫，使人昭昭；今以其昏昏，使人昭昭。"

孟子谓高子曰："山径之蹊⑬间，介然用之而成路；为间⑭不用，则茅塞之矣。今茅塞子之心矣。"

孟子论"引而不发"与"君子之所以教者五"

教师教育学生应该"引而不发"，学习主要靠学生自求自得，教师

---

① 《书》：《尚书》。
② 《武成》：《尚书·武成》，主要内容为武王伐纣。
③ 而何其血之流杵（chǔ）也：怎么会血流成河，使舂米用的木棒都漂浮起来了呢？
④ 梓：造器物的木匠。匠：营造建筑的木匠。轮：造车轮的木匠。舆：造车的木匠。梓匠轮舆：泛指木匠。
⑤ 使：指使。
⑥ 周于利者：财富充足的人。
⑦ 杀：穷困。
⑧ 周于德者：品德完善的人。
⑨ 箪食豆羹：极少量的饭食。
⑩ 伯夷：商末贵族，曾舍弃王位。柳下惠：展获，鲁国大夫，因封地在称为"柳下"的地点而谥号为"惠"，故称为柳下惠。
⑪ 亲炙：亲身受到感染。
⑫ 昭昭：了解透彻。
⑬ 蹊：小路。
⑭ 间：间隔。

主要是启发诱导学生。教学方法不能千篇一律，而应该根据不同情况采取不同的方法。孟子提出了五种教学方法，即"时雨化之、成德、达财、答问、私淑艾"。

卷十三　尽心上

孟子曰："万物皆备①于我矣。反身而诚，乐莫大焉。强恕②而行，求仁莫近焉。"

孟子曰："行之而不著③焉，习矣而不察焉，终身由之而不知其道者，众④也。"

孟子曰："人不可以无耻，无耻之耻，无耻矣。"

孟子曰："耻之于人大矣，为机变之巧者⑤，无所用耻焉。不耻不若人，何若人有？"

孟子曰："无为其所不为，无欲其所不欲，如此而已矣。"

孟子曰："君子之所以教者五：有如时雨化之者，有成德者，有达财⑥者，有答问者，有私淑艾⑦者。此五者，君子之所以教也。"

孟子曰："大匠不为拙工改废绳墨⑧，羿不为拙射变其彀率⑨。君子引而不发，跃如也。中道而立，能者从之。"

【出处】国学整理社编：《诸子集成·孟子正义》，北京，中华书局，1954。

---

① 备：完备。
② 恕：即孔子所强调的"己所不欲，勿施于人"的道理。
③ 著（zhù）：显示。
④ 众：普通人。
⑤ 为机变之巧者：投机取巧的人。
⑥ 财：同"才"。达财：教化人才。
⑦ 淑艾：拾取获益。私淑艾：自行向他人学习而得到进益，后世称间接向老师学习的为私淑弟子，与"及门弟子"相对应。
⑧ 绳墨：木工用来画直线的墨线。
⑨ 彀率：拉弓的比例。

《学记》

先秦的教育理论与实践

解题

《学记》是《礼记》中的一篇，一般认为是战国末期思孟学派的著作，是中国教育史乃至世界教育史上最早、最完整的一篇教育学专文。《学记》全文仅有一千二百余字，对先秦的教育理论和实践作了系统全面的总结和概括，论述了教育的作用、教育制度、教育内容、原则和方法及师生关系等教育学的几乎所有基本问题。《学记》指出教育的作用是"建国君民"、"化民成俗"，描述了一个从小学到大学的学制，特别是在综合各家长期教育、教学成功与失败的经验教训的基础上，总结归纳了一系列教育教学原则和方法，包括教学相长、尊师重道、藏息相辅、豫时孙摩、启发诱导、长善救失等；还提出了问答、讲解、练习、类比等教学方法。这些思想在我国教育史上和当今教育实践中都具有重要的价值。

选文

发虑宪①，求善良②，足以谀③闻，不足以动众④。就贤体远⑤，足以动众，未足以化民⑥。君子如欲化民成俗，其必由学乎。

玉不琢，不成器；人不学，不知道。是故古之王者建国君⑦民，教学为先。《兑命》⑧曰："念终始典于学。"⑨ 其此之谓乎！

虽有嘉肴⑩，弗食，不知其旨⑪也。虽有至道⑫，弗学，不知其善也。是故学然后知不足，教然后知困⑬。知不足，然后能自反⑭也。知困，然后能自强也。故曰：教学相长也。《兑命》曰："学学半。"⑮。其此之谓乎。

古之教者，家有塾，党有庠，术有序，国有学。⑯ 比年入学，中年考校。⑰ 一年视离经辨志⑱，三年视敬业乐群，五年视博习亲师，七年视论学取友，谓之小成。九年知类通达⑲，强立而不反⑳，谓之大成。夫然后足以化民易俗，近者说服而远者怀之㉑，此大学之道也。《记》

---

① 宪：法。发虑宪：考虑问题符合法度。
② 求善良：寻求品行善良的人。
③ 谀（xiǎo）：古通"小"。
④ 动众：使民众动容。
⑤ 就贤体远：接近贤人，亲近和自己疏远的人。
⑥ 化民：教化人民。
⑦ 君：统治。
⑧ 《兑命》：通《说命》，《尚书》中的篇名。
⑨ 典：从事、坚持。念终始典于学：由始至终都要坚持学习和教育。
⑩ 嘉肴：美味的菜肴。
⑪ 旨：美味。
⑫ 至道：高深至极的道理。
⑬ 困：困扰、困惑。
⑭ 自反：自我反省深思。
⑮ 学学半：教授别人等同于自己获益。
⑯ 塾，庠，序：都是古代学校的名称。
⑰ 比年入学，中年考校：每年学生入学，每隔一年进行考察。
⑱ 离经辨志：分析经文、辨别章句。清代学者黄以周《离经辨志说》中指出："离经，专以析句言；辨志，专以断章言。"
⑲ 知类通达：触类旁通、举一反三。
⑳ 强立而不反：坚强独立而不违反师道教诲。
㉑ 说：通"悦"。怀：向往、归顺。

曰："蛾子时术之。"① 其此之谓乎！

大学始教，皮弁祭菜②，示敬道也。《宵雅》肄三③，官其始也④。入学鼓箧，孙其业也。⑤ 夏楚⑥二物，收其威也⑦。未卜禘，不视学⑧，游其志也⑨。时观而弗语⑩，存其心也⑪。幼者听而弗问，学不躐⑫等也。此七者，教之大伦也。《记》曰："凡学，官先事，士先志。"⑬ 其此之谓乎！

大学之教也，时教必有正业⑭，退息必有居学⑮。不学操缦⑯，不能安弦⑰；不学博依⑱，不能安诗⑲；不学杂服⑳，不能安礼㉑；不兴其艺，不能乐学㉒。故君子之于学也，藏焉修焉，息焉游焉㉓。夫然故，安其学而亲其师，乐其友而信其道，是以虽离师辅而不反。《兑命》曰：

---

① 蛾：古同"蚁"。蛾子时术之：蚂蚁之类常常不断衔土垒穴，积少成多。此处比喻学习循序渐进，孜孜不倦。
② 皮弁：皮弁服。祭菜：祭祀先圣先师。皮弁祭菜：借指举行祭祀先圣先师的仪式。
③ 宵：通"小"。肄：学习。《宵雅》肄三：学习《小雅》中的《鹿鸣》、《四牡》、《皇皇者华》三篇。这三篇主要讲述君臣和睦的内容。
④ 官其始也：一开始就明白为官的道理。
⑤ 入学鼓箧，孙其业也：学生入学时按照鼓声打开书箱，以示对学业的尊重。箧(qiè)：箱子。孙：通"逊"。
⑥ 夏：楢木。楚：荆条。夏楚：代指教鞭。
⑦ 收其威也：维持整齐严肃的秩序。
⑧ 禘：古代帝王或诸侯在始祖庙里对祖先的一种盛大祭祀。未卜禘，不视学：指（夏季）未举行祭祀，就不视察学生的学业。
⑨ 游其志也：按自己的志愿去学习。
⑩ 时观而弗语：时常用心观察而不急于告之。
⑪ 存其心也：使其能够独立地用心思考。
⑫ 躐(liè)：超越等级，不按次序。
⑬ 凡学，官先事，士先志：在教学活动中，教官首先要尽职，读书人要先立志。
⑭ 时教必有正业：按照时节进行正式的教学。
⑮ 居学：自己在居所进行课外学习。
⑯ 缦：琴弦。
⑰ 安：谙熟、擅长。安弦：调好琴弦。
⑱ 博依：音律，也指对比、比喻。
⑲ 安诗：学好吟诗作对。
⑳ 杂服：各类杂事之礼。
㉑ 安礼：学好各种礼仪。
㉒ 不兴其艺，不能乐学：不提倡各种课外杂艺以广博见识，学生就不会愿意学习正统的课业。
㉓ 藏焉修焉，息焉游焉：学习的时候尽心努力，休息的时候尽情玩耍，即有的放矢，一张一弛。

"敬孙务时敏，厥修乃来。"① 其此之谓乎！

今之教者，呻其占毕②，多其讯③，言及于数，进而不顾其安④，使人不由其诚⑤，教人不尽其材，其施之也悖，其求之也佛⑥。夫然，故隐其学而疾⑦其师，苦其难而不知其益也。虽终其业，其去之必速⑧。教之不刑⑨，其此之由乎！

大学之法，禁于未发之谓豫，当其可之谓时，不陵节而施之谓孙，相观而善之谓摩。⑩ 此四者，教之所由兴⑪也。

发然后禁，则扞格而不胜⑫；时过然后学，则勤苦而难成；杂施而不孙，则坏乱而不修⑬；独学而无友，则孤陋而寡闻；燕⑭朋逆其师；燕辟⑮废其学。此六者，教之所由废也。

君子既知教之所由兴，又知教之所由废，然后可以为人师也。故君子之教喻也，道而弗牵，强而弗抑，开而弗达⑯。道而弗牵则和，强而弗抑则易，开而弗达则思。和易以思⑰，可谓善喻⑱矣。

---

① 敬孙务时敏，厥修乃来：通过敬重、恭顺、努力、守时、敏锐行事等方法，可以学有所成。
② 呻：诵读。占：同觇（chān），注视。毕：竹简，古代的文字早期是刻于竹简之上的。呻其占毕：只是照本宣科，诵读课文。
③ 多其讯：经常讯问（而不解答）。
④ 及：同"急"。数：通"朔"，频繁、多次。言及于数，进而不顾其安：急于灌输而不顾学生是否能够接受，从而使其不能安心学习。
⑤ 不由其诚：不能真心诚意地学习。
⑥ 佛：通"拂"，违背。
⑦ 隐：荒废、放弃。疾：厌恶。
⑧ 去之必速：必然迅速地忘记所学知识。
⑨ 刑：成功。
⑩ 豫：预防。时：适时。孙：守序。摩：观摩。
⑪ 教之所由兴：教学成功的原因所在。
⑫ 扞：通"捍"。扞格：坚固。扞格而不胜：坚固而不易改变。
⑬ 坏乱而不修：学习的秩序混乱而不易完成学业。
⑭ 燕：轻慢。
⑮ 燕辟：荒诞淫邪的谈话。
⑯ 道而弗牵，强而弗抑，开而弗达：启发而不强牵，勉励而不抑制，指点而不代替作答。
⑰ 和易以思：师生关系融洽，学生学得轻松容易并且能够独立思考。
⑱ 善喻：善于启发、诱导学生。

学者有四失，教者必知之。人之学也，或失则多，或失则寡，或失则易，或失则止①。此四者，心之莫同②也。知其心，然后能救其失也。教也者，长善而救其失者也。

　　善歌者使人继其声，善教者使人继其志。其言也约而达③，微而臧④，罕譬而喻⑤，可谓继志矣⑥。

　　君子知至学之难易⑦，而知其美恶⑧，然后能博喻⑨，能博喻然后能为师，能为师然后能为长，能为长然后能为君。故师也者，所以学为君也。是故择师不可不慎也。《记》曰："三王四代唯其师。"⑩ 此之谓乎？

　　凡学之道，严师为难⑪。师严然后道尊，道尊然后民知敬学。是故君之所以不臣于其臣者二⑫：当其为尸则弗臣也⑬，当其为师则弗臣也。大学之礼，虽诏于天子，无北面⑭，所以尊师也。

　　善学者，师逸⑮而功倍，又从而庸之⑯；不善学者，师勤而功半，又从而怨之。善问者，如攻坚木，先其易者，后其节目⑰，及其久也，相说以解；不善问者反此。善待问者，如撞钟，叩之以小者则小鸣，叩之以大者则大鸣，待其从容，然后尽其声；不善答问者反此。此皆进学之道也。

---

① 多：贪多。寡：知识面狭窄。易：态度轻率。止：畏难中止。
② 心之莫同：（学生）心理或心智各不相同。
③ 约：简约。达：透彻。
④ 微：细微。臧：善，好。
⑤ 罕譬而喻：简单举例即能明了。
⑥ 继志：学生自觉地跟随老师学习。
⑦ 知至学之难易：了解学生学习的难易程度。
⑧ 知其美恶：了解其好恶优劣。
⑨ 博喻：根据情况不同而因材施教。
⑩ 三王四代唯其师：夏商周三代君王和虞夏商周四代的时候非常重视选择教师。
⑪ 严师为难：尊敬老师是最难能可贵的。
⑫ 君之所以不臣于其臣者二：君主不把臣子当作臣子对待的情形有两种。
⑬ 尸：代表死者享受祭祀的人。当其为尸则弗臣也：当臣子代表死者接受祭祀的时候不把其视为臣子。
⑭ 虽诏于天子，无北面：（老师授课时）虽朝见天子而不行君臣之礼。
⑮ 逸：轻易，不费力。
⑯ 庸：归功于。从而庸之：顺从并感激老师。
⑰ 节目：树木的关节之处。

记问之学①，不足以为人师。必也其听语乎!② 力不能问，然后语之③；语之而不知，虽舍④之可也。

良冶之子，必学为裘；良弓之子，必学为箕；始驾马者反之，车在马前。⑤ 君子察于此三者，可以有志于学矣。

古之学者，比物丑类⑥。鼓无当于五声，五声弗得不和⑦；水无当于五色⑧，五色弗得不章⑨；学无当于五官⑩，五官弗得不治⑪；师无当于五服⑫，五服弗得不亲⑬。

君子曰：大德不官，大道不器，大信不约，大时不齐。⑭ 察于此四者，可以有志于学矣。

三王之祭川也，皆先河而后海，或源也，或委也⑮。此之谓务本⑯。

【出处】（清）阮元校刻：《十三经注疏·礼记》，北京，中华书局，1980。

---

① 记问之学：靠死记硬背得来的学问。
② 必也其听语乎：应当根据学生的情况或问题来进行解答或引导。
③ 力不能问，然后语之：学生不能提出问题才将知识传授给他。
④ 舍：舍弃。
⑤ 本句意为：善于冶铁的工匠之子，需先学习制作皮衣；善铸弓箭的工匠之子，需先学习编制簸箕；开始学习驾车时，将马置于车后。以上比喻学习需循序渐进。
⑥ 比物丑类：比较事物的异同。
⑦ 五声：宫、商、角、徵、羽五种音级。鼓无当于五声，五声弗得不和：鼓不等于五声，但五声没有鼓声，音调就会不和谐。
⑧ 五色：青、赤、黄、白、黑五种颜色。
⑨ 不章：不鲜明。
⑩ 五官：耳、目、口、鼻、心五种器官。
⑪ 不治：没有功用。
⑫ 五服：五种表示亲属亲疏等级关系的丧服，即斩衰、齐衰、大功、小功和缌麻。
⑬ 不亲：不明白亲疏远近关系。
⑭ 大德不官，大道不器，大信不约，大时不齐：有大德行的人不限于只担任某一种官职，事物的普遍性的道理不局限于某一种器物之上，有大信用的人不用发誓订约即可得到信任，春夏秋冬四时不一却总会很准时地到来。
⑮ 委：归宿。或源也，或委也：因为河流是本源，大海是归宿。
⑯ 务本：抓住根本。

《保傅》

贾谊论保傅的职责和作用

解题

贾谊（前200—前170），时称贾生，洛阳（今河南）人。西汉初年著名的政治家、文学家。曾被汉文帝召为博士，后为长沙王太傅。在中国古代为了保证国君以及储君能够清明治理国家和知晓各种礼仪，曾有专门辅导和教谕君主及太子的官员，即太师、太傅、太保，合称为"三公"；又设置其副职，合称为"三少"。保，指保其身体；傅，指傅之德义；师，为道之教训。后来将教导太子等贵族子弟的官员统称为"保傅"。贾谊在《新书·保傅》中比较清楚地论述了保傅的职责和作用，主张太子一出生即开始教育，"左右前后皆正人"，习与智长，化与心成，自然就知书懂礼，日后成为明君。

选文

殷为天子二十余世而周受之，周为天子三十余世而秦受之，秦为天子二世而亡。人性非甚相远也，何殷、周之君有道之长，而秦无道之暴也？其故可知也。古之王者，太子初生，固举以礼，使士负之，有司斋肃端冕①，见

---

① 有司斋肃端冕：官员们进行斋戒，穿上全套礼服。

之南郊，见于天也。过阙则下，过庙则趋，孝子之道也。故自为赤子而教固已行矣。昔者周成王幼在襁褓之中，召公为太保，周公为太傅，太公为太师。保，保其身体；傅，傅之德义；师，道之教训；三公之职也。于是为置三少，皆上大夫也，曰少保、少傅、少师，是与太子燕①者也。故孩提有识，三公、三少固明孝仁礼义，以道习之，逐去邪人，不使见恶行。于是皆选天下之端士，教悌博闻有道术者，以卫翼之，使与太子居处出入。故太子初生而见正事，闻正言，行正道，左右前后皆正人也。习与正人居之，不能无正也，犹生长于楚，不能不楚言也。故择其所嗜，必先受业，乃得尝之；择其所乐，必先有习，乃能为之。孔子曰："少成若天性，习贯若自然。"是殷周之所以长有道也。

及太子少长，知好色②，则入于学。学者，所学之官也。《学礼》曰："帝入东学，上亲而贵仁，则亲疏有序而恩相及矣。帝入南学，上齿③而贵信，则长幼有差而民不诬矣。帝入西学，上贤而贵德，则贤智在位而功不遗矣。帝入北学，上贵而尊爵，则贵贱有等而下不踰④矣。帝入太学，承师问道，退习而考于太傅，太傅罚其不则而匡其不及，则德智长而理道得矣。此五学既成于上，则百姓黎民化辑于下矣。"学成治就，是殷周所以长有道也。

及太子既冠成人，免于保傅之严，则有司直之史，有彻膳之宰⑤。太子有过，史必书之，史之义，不得书过则死⑥；过书而宰收其膳，宰之义，不得收膳即死。于是有进善之旌⑦，有诽谤之木⑧，有敢谏之鼓⑨，瞽史诵诗⑩，工诵箴谏⑪，大夫进谋，士传民语。习与智长，故

---

① 燕：同"宴"，闲暇无事之时。
② 知好色：知道与其年龄相当的事情。
③ 上齿："上"通"尚"，尊敬长者。
④ 踰（yú）：同"逾"。
⑤ 宰：掌管膳食的官员。
⑥ 不得书过则死：史官真实记录功过言行，否则将以死诤之。
⑦ 进善之旌：尧时设立五条通达之路，并立旌幡，民众可立于旌幡下进言。
⑧ 诽谤之木：尧舜时设立的华表木，使人们在上面书写治政的过失。
⑨ 敢谏之鼓：舜禹时设立之鼓，有直谏者击鼓闻之。
⑩ 瞽：指乐师。瞽史诵诗：通过乐师到各地采风，以收集民情。
⑪ 工：乐人。箴谏：规诫劝谏。

切而不愧；化与心成，故中道若性。是殷周之所以长有道也。

三代之礼：天子春朝朝日，秋暮夕月，所以明有敬也；春秋入学，坐国老，执酱而亲馈之，所以明有孝也；行以鸾和，步中《采荠》，趋中《肆夏》①，所以明有度也；其于禽兽也，见其生不忍其死，闻其声不尝其肉，故远庖厨，所以长恩，且明有仁也。食以礼，收以乐。失度，则史书之，工诵之，三公进而读之，宰夫减其膳，是天子不得为非也。

《明堂之位》曰："笃仁而好学，多闻而道顺。天子疑则问，应而不穷者谓之道。道者，道天子以道者也，常立于前，是周公也。诚立而敢断，辅善而相义者谓之辅。辅者，辅天子之意者也，常立于左，是太公也。洁廉而切直，匡过而谏邪者谓之拂。拂者，拂天子之过者也，常立于右，是召公也。博闻强记，捷给而善对者谓之承。承者，承天子之遗忘者也，常立于后，是史佚也。"故成王中立听朝，则四圣维之，是以虑无失计而举无过事。殷周之所以长久者，其辅翼天子有此具也。

及秦而不然，其俗固非贵辞让也，所上者告讦②也；固非贵礼让也，所上者刑罚也。使赵高傅胡亥而教之狱，所习者非斩劓人，则夷人之三族也。故今日即位，明日射人，忠谏者谓之诽谤，深为之计者谓之妖言，其视杀人如艾草菅然。岂胡亥之性恶哉？其所以集道之者非理故也。

鄙谚曰："不习为吏，而视已事。"又曰："前车覆而后车戒。"夫殷周之所以长久者，其已事可知也；然而不能从，是不法圣智也。秦之亟绝者，其轨迹可见也，然而不避，是后车又覆也。夫存亡之反③，治乱之机，其要在是矣。天下之命，县于太子；太子之善，在于蚤④谕教与选左右。心未滥而先谕教，则化易成也；夫开于道术，知义理之指，则教之功也。若其服习积贯，则左右而已矣。夫胡越之人，生而同声，嗜

---

① 《采荠》，《肆夏》：均为乐名。
② 告讦：当面告发。
③ 反：覆灭。
④ 蚤：同"早"。

欲不异，及其长而成俗也，累数译而不能相通；行有虽死而不相为者，则教习然也。臣故曰："选左右、蚤谕教最急。"夫教得而左右正，则太子正矣，太子正而天下定矣。《书》曰："一人有庆，兆民赖之。"此时务也。

【出处】（汉）贾谊撰，闫振益、钟夏校注：《新编诸子集成·新书校注》卷五，北京，中华书局，2000。

《师说》

韩愈论存师卫道

解题

《师说》的基本精神是"存师卫道",对于教师的任务、师与道、道与业、师与生的关系提出了卓越的见解。韩愈认为教师是"传道"的,只要有"道"之士,皆可师之;韩愈的"道"是指儒家道统、六艺之业,是载"道"的工具。韩愈认为教师的主要任务是传道、授业,因此,师与生的关系,是以"道"和"业"来衡量。谁先有"道",谁就是老师;谁有专"业"学问,谁就是老师,这种看法冲破了汉代重师法家法的旧框框,解除了"弟子必不如师"、"师必贤于弟子"的旧教条,提出了为师的新标准,即"闻道有先后"、"术业有专攻"。

选文

古之学者必有师。师者,所以传道、受业、解惑者也①。人非生而知之者,孰能无惑?惑而不从师,其为惑也,终不解矣。生乎吾前,其闻道也,固先乎吾,吾从而师之;生乎吾后,其闻道也,亦先乎吾,吾

---

① 传道:传授儒家孔孟之道。受:同"授"。解惑:解释疑惑。

从而师之。吾师道也,夫庸①知其年之先后生于吾乎?是故无贵无贱,无长无少,道之所存,师之所存也。

嗟乎!师道之不传也久矣,欲人之无惑也难矣。古之圣人,其出人②也远矣,犹且从师而问焉。今之众人,其下圣人也亦远矣,而耻学于师。是故,圣益圣,愚益愚。圣人之所以为圣,愚人之所以为愚,其皆出于此乎?

爱其子,择师而教之;于其身也,则耻师焉,惑矣!彼童子之师,授之书而习其句读者也,非吾所谓传其道、解其惑者也。句读之不知,惑之不解,或师焉,或不焉,小学而大遗③,吾未见其明也。

巫医、乐师、百工之人,不耻相师④。士大夫之族,曰师、曰弟子云者,则群聚而笑之。问之,则曰:彼与彼年相若也,道相似也,位卑则足羞,官盛则近谀。呜呼!师道之不复可知矣。巫医、乐师、百工之人,君子不齿,今其智乃反不能及,其可怪也欤?

圣人无常师⑤。孔子师郯子、苌宏、师襄、老聃⑥。郯子之徒,其贤不及孔子。孔子曰:三人行,则必有我师。是故弟子不必不如师,师不必贤于弟子,闻道有先后,术业有专攻,如是而已。

李氏子蟠,年十七,好古文,六艺经传皆通习之。不拘于时,学于余。余嘉其能行古道,作《师说》以贻⑦之。

【出处】(唐)韩愈撰,马其昶校注,马茂元整理:《韩昌黎文集校注》第一卷,上海,上海古籍出版社,1986。

---

① 庸:岂,怎么。
② 出人:超出其他人。
③ 小学而大遗:学习小的而遗失大的。
④ 不耻相师:不以相互学习、拜师为耻。
⑤ 常师:固定的老师。
⑥ 郯子:春秋时期郯国国君。苌宏:亦作"苌弘",字叔,又称苌叔,周景王、敬王的大臣刘文公所属大夫。师襄:春秋时鲁国的乐官,孔子曾向他学习弹琴。老聃:即老子李耳。
⑦ 贻(yí):赠送。

《种树郭橐驼传》

柳宗元论树木与树人

解题

柳宗元（773—819），字子厚，唐中期河东（今山西永济）人，唐宋八大家之一，著作有《柳河东集》。《种树郭橐驼传》通过长安丰乐乡一位种树的驼背老人之口，指出树木生长得好是因为顺应了生长规律，"顺木之天，以致其性"。树木和树人的道理是相通的，"问养树得养人术"。培养学生要"不害其长"，"不抑耗其实"，要按照人才的成长规律教育他们，反映了柳宗元一种自然主义倾向的教育观。

选文

郭橐驼①，不知始何名。病偻②，隆然伏行，有类橐驼者，故乡人号之驼。驼闻之曰："甚善。名我固当。"因舍其名，亦自谓橐驼云。其乡曰丰乐乡，在长安西。驼业③种树，凡长安豪富人为观游及卖果者，

---

① 橐（tuó）驼：骆驼。
② 偻（lóu）：驼背伛偻。
③ 业：以……为业。

皆争迎取养。视驼所种树，或移徙，无不活；且硕茂蚤实以蕃①。他植者虽窥伺效慕，莫能如也。有问之，对曰："橐驼非能使木寿且孳②也，能顺木之天，以致其性焉尔。凡植木之性，其本欲舒，其培欲平，其土欲故，其筑欲密。既然已，勿动勿虑，去不复顾。其莳③也若子，其置也若弃，则其天者全而其性得矣。故吾不害其长而已，非有能硕茂之也。不抑耗其实而已，非有能蚤而蕃之也。他植者则不然：根拳④而土易。其培之也，若不过焉则不及。苟有能反是者，则又爱之太恩，忧之太勤。旦视而暮抚，已去而复顾；甚者爪其肤以验其生枯，摇其本以观其疏密，而木之性日以离矣。虽曰爱之，其实害之；虽曰忧之，其实仇之，故不我若也⑤，吾又何能为哉？"问者曰："以子之道，移之官理⑥，可乎？"驼曰："我知种树而已，官理非吾业也。然吾居乡，见长人者⑦好烦其令⑧，若⑨甚怜焉，而卒以祸。旦暮吏来而呼曰：'官命促尔耕，勖尔植，督尔获⑩，蚤缫而绪，蚤织而缕，字而幼孩，遂而鸡豚⑪！'鸣鼓而聚之，击木而召之。吾小人⑫辍飧饔以劳吏者⑬，且不得暇，又何以蕃吾生而安吾性耶？故病且殆⑭。若是则与吾业者其亦有类乎？"问者嘻曰："不亦善夫！吾问养树得养人术。"传其事以为官戒也。

【出处】（唐）柳宗元：《柳河东集》卷十七《传》，上海，中华书局，1960。

---

① 蚤：同"早"。实：果实。蕃：茂密。
② 孳：繁殖，生长。
③ 莳（shì）：种植，栽种。
④ 拳：卷屈。
⑤ 故不我若也：所以和我的做法不一样。
⑥ 官理：做官的道理。
⑦ 长人者：官员。
⑧ 好烦其令：喜好频繁发布命令。
⑨ 若：好像。
⑩ 促：督促。勖：勉励。督：监督。
⑪ 缫（sāo）：从蚕茧中抽出蚕丝。字：抚养，教育。遂：养育，饲养。而：同"尔"。
⑫ 小人：民众。
⑬ 辍：停止。飧饔（sūn yōng）：早餐和晚餐，引申为吃饭。劳：招待，款待。
⑭ 殆：古同"怠"，倦怠。

《师友箴》

柳宗元论师友关系

解题

柳宗元强调师生关系、师友关系在教育过程中的重要性,作《师友箴》以儆己诫人。在文中,柳宗元感叹世人取笑为人师者,"举世不师,故道益离";强调教师、朋友对于个人成长的重要性,忠实诚信之人可以成为老师,知耻之人可以成为朋友;并且"师"和"道"是相结合的,如果志同道合,仆佣和乞丐同样可以成为同伴,如果志向兴趣相反,即使是王孙贵族也不理会。

选文

今之世,为人师者众笑之,举世不师,故道益离;为人友者,不以道而以利,举世无友,故道益弃。呜呼!生于是病矣,歌以为箴[①]。既以儆己,又以诫人。

不师如之何,吾何以成!不友如之何,吾何以增!吾欲从师,可从者谁?借有可从,举世笑之。吾欲取友,谁可取者?借有可取,中道或

---

① 箴(zhēn):劝诫。

舍。仲尼不生，牙也久死①，二人可作，惧吾不似。中②焉可师，耻③焉可友，谨是二物，用惕尔后。道苟在焉④，佣丐为偶⑤；道之反是⑥，公侯以走⑦。内考诸古，外考诸物，师乎友乎，敬尔毋忽⑧！

【出处】（唐）柳宗元：《柳河东集》卷十九《吊赞箴戒》，上海，中华书局，1960。

---

① 牙：鲍叔牙。牙也久死：暗指当时已经没有像鲍叔牙这样能与管仲结成贫贱之交的朋友了。
② 中：忠信诚实之人。
③ 耻：知耻之人。
④ 道苟在焉：如果志同道合。
⑤ 佣：佣人。偶：同伴。
⑥ 道之反是：志向兴趣相反。
⑦ 公侯以走：对王孙贵族也不理会。
⑧ 敬尔毋忽：千万不要疏忽！

《答韦中立论师道书》

柳宗元论师道

解题

在《答韦中立论师道书》一文中,柳宗元痛心世人不事师,世俗之人不知求师并取笑之,实乃蜀犬吠日、越犬吠雪,称赞韩愈不顾流俗,收召后学。在文中,柳宗元主张"取其实而去其名",拒绝了为师之名,却在写文章、学习方面提出了很多自己的看法;提倡"文以明道",认为学习、教育、写作的目的在于明"道"。柳宗元的"道"与韩愈的"道"不完全相同。他认为只有能"当"于"生人之意"的才是"道"。"生人"亦即"生民",即不忘"生民"的患难,要做有益于"生民"的事情。学习要以"五经"为本,参之以诸子百家之说,博采众长,融会贯通,自成一家。

选文

二十一日宗元白:辱书云欲相师①。仆道②不笃,业甚浅近,环顾其中,未见可师者。虽常好言论,为文章,甚不自是也。不意吾子自京

---

① 相师:拜师。
② 仆:我。道:学问见识。

师来蛮夷间，乃幸见取。仆自卜①固无取。假令有取，亦不敢为人师。为众人师且不敢，况敢为吾子师乎？孟子称"人之患在好为人师"。由魏晋氏以下，人益不事师。今之世不闻有师，有辄哗笑之，以为狂人。独韩愈奋不顾流俗，犯②笑侮，收召后学，作《师说》，因抗颜而为师③。世果群怪聚骂，指目牵引，而增与为言辞。愈以是得狂名，居长安炊不暇熟，又挈挈④而东，如是者数矣。屈子赋曰："邑犬群吠，吠所怪也。"⑤仆往闻庸蜀之南，恒雨少日，日出则犬吠，余以为过言。前六七年，仆来南，二年冬，幸大雪踰⑥岭被南越中数州，数州之犬皆苍黄吠噬⑦狂走者累日，至无雪乃已，然后始信前所闻者。今韩愈既自以为蜀之日，而吾子又欲使吾为越之雪，不以病乎？非独见病，亦以病吾子。然雪与日岂有过哉？顾吠者犬耳。度今天下不吠者几人，而谁敢衒怪⑧于群目以召闹取怒乎？

仆自谪⑨过以来，益少志虑。居南中九年，增脚气病，渐不喜闹，岂可使咻咻⑩者，早暮咈⑪吾耳，骚吾心？则固僵仆烦愤，愈不可过矣。平居望外遭齿舌不少，独欠为人师耳。

抑又闻之，古者重冠礼，将以责成人之道，是圣人所尤用心者也。数百年来，人不复行。近有孙昌胤者，独发愤行之。既成礼，明日造朝，至外庭，荐笏⑫言于卿士曰："某子冠毕。"应之者咸怃然⑬。京兆

---

① 卜：估量。
② 犯：触犯。
③ 抗颜而为师：态度严肃、面不改色地做老师。
④ 挈挈：形单影只的样子。
⑤ 邑犬群吠，吠所怪也：原文出自屈原《九章·怀沙》，本句意为：乡下的狗聚集起来，对着感到奇怪的事情狂叫，引申为平庸之人对一些未曾认知了解的事情群起而攻之。
⑥ 踰：越过。
⑦ 吠噬（shì）：又叫又咬。
⑧ 衒（xuàn）：同"炫"，显出，表现。衒怪：表现出令人感到奇怪的做法。
⑨ 谪（zhé）：官位降职。
⑩ 咻咻（náo náo）：喋喋不休，惹人厌烦。
⑪ 咈（fú）：吵闹，烦扰。
⑫ 荐笏（hù）：插上笏板，以示郑重。
⑬ 怃（wǔ）然：惊讶的样子。

尹郑叔则怫然①曳笏却立，曰："何预我耶？"廷中皆大笑。天下不以非郑尹而快②孙子，何哉？独为所不为也。今之命师者大类此。

吾子行厚而辞深③，凡所作皆恢恢④然有古人形貌，虽仆敢为师，亦何所增加也？假而以仆年先⑤吾子，闻道著书之日不后，诚欲往来言所闻，则仆固愿悉陈中所得者。吾子苟自择之，取某事去某事，则可矣。若定是非，以教吾子，仆材不足，而又畏前所陈者，其为不敢也决矣。吾子前所欲见吾文，既悉以陈⑥之，非以耀明于子，聊欲以观子气色诚好恶何如也。今书来，言者皆大过⑦。吾子诚非佞誉诬谀⑧之徒，直见爱甚故然耳。

始吾幼且少，为文章，以辞为工。及长⑨，乃知文者以明道，是固不苟为炳炳烺烺⑩，务采色夸声音而以为能也。凡吾所陈，皆自谓近道，而不知道之果近乎远乎。吾子好道，而可吾文，或者其于道不远矣。故吾每为文章，未尝敢以轻心掉之，惧其剽而不留⑪也；未尝敢以怠心易之，惧其驰而不严也；未尝敢以昏气出之，惧其昧没⑫而杂也；未尝敢以矜气作之，惧其偃蹇⑬而骄也。抑之欲其奥，扬之欲其明，疏之欲其通，廉之欲其节，激而发之欲其清，固而存之欲其重，此吾所以羽翼⑭夫道也。本之《书》以求其质，本之《诗》以求其恒，本之《礼》以求其宜，本之《春秋》以求其断，本之《易》以求其动，此吾所以取道之原也。参之榖梁氏⑮以厉其气，参之《孟》、《荀》以畅其

---

① 怫（fú）然：恼怒的样子。曳：放下。
② 非：非议，指责。快：称颂。
③ 行厚而辞深：行动稳重，文章寓意深刻。
④ 恢恢：宽广大气。
⑤ 年先：年长。
⑥ 陈：送上。
⑦ 大过：过分地（称赞）。
⑧ 佞誉诬谀：谄媚阿谀的样子。
⑨ 及长：长大后。
⑩ 炳炳烺烺（bǐng bǐng lǎng lǎng）：用词华丽，文采飞扬的样子。
⑪ 剽：（言辞）轻浮而不深刻。留：长久，久远。
⑫ 昧没：隐晦而不明确。
⑬ 偃蹇（yǎn jiǎn）：骄横而怠慢。
⑭ 羽翼：辅佐、捍卫。
⑮ 榖梁氏：引申指《春秋榖梁传》。

支，参之《庄》、《老》以肆其端，参之《国语》以博其趣，参之《离骚》以致其幽，参之太史公①以著其洁，此吾所以旁推交通②而以为之文也。凡若此者，果是耶非耶？有取乎抑其无取乎？吾子幸观焉择焉有余以告焉。苟亟来以广是道，子不有得焉，则我得矣，又何以师云尔哉？取其实而去其名，无招越蜀吠怪，而为外廷③所笑，则幸矣！宗元白。

【出处】（唐）柳宗元：《柳河东集》卷三十四《书》，上海，中华书局，1960。

---

① 太史公：司马迁，引申指司马迁书写的《史记》。
② 旁推交通：从旁学习，融会贯通。
③ 外廷：与皇宫内廷相对的群臣议事之地，代指群臣。

《贡院乞逐路取人状》

司马光论科举应区域配额

解题

司马光（1019—1086），字君实，号迂叟，北宋陕州夏县涑水乡（今山西夏县）人，世称涑水先生。司马光精于经学和史学研究，政治上属于保守派，反对王安石的变法。毕生著作甚丰，主持编撰有编年史巨著《资治通鉴》。完全以考试成绩为标准录取还是通过区域配额来调控各地区之间考中人数的悬殊差异，是一个在科举考试历史中争论不休的千古难题。北宋中叶，科场及第优势南北易置，南方举人占到及第者的绝大多数，引发了朝中大臣关于科举取士的南北地域之争。1066年，司马光奏上《贡院乞逐路取人状》，指出："国家用人之法，非进士及第者不得美官，非善为诗赋论策者不得及第，非游学京师者不善为诗赋论策"，"每次科场及第进士，大率是国子监、开封府解送之人。"为区域公平起见，提出"分路取人"的主张，就是按照区域分配录取名额，具体做法是：诸道、州府举人各以逐路糊名，开封府和国学锁厅举人另外糊名，分别于试卷上题以"在京"、"逐路"字样，按名额裁定取人。录取比例大致为1∶10，即每10人中取1人，不满10人者6人以上的也取1人，5人以下则不取。在当时各地解送举人到中央参加科考的人数相差不大的情况下,这种按比例录取的方法可以限制南方士人的及第机会。

选文

准中书批送,下太子中舍,知封州军州事柳材奏状,见国家间岁一开科场,诏下州郡使之乡举里选。遣诣京师复试于礼部,虽幽远之士,咸与其进然。而天下发解进士到省常不下二千余人,南省取者绕及二伯①而开封国学锁厅②预奏名者殆将大半,其诸路州军所得者,仅百余人,而惟山西、河东、河北、荆湖北、广南东西等路州军举人近年中第者,或一二窃以科举既频,天下之士奔走之不易,而岭外尤为暇僻③,每随计动,经五七千里往来不啻百余程,跋履道途,蒙犯风雪比至京师,扶持困踬④之不暇,使与郊圻安燕之士⑤,角其艺能,固不可得也。既而不第,孤寒之路最为蹭蹬⑥,千进且难,往往废学。于臣愚见,似有未均,欲乞令后南省考试进士,将开封国学锁厅举人试卷衮同糊名,其诸道州府举人试卷,各以逐路糊名,委封弥⑦官于试卷上题以在京逐路字用印,送考试官,其南省所放合格进士,乞于在京逐路以分数裁定取人,所贵国家科第均及中外。如允所请,伏乞下两制详定者,右谨具如前,当院令将簿籍勘会⑧近岁三次科场内,嘉祐三年国子监得解及免解进士,共一百一十八人,及第者二十二人,约五人中取一人。开封府得解及免解进士共二百七十八人,及第者四十四人,约六人中取一人。河北路得解及免解进士共一百五十二人,及第者五人,约三十人中取一人。京东路得解及免解进士共一百五十七人,及第者五人。梓州路得解

---

① 二伯:原指周朝主管东西两方的周公和召公,这里引申为东西两方。
② 锁厅:指锁厅试,是宋代现职官员进行的进士考试,因其需要应试而将官厅锁闭,所以称之为锁厅试。
③ 暇僻:偏远,偏僻。
④ 困踬(zhì):窘困,颠沛流离。
⑤ 圻:京畿附近。安燕:安逸。郊圻(qí)安燕之士:指身处京郊比较安逸的考生。
⑥ 蹭蹬:路途困厄险阻。
⑦ 封弥:古代科举考试为防止作弊,将考生姓名籍贯用纸糊封,称作"封弥"。
⑧ 勘会:审议,核定。

及免解进士六十三人,及第者二人,并约三十一人中取一人。广南东路得解及免解进士共九十七人,及第者三人,约三十二人中取一人。荆湖南路得解及免解进士共六十九人,及第者二人,约三十四人中取一人。广南西路得解及免解进士共三十八人,利州路得解及免解进士共二十六人,夔州路得解及免解进士共二十八人,及第者各指一人。河东路得解及免解进士共四十四人,全无人及第。嘉祐五年,国子监得解及免解进士共一百八人,及第者二十八人。开封府得解及免解进士共二百六十六人,及第者六十九人,并约四人中取一人。京东路得解及免解进士共一百五十人,及第者五人,约三十人中取一人。荆湖南路得解及免解进士共六十九人,及第者二人,约三十四人中取一人。广南东路得解及免解进士共八十四人,及第者二人,约四十二人中取一人。河东路得解及免解进士共四十一人,陕西路得解及免解进士共一百二十三人,及第者各只一人。荆湖北路得解及免解进士共二十四人,广南西路得解及免解进士共六十三人,夔州路得解及免解进士三十二人,并全无人及第。嘉祐七年,国子监得解及免解进士共一百一十一人,及第者三十人,约四人中取一人。开封府得解及免解进士共三百七人,及第者六十六人,约五人中取一人。荆湖南路得解及免解进士共六十八人,及第者二人,约三十四人中取一人。陕西路得解及免解者进士共一百二十四人,及第者二人,约六十二人中取一人。河北路得解及免解进士共一百五十四人,河东路得解及免解进士共四十五人,荆湖北路得解及免解进士共二十三人,及第者各一人。广南东路得解及免解进士共七十七人,广南西路得解及免解进士共六十三人,利州路得解及免解进士共二十八人,并全无人及第。以此比较在京及诸路举人得失多少之数额,然大叚①不均,盖以朝廷每次科场所差试官率,皆两制二馆②之人,其所好尚即成风俗,在京举人追趣时③好易,知体面④渊原,渐染文采,自下使僻远孤陋之

---

① 叚(jiǎ):不真实。大叚:非常不公。
② 两制:指内制和外制。二馆:指玄学、史学两馆。两制二馆:负责教授玄学、史学的场所。
③ 趣时:追求当时的潮流。
④ 面:同"面"。

人与之为敌,混同封弥,考校长短,势不侔①矣,孔子曰:"十室之邑,必有忠信如丘者焉。"② 言虽微陋之处,必有贤才,不可诬③也。是以古之取士,以郡国户口多少为率④,或以德行,或以才能,随其所长,各有所取,近自族姻,远及夷狄,无小无大,不可遗也。今或数路之中全无一人及第,则所遗多矣。国家用人之法,非进士及第者不得美官⑤,非善为诗赋论策者不得及第,非游学京师者不善为诗赋论策。以此之故,使四方学者皆弃背乡里,违去二亲,老于京师,不复更归。其间亦有身负过恶⑥,或隐忧匿服⑦,不敢于乡里取解者,往往私买监牒⑧,妄冒户贯⑨,于京师取解。自间岁开科场以来,远方举人惮于往还,只在京师寄应者,比旧尤多。国家虽重为科禁⑩,至于不用荫赎⑪,然冒犯之人岁岁滋甚。所以然者,盖由每次科场及第进士,大率是国子监、开封府解送之人,则人之常情,谁肯去此而就彼哉!夫设美官厚利进取之涂以诱人于前,而以苛法空文禁之于后,是犹决洪河之尾而捧土以塞之,其势必不行矣。《书》曰:"无偏无党,王道荡荡。"⑫ 国家设贤能之科以俟四方之士,岂可使京师诈妄之人独得取之!今来,柳材所起请科场事件,若依而行之,委得中外均平,事理允当,可使孤远者有望进达,侨寓者各思还本土矣。难者⑬必曰:"国家比设封弥誊录以尽至公,其诸路举人所以及第少于在京者,自以文艺疎拙⑭,长短相形,理宜黜

---

① 侔(móu):相等,相称。
② 十室之邑,必有忠信如丘者焉:即使只有十户人家的小乡村,也会有像孔丘这样的忠信之士。出自《论语·公冶长》。
③ 诬:抹杀。
④ 率:标准,比值。
⑤ 美官:高官。
⑥ 身负过恶:存在过错或违纪违法的情况。
⑦ 隐忧匿服:隐藏亲人去世的事实,不去服丧守孝。
⑧ 监牒:国子监的文牒。
⑨ 户贯:户籍。
⑩ 科禁:禁令。
⑪ 荫赎:因先人功绩而得以赎罪。
⑫ 出自《尚书·洪范》,意指王道统治应当不偏私,不结党。
⑬ 难者:发难、反对的人。
⑭ 疎(shū):同"疏"。疎拙:疏漏拙劣。

退。今若于封弥试卷上题在京逐路字号，必虑试官挟私者因此得以用情，是大不然。"

国家设官分职以待贤能，大者道德器识①以弼谐教化，其次明察惠和②以附循州县，其次方略勇果以扞③御外侮，小者刑狱钱谷以供给役使，岂可专取欲以备百官济万事耶？然则四方之人虽于文艺或有所短，而其余所长有益于公家之用者，盖亦多矣，安可尽加弃斥使终身不仕邪？凡试官挟私者不过徇其亲知乡党，今虽题逐路字号，若试官欲徇其亲知，则一路之人共聚一处，不知何者为其亲知。若欲徇其乡党，则一路之中所取自有分数，岂敢偏于本路剩取一人？以此言之，虽题逐路字号，试官亦无所容其私也。今欲乞依柳材起请，今后南省考试云云裁定取人，若朝廷尚以为有所嫌疑，即乞令封弥官将国子监、开封府及十八路，临时各以一字为偏旁立号。假若国子监尽用乾字，开封府尽用坤字，京东路尽用离字，京西路尽用坎字为偏旁，其余路分并依此例。知贡举官于逐号之中考校文理，善恶各随其长短，每十人中取一人，奏名其不满十人者，六人以上亦取一人，五人以下更不取人。其亲戚举人别试④者，缘人数至少更不分别立号，只依旧条混同封弥，分数取人其合该奏名者，更不入南省奏名数内。如允所奏，乞降指挥下贡院遵守施行。

【出处】王云五主编：《四部丛刊正编·集部·温国文正司马文集》卷第三十，台北，商务印书馆，1979。

---

① 器识：器量，见识。
② 明察惠和：明察秋毫，关爱和顺。
③ 扞（hàn）：同"捍"，捍卫。
④ 别试：即别头试，指因考生与考官是亲属故知或其他关系，为防嫌疑而另行设立的考试。

《论逐路取人札子》

欧阳修论唯才是举

解题

欧阳修（1007—1072），字永叔，号醉翁，北宋吉州庐陵（今江西吉安）人，唐宋八大家之一。1066年，司马光上书认为应改革科举，按省试与应考人数分区定额录取，"所贵国家科第，均及中外"。欧阳修则针锋相对，上书宋英宗反对这种做法。在文中，欧阳修指出科举是"国家取士之制"，"最号至公"，应该"惟材是择"，提出国家取士之制，应"不问东西南北之人，尽聚诸路贡士混合为一，而惟才是择"。如果一律按照1：10的比例录取，则势必造成东南之人应合格而落选者多，西北之人不合格而被取录者多。由于双方的观点相持不下，因而取士办法还是维持现状，实际上宋英宗是采纳了欧阳修的意见。

选文

臣伏见近有臣寮①上言，乞将南省考试举人各以路②分糊名③，于

---

① 臣寮：臣僚、僚属。
② 路：宋代地方行政区划单位。
③ 糊名：古代科举考试中防止作弊的措施之一，即将试卷上的姓名封住，以示公平阅卷，防止徇私舞弊。

逐路①每十人解②一人等事。虽已奉圣旨,送两制③详定,臣亦有愚见,合具敷陈④。窃以国家取士之制,比于前世,最号至公。盖累圣留心,请求曲尽⑤。以谓王者无外,天下一家,故不问东西南北之人,尽聚诸路贡士,混合为一,而惟材是择。各糊名誊录⑥而考之,使主司莫知为何方之人,谁氏之子,不得有所憎爱薄厚于其间。故议者谓国家科场之制,虽未复古法,而便于今世,其无情如造化⑦,至公如权衡⑧,祖宗以来不可易之制也。《传》⑨曰:"无作聪明乱旧章。"又曰:"利不百者不变法。"⑩今言事之臣偶见一端,即议更改,此臣所以区区欲为陛下守祖宗之法也。臣所谓偶见一端者,盖言事之人但见每次科场东南进士得多,而西北进士得少,故欲改法,使多取西北进士尔。殊不知天下至广,四方风俗异宜,而人性各有利钝。东南之俗好文,故进士多而经学少;西北之人尚质⑪,故进士少而经学多。所以科场取士,东南多取进士,西北多取经学者,各因其材性所长,而各随其多少取之。今以进士、经学合而较之,则其数均,若必论进士,则多少不等。此臣所谓偏见之一端,其不可者一也。国家方以官滥为患,取士数必难增,若欲多取西北之人,则却须多减东南之数。今东南州军进士取解者,二三千人处只解二三十人,是百人取一人,盖已痛裁抑之矣。西北州军取解,至多处不过百人,而所解至十余人,是十人取一人,比之东南十倍假借之矣。若至南省,又减东南而增西北,则是已裁抑者又裁

---

① 逐路:每一路。
② 解(jiè):唐宋时期乡举人试,由地方推荐发送入京考试者称为"解"。
③ 两制:即内制和外制。唐、宋时期翰林学士受皇帝之命,起草诏令,称为内制;中书舍人等官员为中书门下草拟诏令,称为外制,后将翰林学士与中书舍人合称为两制。
④ 合具敷陈:将两者一起向上详细陈述。
⑤ 曲尽:详细、详尽。
⑥ 誊录:古代科举考试中防止作弊的措施之一,即为了防止考官通过辨认考生的笔迹等方法作弊,将考生的试卷由专门的誊录者抄成副本交给阅卷官批阅。
⑦ 造化:大自然。
⑧ 权衡:古代称重的器具。权是秤砣,衡是秤杆。
⑨ 传:古书的一种体裁,是对经典著作的解释。
⑩ 利不百者不变法:没有百倍的利益不要轻易变动法律或政策。
⑪ 尚质:崇尚质朴。

抑之，已假借者又假借之。此其不可者二也。东南之士于千人中解十人，其初选已精矣，故至南省，所试合格者多。西北之士学业不及东南，当发解时又十倍优假①之，盖其初选已滥矣，故至南省，所试不合格者多。今若一例以十人取一人，则东南之人合格而落者多矣，西北之人不合格而得者多矣。至于他路，理不可齐，偶有一路合格人多，亦限以十一落之，偶有一路合格人少，亦须充足十一之数，使合落者得，合得者落，取舍颠倒，能否混淆。其不可者三也。且朝廷专以较艺取人，而使有艺者屈落，无艺者滥得，不问缪滥②，只要诸路数停。此其不可者四也。且言事者本欲多取诸路土著之人，若此法一行，则寄应③者争趋而往，今开封府寄应之弊可验矣。此所谓法出而奸生，其不可者五也。今广南东、西路进士，例各绝无举业，诸州但据数解发。其人亦自知无艺，只来一就省试而归，冀作摄官④尔。朝廷以岭外烟瘴，北人不便，须藉摄官，亦许其如此。今若一例与诸路十人取一人，此为缪滥，又非西北之比。此其不可者六也。凡此六者，乃大概尔。若旧法一坏，新议必行，则弊滥随生，何可胜数！故臣以谓且遵旧制，但务择人，推朝廷至公，待四方如一，惟能是选，人自无言。此乃当今可行之法尔。若谓士习⑤浮华，当先考行⑥。就如新议，亦须只考程试⑦，安能必取行实之人？议者又谓西北近虏⑧，士要牢笼⑨。此甚不然之论也。使不逞⑩之人不能为患则已，苟可为患，则何方无之？前世贼乱之臣起于东南者甚众，其大者如项羽、萧铣⑪之徒是已；至如黄巢、王仙芝之辈，又皆起乱中州者尔，不逞之人，岂专

---

① 优假：优待。
② 缪滥：错误、虚滥不实。
③ 寄应：在寄居之所参加科举考试。
④ 摄官：暂时代理的官员。
⑤ 士习：士人的风气。
⑥ 考行：考察品行。
⑦ 程试：按规定的程式考试，后多指科举铨叙考试。
⑧ 近虏：接近胡虏之地。
⑨ 牢笼：笼络。
⑩ 不逞：失意、不得志。
⑪ 萧铣：隋末长江中游地区的割据势力首脑。

西北？矧①贡举所设，本待材贤，牢笼不逭，当别有术不在科场也。惟事久不能无弊，有当留意者，然不须更改法制，止在振举纲条尔。近年以来，举人盛行怀挟②，排门大噪③，免冠突入④，亏损士风，伤败善类。此由举人既多，而君子小人杂聚，所司⑤力不能制。虽朝廷素有禁约，条制甚严，而上下因循，不复申举。惟此一事为科场大患，而言事者独不及之。愿下有司议革其弊，此当今科场之患也。臣忝贰宰司⑥，预闻国论，苟不能为陛下守祖宗之法，而言又不足取信于人主，则厚颜尸禄，岂敢偷安而久处乎？故犹此强言⑦，乞赐裁择。

【出处】（宋）欧阳修著，李逸安点校：《欧阳修全集》卷一一三，北京，中华书局，2001。

---

① 矧（shěn）：况且。
② 怀挟：考试时携带或挟带小抄等作弊。
③ 排：推。排门大噪：推门大声吵闹。
④ 免冠突入：不带冠帽突兀地闯入门内。
⑤ 所司：主管官员或官府。
⑥ 忝：有辱，此处为谦称。贰：副职。宰司：宰辅之位。忝贰宰司：忝居宰相副职。
⑦ 强言：强谏，诤谏。

《答祖择之书》

欧阳修论师道

解题

欧阳修反对文风险怪奇涩的"太学体",他以翰林学士身份主持进士考试,主张文风平实,强调道对文的决定作用,培养和发现了一大批人才。在《答祖择之书》一文中,阐述了"师道"的重大意义。"师严然后道尊",尊敬老师才能有道统的修养,修养、操守、实践等都要从尊敬老师开始。"道纯则充于中者实,中充实则发为文者辉光",指出"道纯"、平实的才是好文章。

选文

修启①秀才。人至,蒙示书一通,并诗、赋、杂文、两策,谕之曰:"一览以为如何?"某既陋②,不足以辱好学者之问,又其少贱而长穷③,其素所为,未有足称以取信于人。亦尝有人问者,以不足问之愚,而未尝答人之问。足下卒④然及之,是以愧惧不知所言。虽然,不远数百里走使者以及门,

---

① 启:陈述,用于书信开端。
② 某:欧阳修本人。陋:浅陋,孤陋寡闻。
③ 少贱而长穷:年少时贫贱,年长后穷困。
④ 卒(cù):通"猝"。

意厚礼勤，何敢不报！

某闻古之学者必严①其师，师严然后道尊，道尊然后笃敬②，笃敬然后能自守③，能自守然后果④于用，果于用然后不畏而不迁⑤。三代之衰，学校废。至两汉，师道尚存，故其学者各守其经以自用⑥。是以汉之政理文章与其当时之事，后世莫及者，其所从来深矣。后世师法渐坏，而今世无师，则学者不尊严，故自轻其道⑦。轻之则不能至，不至则不能笃信⑧，信不笃则不知所守，守不固则有所畏而物可移。是故学者惟俯仰徇时⑨，以希⑩禄利为急，至于忘本趋末，流而不返。夫以不信不固之心，守不至之学，虽欲果于自用，而莫知其所以用之之道，又况有禄利之诱、刑祸之惧⑪以迁之哉！此足下所谓志古知道⑫之士所鲜而未有合⑬者，由此也。

足下所为文，用意甚高，卓然有不顾世俗之心，直欲自到于古人。今世之人，用心如足下者有几？是则乡曲⑭之中，能为足下之师者谓谁？交游之间，能发足下之议论者谓谁？学不师则守不一⑮，议论不博则无所发明⑯而究其深。足下之言高趣远，甚善，然所守未一而议论未精，此其病也。窃惟足下之交游，能为足下称才誉美者不少，今皆舍之，远而见及，乃知足下是欲求其不至。此古君子之用心也，是以言之不敢隐。

---

① 严：尊敬。
② 笃敬：笃厚、尊敬的样子。
③ 自守：坚持自己的操守。
④ 果：果断、果敢。
⑤ 迁：改变。
⑥ 自用：自行其是。
⑦ 道：师道。自轻其道：自己的行为使师道渐衰。
⑧ 笃信：对师道和所追求的事情抱有坚定的信心。
⑨ 俯仰徇时：迎合、追求时代的潮流。
⑩ 希：希望，意图得到。
⑪ 刑祸之惧：面临刑罚的恐惧。
⑫ 志古知道：笃信古道、通晓天地人世之理。
⑬ 合：附和、聚合在一起。
⑭ 乡曲：偏僻的村野民间。
⑮ 守不一：操守和注意力不专一。
⑯ 发明：阐发、阐明。

夫世无师矣，学者当师经①。师经必先求其意，意得则心定，心定则道纯，道纯则充于中者实，中充实则发为文者辉光，施于事者果致②。三代、两汉之学，不过此也。足下患世未有合者，而不弃其愚，将某以为合，故敢道此，未知足下之意合否。

【出处】（宋）欧阳修著，李逸安点校：《欧阳修全集》卷六十九，北京，中华书局，2001。

---

① 师经：以经为师。
② 果致：果然达到这样的状态。

《袁州学记》

李觏论诗书之道

解题

李觏（1009—1059），字泰伯，建昌南城（今江西资溪）人。南城在盱江边上，故人称盱江先生。《宋史》本传中称他"俊辩能文"。他以教授生徒为生，由范仲淹举荐曾任试太学助教。《袁州学记》为宋代经典散文，文风凝练厚重，记叙了宋仁宗三十二年祖无择到袁州任知州，看到学馆破败、孔庙狭窄的现状，决定兴建一座新学馆的过程。李觏借此大发感慨，指出秦朝被灭亡是因为"诗书之道废，人惟见利而不闻义焉耳"。汉武帝努力发扬儒家学说，纯善的风俗教化深入人心，一直延续到汉灵帝、汉献帝时期。袁州人现在有了好的学校，应该一心向学，陶冶性情，坚持节操，为国尽忠。

选文

皇帝二十有三年，制诏州县立学。惟时守令，有哲有愚。① 有屈力

---

① 惟时守令，有哲有愚：当时的州县长官，有人很有智慧，有人很愚蠢。

殚虑，祗顺德意①；有假官借师，苟具文书②。或连数城，亡③诵弦声。倡而不和，教尼不行④。

三十有二年，范阳祖君无择知⑤袁州。始至，进诸生⑥，知学官阙⑦状，大惧人材放失，儒效阔疏⑧，亡以称上旨⑨。通判颍川陈君侁，闻而是之，议以克合。相⑩旧夫子庙狭隘不足改为，乃营治⑪之东北隅。厥⑫土燥刚，厥位面阳，厥材孔良。瓦甓黝垩⑬丹漆举以法，帮殿堂室房庑⑭门各得其度。百尔器备，并手偕作。工善吏勤，晨夜展力。

越明年，成舍菜⑮且有日，盱江李觏谂⑯于众曰：惟四代之学⑰考诸经可见已。秦以山西鏖⑱六国，欲帝万世，刘氏⑲一呼而关门不守，武夫健将卖降恐后。何耶？诗书之道废，人惟见利而不闻义焉耳。

孝武乘丰富⑳，世祖出戎行，皆孳孳学术，俗化之厚，延于灵、献㉑。草茅危言者，折首而不悔；功烈震主者，闻命而释兵。群雄相视

---

① 殚：用尽。殚：竭尽。祗：尊敬。屈力殚虑，祗顺德意：全句意为：竭力心力，遵从皇帝的旨意。
② 假官借师，苟具文书：假借官师之名，胡乱书写迎合旨意的文书。
③ 亡：没有。
④ 倡而不和，教尼不行：（中央）倡导而（地方）不迎合，教学停滞而不能施行。
⑤ 知：任知州。
⑥ 进诸生：会见各位生员。
⑦ 阙：缺乏。
⑧ 儒效阔疏：儒家的教化影响逐渐减弱。
⑨ 亡以称上旨：不能与皇帝的旨意相互迎合。
⑩ 相：查看。
⑪ 治：州治，州府所在地。
⑫ 厥：那里。
⑬ 黝垩：黑白。
⑭ 庑（wǔ）：走廊。
⑮ 舍菜：摆设菜品，敬告先师。
⑯ 谂（shěn）：劝告。
⑰ 四代之学：尧舜禹、夏、商、周等四代办学。
⑱ 鏖：战斗。
⑲ 刘氏：刘邦。
⑳ 孝武乘丰富：汉武帝即位时正处于国家强盛之际。
㉑ 灵、献：汉灵帝、汉献帝。

不敢去臣位，尚数十年教道之结人心如此。

今代遭圣神，尔衰得贤君，俾尔由庠序①践古人之迹。天下治，则禅礼乐以陶吾民，一有不幸，犹当伏大节。为臣死忠，为子死孝。使人有所法，且有所赖。是惟朝家教学之意。若其弄笔墨以徼②利达而已，岂徒二三子之羞，抑为国者之忧。此年实至和甲午夏某月甲子记。

【出处】（宋）李觏：《李觏集》，北京，中华书局，1981。

---

① 俾尔由庠序：使你们能通过学校教化。
② 徼：追求。

《师》(节选)

周敦颐论师道

解题

周敦颐(1017—1073),字茂叔,后人称濂溪先生,道州营道(今湖南道县)人,著有《太极图说》等。周敦颐首先提出援佛入儒,把佛、道二教的禁欲主义与服从封建纲常的教育结合起来,要求人们既做忠臣孝子,又具有乐道、潜心、寡欲的精神境界。他的学说成为理学的开端。他重视道德教育和道德修养,倡导"师道",认为"师道"关系国家兴衰,"先觉觉后觉,暗者求于明,而师道立矣。师道立,则善人多;善人多,则朝廷正而天下治矣。"

选文

或问曰:"曷①为天下善?"曰:"师。"曰:"何谓也?"曰:"性者,刚柔善恶,中而已矣。"不达。曰:"刚善、为义、为直、为断、为严毅、为干固;恶为猛、为隘、为强梁。柔善为慈、为顺、为巽;恶为懦弱、为无断、为邪佞。"② 惟中也者,和也,中节也,天下之达道也,

---

① 曷(hé):通"何"。
② 干固:干练执著。强梁:粗暴强横。巽(xùn):卑顺。

圣人之事也。

故圣人立教，俾①人自易其恶、自至其中而止矣。

故先觉觉后觉，暗者求于明，而师道立矣。

师道立，则善人多；善人多，则朝廷正而天下治矣。

【出处】谭松林、尹红整理：《周敦颐集》第七章，长沙，岳麓书社，2002。

---

① 俾：使。

《师友》

周敦颐论师友

周敦颐强调"道德有于身"的师友对人成长的重要性,认为"人生而蒙,长无师友则愚。是道义由师友有之"。

选文

师友上
天地间至尊者道、至贵者德而已矣。至难得者人,人而至难得者,道德有于身而已矣。
求人至难得者有于身,非师友则不可得也已。

师友下
道义者身有之,则贵且尊。
人生而蒙,长无师友则愚。是道义由师友有之。
而得贵且尊,其义不亦重乎!其聚不亦乐乎!

【出处】谭松林、尹红整理:《周敦颐集》第二十四、二十五章,长沙,岳麓书社,2002。

《白鹿洞书院揭示》

朱熹论学规

解题

学规是书院教学的总方针,规定了教学的方向、方法和程序。《白鹿洞书院揭示》是朱熹于1179年重修庐山白鹿洞书院时所作的学规,此学规是宋代最著名的学规,也是后代书院学规的范本。本文强调学生要遵守"父子有亲,君臣有义,夫妇有别,长幼有序,朋友有信"的人伦;为学、修身、处事、接物都应该遵守一定的规则,而讲明义理以修身是为学最重要的任务。朱熹制定学规以为榜样,希望大家谨记在心,形成良好学风。

选文

父子有亲,君臣有义,夫妇有别,长幼有序,朋友有信。

右五教之目。尧舜使契为司徒,敬敷五教,即此是也。学者学此而已,而其所以学之之序,亦有五焉,其别如左:

博学之,审问之,慎思之,明辨之,笃行之。

右为学之序。学、问、思、辨,四者所以穷理也。若夫笃行之事,则自修身以至于处事接物,亦各有要,其别如左:

言忠信，行笃敬，惩忿窒欲①，迁善改过。

右修身之要。

正其义不谋其利，明其道不计其功。

右处事之要。

己所不欲，勿施于人。行有不得，反求诸己。

右接物之要。

熹窃观古昔圣贤所以教人为学之意，莫非使之讲明义理，以修其身，然后推以及人，非徒欲其务记览、为词章②，以钓声名、取利禄而已也。今人之为学者，则既反是矣③。然圣贤所以教人之法，具存于经，有志之士，固当熟读深思而问辨之。苟知其理之当然，而责其身以必然，则夫规矩禁防之具，岂待他人设之而后有所持循哉！近世于学有规，其待学者为已浅矣，而其为法又未必古人之意也。故今不复以施于此堂，而特取凡圣贤所以教人为学之大端，条列于右而揭之楣间④。诸君其相与讲明遵守而责之于身焉，则夫思虑云为之际，其所以戒谨而恐惧者，必有严于彼者矣。其有不然，而或出于此言之所弃，则彼所为规者必将取之，固不得而略也。诸君其亦念之哉！

【出处】（宋）朱熹撰，朱杰人、严佐之、刘永翔主编：《朱子全书·晦庵先生朱文公文集》卷七十四，上海，上海古籍出版社；合肥，安徽教育出版社，2002。

---

① 惩忿窒欲：控制怨愤，压抑欲望。
② 务记览、为词章：致力于记诵和写作。
③ 则既反是矣：与古之圣贤不同，反其道而行之。
④ 揭之楣间：将之放置于房屋横梁之上进行公示。

《潭州重修岳麓书院记》

张栻论书院教学

解题

张栻（1133—1180），字敬夫，号南轩，人称南轩先生，宋汉州绵竹（今四川）人。岳麓书院创办于北宋开宝九年（976年），为四大书院之一。张栻为著名理学家，1165年受刘珙之邀主持岳麓书院，一时求学者络绎不绝，影响甚广。《潭州重修岳麓书院记》一文描述了当时书院的概况，包括书院的历史和刘珙重建书院的情况，认为书院是会友讲习之地，教育不应当只为"科举利禄"服务，强调学以明"仁"，应当"传道而济斯民"。重视书院教学，因为教学可以使"人伦明，小民亲，而王道成"。

选文

湘西故有藏室，背陵向壑，木茂而泉洁，为士子肄业①之地。始，开宝②中郡守朱洞首度基创置，以待四方学者。历四十有五载，居益加葺③，

---

① 肄业：在校学习。
② 开宝：宋太祖年号。岳麓书院始建于宋太祖开宝九年（976年）。
③ 葺：修整。

左右生益加多。李允则来为州，言于朝，乞以书藏。方是时，山长周式以行义著，祥符八年①召见便殿，拜国子学主簿②，使归教授，诏以岳麓书院名，增赐中秘书，于是书院之称始闻天下，鼓箧③登堂者相继不绝。自绍兴辛亥更兵革灰烬，十一仅存，间有留意，则不过袭陋仍弊，而又重以撤废，鞠为荒榛，过者叹息。乾道改元④，建安刘侯下车，既别蠱夷奸，民俗安静，则茸学校，访儒雅，思有以振起之。湘人士合词以书院请，侯竦然曰："是故章圣皇帝加惠一方，劝励长养以风天下者，亦可废乎？"遒⑤命郡教授⑥婺源邵颖董事。鸠⑦废材，用余力，未半岁而屋成，为屋五十楹⑧，大抵悉还旧规。肖⑨阙里先圣像于殿中，列绘七十子，而加藏书阁于堂之北。既成，某从多士往观焉，爱其山川之胜，栋宇之安，裴回⑩不忍去，以为会友讲习，诚莫此地宜也。已而与多士言曰："侯之为是举也，岂特使子群居族谈，但为决科利禄计乎？亦岂使子习为言语文辞之工而已乎？盖欲成就人才，以传道而济斯民也。惟民之生，厥⑪有常性，而不能以自达，故有赖圣贤者也。三代导人，教学为本，人伦明，小民亲，而王道行。夫子⑫在当时虽不能施用，而兼善万世，实开无穷之传。其传果何欤？曰仁也。仁，人心也，率性立命，位天地而宰万物者也。今夫目视而耳听，口言而足行，以至于饮食起居言动之际，谓道而有外夫是焉，可乎？虽然，天理人欲，同行异情，毫厘之差，千里之谬，此所以求仁之难，必贵于学以明之

---

① 祥符：宋真宗年号，祥符八年即1015年。
② 国子学主簿：庆历四年（1044年）建太学前，国子学是宋代最高学府，亦是最高教育管理机构。国子学主簿是该机构的属官。
③ 箧（sì）：用来盛食品或衣服的器物。
④ 乾道改元：宋高宗绍兴元年（1165年）。
⑤ 遒：同"遒"，急迫。
⑥ 教授：官名。宋代在宗学、律学、医学、武学等各类学校均设有"教授"，负责授业解惑。此外，宋代州、县学也有"教授"一职，负责管理学校、安排课务等。
⑦ 鸠（jiū）：汇集，搜集。
⑧ 楹（yíng）：堂前的柱子。
⑨ 肖：描摹。
⑩ 裴回：徘徊。
⑪ 厥：其，作代词。
⑫ 夫子：孔子。

与。善乎，孟氏之发人深切也！齐王见一牛之觳觫而不忍杀，则告之曰：是心足以王矣。① 古之人所以大过人者，善推其所为。论尧舜之道本于孝弟，则欲体夫徐行疾行之间；指乍见孺子匍匐将入井之时，则曰：恻隐之心，仁之端也，于此焉求之，则不差矣。② 尝试察吾事亲从兄，应物处事，是端也，其或发见，亦如其所以然乎？苟能默识而存之，扩充而达之，生生之妙，油然于中，则仁之大体岂不可得乎？及其至也，与天地合德，鬼神同用，悠久无疆，变化莫测，而其则初不远也。是乃圣贤所传之要，从事焉终吾身而后已，可也。虽约居屏处，庸何损？得时行道，事业满天下，而亦何加于我？岂特为不负作新斯宇之意哉？"侯既属③某为记，遂书斯言，以厉同志，俾无忘侯之德，抑又以自励云尔。

【出处】（宋）张栻撰，杨世文、王贵蓉点校：《张栻全集·南轩集卷十》，长春，长春出版社，1999。

---

① 觳觫（hú sù）：哆嗦害怕的样子。王：成为帝王。本句出自《孟子·梁惠王上》。孟子听说齐宣王有一次看到即将被宰杀用于祭祀的牛哆嗦害怕的样子而心软，最终放牛一条生路。他认为这件事情充分表明了齐宣王的善心，而具有这种善心的人是可以统治天下的。作者引用这一故事表达了他对"仁"的极度推崇。

② 孺子：小孩。匍匐：俯卧爬行。本句出自《孟子·公孙丑上》，意为人们见到小孩快要落井，都会因恻隐之心而去施救。恻隐之心是"仁"的根源，以此为追求的目标，不会走上岔路。

③ 属：同"嘱"，托付。

《训蒙大意示教读刘伯颂等》

王阳明论儿童教育

解题

王守仁（1472—1528），字伯安，号阳明，世称阳明先生，浙江余姚人。王阳明继承和发展了陆九渊的"心学"，提出"心即理"、"致良知"、"知行合一"等命题，发展了与程朱理学大相径庭的陆王心学，其学说在明中叶后曾广为流行。王阳明和朱熹一样，都把"理"作为万物的根本。所不同的是，朱熹认为"理在心外"，"性即理"；而王阳明认为"理在本心"，"心即理"，"心外无事、心外无理、故心外无学"，故教育是"不假外求"，"求理于吾心"，在内心中体求，即是明心、存心、求得其心，即去人欲、去习染。

王阳明十分重视儿童教育，认为儿童时期"良知"保存最多，受蒙蔽最少。在《训蒙大意示教读刘伯颂等》一文中，他反对机械苛刻的教学方法，认为教学要根据儿童的年龄特点，提出以"诱之歌诗"、"导之习礼"、"讽之读书"来潜移默化，起到春风化雨之功。

选文

古之教者，教以人伦。后世记诵词章之习①起，而先王之教亡。今

---

① 记诵词章之习：重视背诵和写文章的风习。

教童子，惟当以孝弟忠信礼义廉耻为专务①。其栽培涵养之方，则宜诱之歌诗以发其志意，导之习礼以肃其威仪，讽②之读书以开其知觉③。今人往往以歌诗习礼为不切时务，此皆末俗庸鄙之见，乌足以知古人立教之意哉！

大抵童子之情，乐嬉游而惮拘检，如草木之始萌芽，舒畅之则条达，摧挠之则衰痿。今教童子，必使其趋向鼓舞④，中心⑤喜悦，则其进自不能已。譬之时雨春风，沾被⑥卉木，莫不萌动发越，自然日长月化；若冰霜剥落，则生意⑦萧索，日就枯槁矣。故凡诱之歌诗者，非但发其志意而已，亦以泄其跳号呼啸于咏歌，宣其幽抑结滞于音节也；导之习礼者，非但肃其威仪而已，亦所以周旋揖让⑧而动荡其血脉，拜起屈伸而固束其筋骸也；讽之读书者，非但开其知觉而已，亦所以沉潜反复而存其心，抑扬讽诵以宣其志也。凡此皆所以顺导其志意，调理其性情，潜消其鄙吝⑨，默化其粗顽，日使之渐于礼义而不苦其难，入于中和⑩而不知其故。是盖先王立教之微意也。

若近世之训蒙稚者，日惟督以句读课仿⑪，责其检束，而不知导之以礼；求其聪明⑫，而不知养之以善；鞭挞绳缚，若持拘囚。彼视学舍如囹⑬狱而不肯入，视师长如寇仇而不欲见，窥避掩覆以遂其嬉游，设诈饰诡以肆其顽鄙，偷薄⑭庸劣，日趋下流⑮。是盖驱之于恶而求其为

---

① 专务：专心致志从事的主要任务和事情。
② 讽：委婉地劝告、引导。
③ 知觉：感觉、领会。
④ 鼓舞：欢欣鼓舞。
⑤ 中心：内心。
⑥ 沾被：影响、波及。
⑦ 生意：生长的势头，生机。
⑧ 揖让：进退的礼节和规范。周旋揖让：应付于进退的礼节和规范之中。
⑨ 潜消其鄙吝：潜移默化地消除其粗鄙、心胸狭窄的不良习惯。
⑩ 中和：中正平和，儒家认为"致中和"，则天地万物各安其所，达到和谐的境界。
⑪ 课仿：课业的学习。
⑫ 聪明：智力好，理解力强。
⑬ 囹 (líng) 狱：监狱。
⑭ 偷薄：浮薄，为人不敦厚。
⑮ 下流：末流、下等。

善也，何可得乎？

凡吾所以教，其意实在于此。恐时俗不察，视以为迂，且吾亦将去，故特叮咛以告。尔诸教读，其务体吾意，永以为训；毋辄因时俗之言，改废其绳墨①，庶成蒙以养正之功②矣。念之念之！

【出处】（明）王守仁著，吴光等编校：《王阳明全集》卷二《语录二》，上海，上海古籍出版社，1992。

---

① 绳墨：原指木工画直线用的工具，后指代规矩、法度。
② 庶成：希望达成。蒙：蒙昧、幼稚。《周易·蒙卦》中说："蒙以养正，圣功也。"蒙以养正之功：孩提时代是教育的关键时期，要施以正确的教育，培养正道，是神圣庄严的事情。

《教约》

王阳明论教约

解题

王守仁在各地兴社学,授徒讲学,特作《教约》给各社学教读。指出每日要进行道德检查,看学生是否爱亲敬长、孝敬父母、遵守礼节等等;提出分班制度,规定歌诗、习礼、授书的方法和教学日程。

选文

每日清晨,诸生参揖①毕,教读以次。遍询诸生:在家所以爱亲敬长之心,得无懈忽,未能真切否?温凊定省之仪②,得无亏缺,未能实践否?往来街衢,步趋礼节,得无放荡,未能谨饰否?一应言行心术,得无欺妄非僻,未能忠信笃敬否?诸童子务要各以实对,有则改之,无则加勉。教读复随时就事,曲加诲谕开发。然后各退就席肆业。

凡歌诗,须要整容定气,清朗其声音,均审其节调;毋躁而急,毋

---

① 揖(yī):拱手礼。
② 凊(qìng):寒冷。温凊定省:出自《礼记·曲礼上》:"凡为人子之礼,冬温而夏凊,昏定而晨省。"其意为:做子女的,尽孝道应该做到冬天给父母温暖被褥,夏天给父母扇扇子,晚上侍候父母睡好后才离开,每天早上还要向父母请安。温凊定省之仪:指孝敬父母之礼仪。

荡而嚣，毋馁而慑。久则精神宣畅，心气和平矣。每学量童生多寡，分为四班，每日轮一班歌诗；其余皆就席，敛容肃听。每五日则总四班递①歌于本学。每朔望②，集各学会歌于书院。

凡习礼，须要澄心肃虑，审其仪节，度其容止；毋忽而惰，毋沮而怍③，毋径而野；从容而不失之迂缓，修谨不失之拘局。久则体貌习熟，德性坚定矣。童生班次，皆如歌诗。每间一日，则轮一班习礼。其余皆就席，敛容肃观。习礼之日，免其课仿。每十日则总四班递习于本学。每朔望，则集各学会习于书院。

凡授书，不在徒多，但贵精熟。量其资禀④，能二百字者，止可授以一百字。常使精神力量有余，则无厌苦之患，而有自得之美。讽诵⑤之际，务令专心一志，口诵心惟，字字句句，绸绎反复，抑扬其音节，宽虚其心意。久则义礼浃洽⑥，聪明日开矣。

每日工夫，先考德，次背书诵书，次习礼，或作课仿，次复诵书讲书，次歌诗。凡习礼歌诗之类，皆所以常存童子之心，使其乐习不倦，而无暇及于邪僻。教者知此，则知所施矣。虽然，此其大略也；神而明之，则存乎其人。

【出处】（明）王守仁著，吴光等编校：《王阳明全集》卷二《语录二》，上海，上海古籍出版社，1992。

---

① 递：按照次序。
② 朔：农历每月初一。望：农历每月十五。
③ 怍（zuò）：（脸色）改变。
④ 资禀：资质禀性。
⑤ 讽诵：抑扬顿挫地诵读。
⑥ 浃洽（jiā qià）：融合协调。

《严师箴》

王阳明论教师规范

解题

《严师箴》是王守仁对教师提出的规范和条约，文中指出教师不仅仅是外表威严，应该庄重持敬，内外合一，要超越一己之私，注意细节，身教重于言教等。

选文

古之教者，莫难严①师。师严道尊，教乃可施。严师维何？庄敬自持，外内若一，匪徒威仪②。施教之道，在胜③己私，孰义孰利，辨析毫厘。源之弗洁，厥流孔而。毋忽其细，慎独谨微。毋事于言，以身先之。④ 教不由诚，日惟自欺。施不以序⑤，孰云匪愚。庶予知新，患在

---

① 严：约束，规范。
② 匪：不。匪徒威仪：不仅仅是外表威严。
③ 胜：超越。
④ 毋事于言，以身先之：不应只用言语教导，应以行动先行示范。
⑤ 序：次序。

好焉。凡我师士，宜鉴于兹。

【出处】（明）王守仁著，吴光等编校：《王阳明全集》卷二十八《续编三·箴一首》，上海，上海古籍出版社，1992。

《广师说》

黄宗羲论为师之道与尊师之道

解题

黄宗羲在《广师说》一文中主要谈为师之道与尊师之道。他尖锐地指出，科举兴，师道亡；以门生之名依附于老师的情况遍布天下，尽管科举制度下造就了大量的以老师门生相称的关系，似乎为人师很容易，弟子事师却不及古人的万分之一。"古人不敢轻自为师"，现今却有各种各样的流俗之师，"乘时则朽木青黄，失势则田何粪土"。黄宗羲告诫为师要慎重，学生也要以弟子之职事师。

选文

自科举之学兴，而师道亡矣。今老师门生之名，徧于天下，岂无师哉？由于为师之易，而弟子之所以事其师者，非复古人之万一矣，犹可谓之师哉！

古人不敢轻自为师。以柳子厚之文章，而避师之名；何北山为朱子之再传①，而未尝受人北面②，亦不敢轻师于人；昌黎言李翱从仆学文，

---

① 何北山为朱子之再传：何北山，何基，字子恭，南宋理学家，人称北山先生，为黄勉斋的弟子，而黄勉斋为朱熹的嫡传弟子。
② 受人北面：古代教师教学常背北面南而坐，所以称受人北面为做人教师，传授学业。

而李翱则称吾友韩愈，或称退之，未尝以为师也；象山为东莱①所取士，鹅湖之会②，东莱视象山如前辈，不敢与之论辩，象山对东莱则称执事，对他人则称伯恭，亦未尝以为师也；即如近世张阳和，其座师为罗万化③，尺牍④往来，止称兄弟，不拘世俗之礼也。

嗟乎！师之为道，慎重如此，则所以事其师者，宁聊尔乎！故平居则巾卷危立于雪中⑤，危难则斧锧冒死于阙下⑥，扫门撰杖，都养斩版⑦，一切烦辱之事，同于子姓。贺医闾之事白沙⑧，悬其像于书室，出告反面⑨；绪山、龙溪⑩于阳明之丧，皆筑室于场，以终心制；颜山农⑪在狱，近溪⑫侍养狱中六年，不赴廷试。及山农老而过之，一茶一

---

① 象山：指陆九渊。东莱：指吕祖谦。
② 鹅湖之会：是南宋淳熙二年（1175年），在信州鹅湖寺由吕祖谦邀请，朱熹与陆九渊兄弟参加的一次著名讨论会，首开书院会讲的先河。
③ 张阳和：即张元忭，字子盖，别号阳和，又号不二斋，明代大贤，著名历史学家，明隆庆五年（1571年）辛未科状元。罗万化：字一甫，号康州，隆庆二年（1568年）戊辰科状元，曾任吏部尚书等职。
④ 尺牍：书信。
⑤ 平居：平时衣食所居。巾卷：是指古代学生所用的头巾和书卷，后借指学生。平居则巾卷危立于雪中：全句指宋代杨时程门立雪的故事，"程门立雪"是尊师重道的典范。
⑥ 危难则斧锧冒死于阙下：老师面临危难的时候，学生冒死为其求情抵命。这里指申佑冒死救师的故事。申佑，字天锡，仡佬族，明朝思南府务川（今贵州务川）人，是著名的杀虎救父、冒死救师、以身救主的"三忠三烈"之士。童年其父被虎叼去，申佑奋勇追击使父脱险。后太学读书时，其师国子监祭酒李时勉直言上谏得罪皇帝，被带枷问斩，无人营救，申佑以太学生身份挺身而出，擂鼓喊冤，并请求以身代师受死，忠义之行使其师特赦官复原职。明英宗在土木堡之变中被瓦剌重兵围困，申佑装扮成皇帝使其逃脱，自己死于乱军之中。其三忠三烈，名垂青史。
⑦ 扫门：西汉魏勃年少时欲求见丞相曹参，常常早起为相府舍人扫门，后以扫门比喻贤才求见权贵，本文有尊师求教的意思。撰杖：侍奉尊长，《礼记·曲礼上》："侍坐于君子，君子欠伸，撰杖履，视日蚤莫，侍坐者请出矣。"本文撰杖有师长执教的意思。都养：为师长煮菜做饭，伺候饮食起居。斩版：又写作"斩板"，指劈柴。
⑧ 贺医闾：贺钦，字克恭，别号医闾，明代著名文人，著有《医闾集》九卷。白沙：陈献章，字公甫，号实斋，因曾于广东白沙村居住，世称白沙先生，明代著名的思想家、书法家。
⑨ 出告反面：出去、回来都要面对画像禀告。
⑩ 绪山、龙溪：都是王守仁的高徒，绪山，钱宽，字德洪，后改字洪甫，号绪山，世称绪山先生。龙溪：王畿，字汝中，别号龙溪，世称龙溪先生。
⑪ 颜山农：颜均，号山农，明代泰州学派的代表人物之一，王艮的弟子。
⑫ 近溪：罗汝芳，号近溪，明代泰州学派代表人物之一，他曾倾卖家产搭救老师颜均，并亲自侍奉颜均的饮食。

果，近溪必手捧以进。其子弟欲代之，近溪曰："吾师非汝等可以服事者。"杨复所①之事近溪，亦以其像供养，有事则告而后行。此其事师，曷尝同于流俗乎？

流俗有句读之师②，有举业之师③，有主考之师④，有分房之师⑤，有荐举之师⑥，有投拜之师⑦，师道多端，向背攸分。乘时则朽木青黄，失势则田何粪土⑧，固其宜也。

近世有淮海刘文起师岳西来荐，生则事若严君⑨，死则心丧逾制⑩，为之嗣以世之，为之庙以享之，为之田宅以永之，犹恐其不声施于后世也，求能文之士以章之。古人事师之义，复见于今矣！将使刘峻杜口⑪，昌黎不伤孤孑⑫也。

【出处】（明）黄宗羲著，沈善洪主编：《黄宗羲全集·杂文类》第十册，杭州，浙江古籍出版社，2005。

---

① 杨复所：杨起元，字贞复，号复所，罗汝芳的弟子，万历丁丑进士，授翰林院编修，历任国子监祭酒，礼部侍郎。
② 句读之师：教授文句书本知识的老师，韩愈《师说》曾有"授之书而习其句读"之语。
③ 举业之师：教授科举应试诗词文字和课业的老师。
④ 主考之师：古代举行科举考试时，所有应试举子皆为主考官的门生，称其为老师。
⑤ 分房之师：古代科举考试时将考生分配不同的考区和房间进行阅卷，则分房阅卷的考官为分房之师。
⑥ 荐举之师：尊称在仕途上推荐自己的人为老师。
⑦ 投拜之师：尊称自己所归附或依附的派系之人为老师。
⑧ 乘时：飞黄腾达之时。田何：字子庄，号杜田生，西汉经学大师，专门从事易经的研究。相传孔子传授易经五代而至田何。始皇焚书后因田何口授易经才传于后世。
⑨ 严君：父亲，古代称自己父亲为家严。
⑩ 心丧逾制：服心丧超过了礼制规定的期限。
⑪ 刘峻：字孝标，南朝齐梁的学者和文学家，以文辞闻名于世，曾注释刘义庆等编撰的《世说新语》。刘峻杜口：指让刘峻这样文思敏捷的文学家也要无可挑剔。
⑫ 孤孑：同"孤零"。

《漳南书院记》

颜元论实学

解题

颜元（1635—1704），字易直，号习斋，河北博野人。他一生主要从事学术研究、教授生徒，晚年主持漳南书院。颜元反对理学教育，提倡"习行之学"，鼓励实践和劳动，培养实用人才，这种思想在他为漳南书院所做的规划中得到体现。《漳南书院记》中详细记述了漳南书院总共设有六斋，即文事、武备、经史、艺能、理学、帖括，教学内容主要包括天文、地理、兵法、诗文、工学等等，理学斋和帖括斋只是"以应时制"、"以示吾道之广"的权宜之计，其余四斋充分反映了颜元培养专门人才，学习"实学"的主张。在颜元看来，只有学习"实学"，才能培养有用人才，实现他以七字富天下，即"垦荒、均田、兴水利"，以六字治天下，即"人皆兵，兵皆将"，以九字安天下，即"举人才、正大经、兴礼乐"的富国强兵、安定社会的政治理想。

选文

肥乡之屯子堡①，遵中丞于清端公②令，建有义学③。田百亩，学师郝子文灿以所入倡乡众杨计亮、李荣玉等协力经营，益广斋舍。许侍郎三礼④题曰"漳南书院"。问学者日众。郝子遂谦不任事，别寻师者十有五年。于康熙三十三年，郝子不远数百里，抵荒斋，介友人陈子彝书，延⑤元主院事，元辞去。已，又过，陈说百端，作十日留，元固辞。明年又价张文升以币聘，予再辞。又明年遣院，中苗生尚信至⑥，进聘仪⑦，披起复跪者十日，予不得已，告先祠行。

距堡北十余里，漳水涨，堡人檥⑧舟入，乃知其地苦水⑨久矣。郝子率弟子拜迎，止其舍。卜吉⑩，郝子及乡父老、子弟咸集，从予行释奠礼⑪于孔子主前。郝子、乡父老再拜，予答拜，揖，升座。弟子委贽四拜⑫，乃令分班，行同学相见礼。谕之曰："而地无文士乎？而遂致予，盖将以成人之道自勖⑬也。予不敏，敢以成人之道告。"乃出予《习斋教条》读讲讫，揖退。时左斋建其一，余未定。乃进郝子曰："谬托院事，敢不明行尧、孔之万一，以为吾子辱。顾儒道自秦火失传⑭，宋人参杂释、老以为德性，猎弋训诂以为问学⑮，

---

① 肥乡之屯子堡：位于直隶肥乡，即今天河北肥县。
② 于清端公：于成龙，字北溟，号于山，清康熙年间著名的廉吏，死后谥号"清端"、赠太子太保，曾任保定巡抚。
③ 义学：古代的学校，多由地方私人捐资或公众筹集资金所建立。
④ 许侍郎三礼：许三礼，字典三，号酉山，曾任康熙朝兵部右侍郎，清初著名的循吏，曾办正学书院、海昌讲院，并亲自到讲院授课。
⑤ 延：邀请。
⑥ 中苗生尚信至：年中学生苗尚信到来。
⑦ 聘仪：聘请老师的礼物。
⑧ 檥（yǐ）：同"舣"，使船靠岸。
⑨ 苦水：苦于水灾。
⑩ 卜吉：占卜后是吉兆。
⑪ 释奠礼：古代举行的祭祀先师的礼仪，主要祭周公和孔子。《礼记·文王世子》有"凡始立学者，必释奠于先圣、先师"。
⑫ 委贽：同"委质"，即奉献礼物。四拜：四处拜谒。
⑬ 自勖（xù）：自勉。
⑭ 顾儒道自秦火失传：儒家的学说自秦朝焚书坑儒后几近失传。
⑮ 猎弋训诂以为问学：以猎奇和解释古文字义为学问。

而儒几灭矣。今元与吾子力砥狂澜，宁粗而实，勿妄而虚。请建正庭四楹①，曰'习讲堂'。东第一斋西向，榜曰'文事'，课礼、乐、书、数、天文、地理等科。西第一斋东向，榜曰'武备'，课黄帝、太公以及孙、吴五子兵法，并攻守、营阵、陆水诸战法，射御、技击等科。东第二斋西向，曰'经史'，课《十三经》、历代史、诰制、章奏、诗文等科。西第二斋东向，曰'艺能'，课水学、火学、工学、象数等科。其南相距三五丈为院门，县许公漳南书院匾，不轻改旧称也。门内直东曰'理学斋'，课静坐、编著、程、朱、陆、王之学；直西曰'帖括斋'，课八股举业，皆北向。以上六斋，斋有长，科有领，而统贯以智、仁、圣、义、忠、和之德，孝、友、睦、姻、任、恤之行。元将与诸子虚心延访，互相师友，庶周、孔之故道在斯，尧、舜之奏平成者②，亦在斯矣。置理学，帖括北向者，见为吾道之敌对，非周、孔本学；暂收之以示吾道之广，且以应时制。俟积习正，取士之法复古，然后空二斋，左处候价③，右宿来学。门之左腋房六间，榻行宾；右腋厦六间，容车骑。习讲堂之东北隅为仓库、厨灶，西北隅积柴炭，后为厕。院前门东一斗室曰'更衣亭'。凡客至通候，拂洗更衣，一茶乃入。西为'步马射圃'，上构小亭。此矩模大略也。吾子谓何？"郝子拜手曰："善。但此为百世计，独无处灿④地乎？"予曰："念之矣。须院事竣，院前蓄启土必更深广，引水植莲，中建亭，窗棂四达，吾子居之。讲习暇，元偕诸子或履桥，或拿舟入，弦歌笑语，作山水乐，黄、虞朋⑤，复何憾乎？"郝子大笑，刻日兴工。

堡人好义云集，许许之声遐尔宵闻。习讲堂成，高二丈有奇，架木覆苫⑥，以肆望汪洋，莫购砖瓦也。中室板屋趺⑦高三尺，三阶；中为

---

① 正庭四楹：四个开间的正院。
② 尧舜之奏平成者：尧舜时期政局平和安定。《左传·文公十八年》载："舜臣尧，举八恺，使主后土，以揆百事，莫不时序，地平天成。"平成，后来指事情平稳、妥当。
③ 俟价：接待宾客之人，随从人员。
④ 灿：郝文灿。
⑤ 黄、虞朋：与黄帝、虞舜这样的大贤相伴。
⑥ 苫（shàn）：遮盖房屋的席草、厚布等。
⑦ 趺（fū）：底座，座架。

师席，朔望弟子谒拜，宣明教条，升之。燕坐会客，咸在幄前。读书、作文如常课，而习礼、歌诗、学书计、举石、超距、击拳，率以肆三为程。讨论兵、农，辨商今古；惟射以水不得学。四阅月，颇咀学习乐味。而漳水五泛，初横二十里，继至七十里，赤泥封稻穗，屋倾侧不敢居，堡男妇各树席铺。予叹曰："天也！"乃告归。

父老弟子饯别泣送，予亦洒泪。郝子拜手宣于众曰："是院也，定为颜子书院。颜子生为漳南书院师，殁为先师。灿以祖产赠宅一所，田五十亩，合院原田共百五十亩，生为颜子产，殁为颜子遗产。"复立图券为质①。曰："田少获，即延先生还。"又请记其事。别后屡札来促，问其水灾，岁益甚，而予老且病，亦未审遂否矣。然其兴学敦师，与崇信圣道不痼②后儒之识，俱不可没也。康熙四十年三月六日博陵颜氏元识。

【出处】（清）颜元著，王星贤、张芥尘、郭征点校：《颜元集·习斋记余》卷二，北京，中华书局，1987。

---

① 复立图券为质：然后立下契约文书以为凭证。
② 痼（gù）：原指痼疾，这里指不违背。

《师说》

章学诚论"可易之师"与"不可易之师"

解题

章学诚(1738—1801),字实斋,号少岩,浙江会稽(今绍兴)人,生活在清乾隆时期,在学术研究上主张"经世致用",在史学研究上具有深厚的造诣。章学诚在《师说》一文中指出韩愈的"师说"只是针对当时"以相师为耻"的风俗而论,没有说明老师到底是什么样的。章学诚在文中区分了两种老师——"可易之师"与"不可易之师";"必从其人而后受,不从其人,即已无所受也",这样的老师是"不可易之师",学生应该"生则服勤,左右无方,没则尸祝俎豆";"从甲不终,不妨去而就乙,甲不告我,乙亦可询",这是"可易之师",学生"拜而礼之,随行偶坐,爱敬有加"就可以了。师徒应该争论的是"道",而"技曲艺业之长"则不必斤斤计较。

选文

韩退之曰:"师者,所以传道授业解惑者也。"又曰:"师不必贤于弟子,弟子不必不如师。道之所在,师之所在也。"又曰:"巫医百工之人,不耻相师。"而因怪当时之人,以相师为耻,而曾巫医百工之不如。韩氏盖为当时之敝俗而言之也,未及师之究竟也。《记》曰:"民生有三,事之如一,君亲师也。"① 此为传道言之也。授业解惑,则有差等矣。业有精粗,惑亦有大小,授且解者之为师固然矣,然与传道有间②也。巫医百工之相师,亦不可以概视也。盖有可易之师,与不可易之师,其相去也,不可同日语矣。知师之说者,其知天乎?盖人皆听命于天者也。天无声臭,而俾③君治之。人皆天所生也,天不物物而生,而亲则生之。人皆学于天者也,天不谆谆而诲,而师则教之。然则君子而思事天也,亦在谨事三者而已矣。

人失其道,则失所以为人,犹无其身,则无所以为生也。故父母生而师教,其理本无殊异。此七十子之服孔子,所以可与之死,可与之生,东西南北,不敢自有其身,非情亲也,理势不得不然也。若夫授业解惑,则有差等矣。经师授受,章句训诂,史学渊源,笔削义例④,皆为道体所该。古人书不尽言,言不尽意,竹帛之外,别有心传,口耳转授,必明所自,不啻宗支谱系,不可乱也。此则必从其人而后受,苟非其人,即己无所受也,是不可易之师也。学问专家,文章经世,其中疾徐甘苦,可以意喻,不可言传。此亦至道所寓,必从其人而后受,不从其人,即己无所受也,是不可易之师也。苟如是者,生则服勤⑤,左右无方,没则尸祝俎豆⑥,如七十子之于孔子,可也。至于讲习经传,旨无取于别裁;斧正文辞,义未见其独立;人所共知共能,彼偶得而教我;从甲不终,不妨去而就乙;甲不告我,乙亦可询。此则不究于道,即可易之师也。虽学问文章,亦末艺耳。其所取法,无异梓人之恭琢雕⑦,红女之传缔绣⑧,以为一日之长,拜而礼之,随行偶坐,爱敬有

---

① 本句出自《国语·晋语一》,原文为:"民生于三,事之如一。父生之,师教之,君食(sì)之。非父不生,非食不长,非教不知生之族也,故壹事之。"本句意为人们凭借三种主体而得以生存(由父所生,经师所教,受君所养),所以要始终如一、毫无差等地侍奉君主、父亲和师长。
② 间:差异。
③ 俾(bǐ):使。
④ 笔削义例:著述的宗旨和体例。
⑤ 服勤:勤于服侍。
⑥ 没:去世。尸祝:祭拜。俎(zǔ)豆:盛纳祭品的器皿。
⑦ 梓(zǐ)人:木匠。恭(jī):教授,教导。琢雕:雕刻修饰之法。
⑧ 红女:从事纺织的女工。缔绣:华丽的刺绣。

加，可也。必欲严昭事之三而等生身之义，则责者罔①，而施者亦不由衷矣。

巫医百工之师，固不得比于君子之道，然亦有说焉。技术之精，古人专业名家，亦有隐微独喻，得其人而传，非其人而不传者，是亦不可易之师，亦当生则服勤，而没则尸祝者也。古人饮食，必祭始为饮食之人，不忘本也。况成我道德术艺，而我固无从他受者乎？至于弟子不必不如师，师不必贤于弟子，则观所得为何如耳。所争在道，则技曲艺业之长，又何沾沾而较如不如哉？

嗟夫，师道失传久矣。有志之士，求之天下，不见不可易之师。而观于古今，中有怦怦②动者，不觉䩄③然而笑，索焉不知涕之何从，是亦我之师也。不见其人，而于我乎隐相授受，譬则孤子见亡父于影像，虽无人告之，梦寐必将有警焉。而或者乃谓古人行事，不尽可法，不必以是为尸祝也。夫禹必祭鲧，尊所出也，兵祭蚩尤，宗剏④制也。若必选人而宗之，周孔乃无遗憾矣。人子事其亲，固有论功德而祧祢⑤以奉大父⑥者邪？

【出处】（清）章学诚：《章学诚遗书》，北京，文物出版社，1985。

---

① 罔：通"惘"。
② 怦怦：心跳的感觉。
③ 䩄（chǎn）：露出笑容的样子。
④ 剏：古同"创"。
⑤ 祢（mí）：指宗庙中立有牌位的亡父。
⑥ 大父：祖父。

为学与治学

《弟子职》

管仲论学

解题

管仲（？—前645），齐国颍上（今安徽颍水）人，春秋时期著名的政治家、军事家。管仲帮助公子纠与公子小白（即齐桓公）争王位，失败后经鲍叔牙推荐被齐桓公拜为上卿，尊称"仲父"，在齐国推行改革，辅佐齐桓公成为春秋时期的第一个霸主。《管子》托名管仲作。《弟子职》一文据考证是齐国稷下学宫的学则，它记录了学生对教师的态度，"出入恭敬，如见宾客。危坐乡师，颜色毋怍"，并且详细规定了学生从早到晚的作息和行为举止，包括接待宾客、吃饭、打扫、点烛以及如何侍奉先生歇息等。

选文

先生施教，弟子是则①。温恭自虚，所受是极②。见善从之，闻义则服。温柔孝悌，毋骄恃力。志毋虚邪，行必正直。游居有常，必就有德。

---

① 是则：这里指听从、遵守的意思。
② 极：最高，最大，这里指探求事物的本原。

颜色整齐，中心必式。① 夙兴夜寐，衣带必饬。朝益暮习，小心翼翼②。一此不解，是谓学则。

少者之事，夜寐蚤作。既拚盥漱③，执事有恪④。摄衣共盥⑤，先生乃作。沃盥彻盥⑥，汜拚正席⑦，先生乃坐。出入恭敬，如见宾客。危坐乡师，颜色毋怍。⑧ 受业之纪，必由长始。一周⑨则然，其余则否。始诵必作，其次则已。⑩

凡言与行，思中以为纪⑪。古之将兴⑫者，必由此始。后至就席，狭坐⑬则起。若有宾客，弟子骏作⑭。对客无让，应且遂行。趋进受命⑮，所求虽不在，必以反命⑯。反坐复业，若有所疑，捧手问之。师出皆起。至于食时，先生将食，弟子馔馈⑰。摄衽⑱盥漱，跪坐而馈。置酱错食⑲，陈膳毋悖。凡置彼食，鸟兽鱼鳖。必先菜羹，羹胾中别⑳。胾在酱前，其设要方㉑。饭是为卒，左酒右酱㉒。告具而退，

---

① 颜色：人的装容仪态。中心：内心。式：指代各种法度、规范。颜色整齐，中心必式：装容仪态要整齐、端庄，内心要遵守法度、规范。
② 小心翼翼：这里指真诚受教、虚心学习的意思。
③ 拚：打扫坐席。盥漱（guàn shù）：洗漱、盥洗。
④ 恪：恭敬、尊敬的样子。
⑤ 摄衣：早起穿着整理衣服。共：同"供"。共盥：供上洗漱的器皿。
⑥ 沃盥：洗手。彻：通"撤"。
⑦ 汜：通"泛"。汜拚：洒水打扫。汜拚正席：洒水打扫之后，整理好坐席。
⑧ 危坐：正襟危坐，态度恭敬。怍（zuò）：相貌、仪表改变。
⑨ 一周：循环往复一次。
⑩ 始诵必作，其次则已：指首次的诵读是十分必要的，一定要认真读。至于之后的诵读则重要性不似首次。
⑪ 思中：内心想法中正、平和。纪：纲纪。
⑫ 兴：有所成就。
⑬ 狭坐：靠近、挨着旁边的人就座。
⑭ 骏作：迅速站起来。
⑮ 受命：听从先生的吩咐。
⑯ 反命：回复先生的吩咐、命令。
⑰ 馔馈（zhuàn kuì）：饭食，这里指向先生进献饭食。
⑱ 衽（rèn）：衣襟、衣袖。摄衽：整理衣服仪容。
⑲ 置，错：放置的意思。置酱错食：把酱和饭食都放置好，等候先生食用。
⑳ 胾（zì）：切成块状的肉。羹胾中别：放置羹汤和肉胾要有所区别。
㉑ 方：规矩。
㉒ 酱：这里疑为"浆"，即酒浆。饭是为卒，左酒右酱：最后要上饭食，左右摆设酒浆。

捧手而立，三饭二斗①，左执虚豆，右执挟匕②。周还而贰，唯嗛之视③。同嗛以齿④，周则有始。柄尺不跪，是谓贰纪⑤。先生已食，弟子乃彻。趋走进漱，拚前敛祭。⑥先生有命，弟子乃食。以齿相要，坐必尽席。⑦饭必捧揽，羹不以手。亦有据膝，毋有隐肘。⑧既食乃饱，循咡覆手⑨。振衽扫席⑩，已食者作。抠衣⑪而降，旋而乡席。各彻其馈，如于宾客。既彻并器⑫，乃还而立。

凡拚之道⑬，实水于盘，攘臂袂及肘⑭。堂上则播洒，室中握手⑮。执箕膺揲⑯，厥中有帚。入户而立，其仪不贰。执帚下箕，倚于户侧。凡拚之纪，必由奥始⑰。俯仰磬折，拚毋有彻。⑱拚前而退，聚于户内。

---

① 斗：同"豆"，是古代的容量单位，一般十升为一斗。三饭二斗：指一日三餐要吃两斗饭食。

② 豆：即盛装饭菜的容器。挟匕：是指筷子和汤勺。

③ 嗛：吃完。周还而贰，唯嗛（xián）之视：环绕一周，看到有吃完的就再次添加饭食。

④ 齿：并列，同类。同嗛以齿：吃完再次添加同样的饭食。

⑤ 柄尺：即容器"豆"的柄杆，因其长有尺余，故称之为柄尺。柄尺不跪，是谓贰纪：全句意谓：第二次添加饭食的时候，持有"豆"的人可以不用再跪，这句话是针对前文的"跪坐而馈"而言的。

⑥ 敛：即收敛、收起来。祭：古时候吃饭前都要履行一定的祭祀仪式或准备一定的祭祀饭食。趋走进漱，拚前敛祭：全句意谓：吃完饭，弟子递上洗漱器具之后，再将坐席前的祭祀物品收走。

⑦ 齿：这里指代年龄。要：通"邀"，即邀请。尽：靠近。以齿相要，坐必尽席：全句意谓：按照年龄大小排列顺序，尽量靠近坐席吃饭。

⑧ 据膝：用手按着双膝。隐肘：用手肘支撑身体的样子，表示不尊敬。

⑨ 咡（èr）：即"口"。循咡覆手：指吃完饭之后用手把嘴擦净，古代吃饭礼节是饭后用手把嘴擦干净。

⑩ 振衽扫席：整理好衣服离席，打扫干净。

⑪ 抠衣：古人提起衣襟施礼表示恭敬的动作。

⑫ 并器：整理好吃饭的器具。

⑬ 凡拚之道：打扫收拾的方法和规则。

⑭ 攘臂袂及肘：将衣服袖子推到手肘，以防止被水洒湿。

⑮ 握手：这里指打扫屋内洒水的时候不能像在室外那样泼洒，而是用手掬起水来慢慢地洒下去。

⑯ 箕：簸箕。揲（shé）：箕舌，即簸箕盛放东西的地方，形状像舌头。

⑰ 奥：西南角，后引申为偏僻、隐蔽的地方。必由奥始：指的是应当从偏僻的地方开始打扫。

⑱ 俯仰磬折，拚毋有彻：人在打扫时的身体动作或伸开，或弯曲，但是不要碰触到其他物品，以示小心。

坐板排之，以叶适己。① 实帚于箕。先生若作②，乃兴而辞。坐执而立，遂出弃之。既拚反立，是协是稽。③ 暮食复礼④。昏将举火，执烛隅⑤坐。错总之法，横于坐所。⑥ 栉之远近，乃承厥火。⑦ 居句如矩，蒸闲容蒸。⑧ 然者处下，捧椀以为绪⑨。右手执烛，左手正栉，有堕代烛。交坐毋倍尊者。乃取厥栉，遂出是去。

先生将息，弟子皆起。敬奉枕席，问所何趾⑩。俶衽则请，有常则否。⑪ 先生既息，各就其友。相切相磋，各长其仪⑫。周则复始，是谓弟子之纪。

【出处】黎翔凤注，梁运华整理：《新编诸子集成·管子校注》，北京，中华书局，2004。

---

① 坐板排之，以叶适己：如果坐板有脏污，则用手将其擦净，并将簸箕的叶面向自己。
② 作：起立。
③ 既拚反立，是协是稽：打扫完毕，站立整齐，聚在一起听先生讲学考核。
④ 暮食复礼：吃完饭时同样遵循早饭时的礼节和程序。
⑤ 隅：角落。
⑥ 总：柴禾扎成束用来点火把。错总之法，横于坐所：放置柴禾，应当横着放在所坐之处。
⑦ 栉：烛火即将燃尽。栉（zhì）之远近，乃承厥火：全句意谓：待烛火将要燃尽的时候，视其远近，添放柴火以免其熄灭。
⑧ 居：通"倨"。居句如矩：语出自《考工记·冶氏》："倨句中矩"，倨、句都是烛火点燃之处，其中旧烛直着为"倨"，新烛横着为"句"，其一横一直，两端相接，形状如矩。蒸：细小的柴禾。蒸闲容蒸：是指在点燃柴火时，应该在柴木之间留有一定空隙通风，这样才容易点着。
⑨ 椀：同"挽"，用来接所燃灰烬。绪：用来绑着柴火之物。
⑩ 所：应为疋，即足的意思。趾：通"止"。问所何趾：即"问疋何止"。
⑪ 俶：开始。衽：坐席。常：古代坐席有尊卑之分，以某种方向为常态，或以南为常，或以北为常。
⑫ 仪：通"义"。

《庄子》(二则)

《田子方》(节选)

解题

《田子方》中的田子方是战国初期魏文侯的老师,在他们的对话中,田子方称赞东郭顺子处处为"真"的处世态度,表现了一种无为、顺应自然的思想。

选文

外篇　田子方第二十一

田子方侍坐于魏文侯,数称谿工①。文侯曰:"谿工,子之师邪?"子方曰:"非也,无择之里人②也。称道数当,故无择称之。"文侯曰:"然则子无师邪?"子方曰:"有。"曰:"子之师谁邪?"子方曰:"东郭顺子③。"文侯曰:"然则夫子何故未尝称之?"子方曰:"其为人也真,人貌而天④,虚

---

① 谿工:人名,魏国的工匠。数称谿工:多次称赞谿工。
② 里人:同乡,邻里。
③ 东郭顺子:魏国得道的真人,名顺,住在东郭,以住地为号,顺子是其尊称。
④ 人貌而天:为人相貌普通,行为天真自然。

缘而葆真①，清而容物②。物无道，正容③以悟之，使人之意也消，无择何足以称之！"

子方出，文侯傥然④终日不言，召前立臣，而语之曰："远矣，全德之君子！始吾以圣知之言、仁义之行为至⑤矣，吾闻子方之师，吾形解⑥而不欲动，口钳⑦而不欲言。吾所学者直土梗⑧耳，夫魏真为我累耳！"

《庚桑楚》（节选）

解题

《庚桑楚》主要讨论的是修身养性的问题，强调要摒除"贵富显严名利"、"容动色理气意"、"恶欲喜怒哀乐"、"去就取与知能"等四个方面各六种情况的牵累和干扰，做到"虚则无为而无不为也"，认为这才是真正的大道。这段选文反映了庄子清净无为、顺应自然的道家思想。

选文

杂篇　庚桑楚第二十三

彻志之勃⑨，解心之谬⑩，去德之累⑪，达道之塞。富贵显严名利

---

① 虚缘而葆真：顺应外物而保有纯真。
② 清而容物：内心清净而包容。
③ 正容：严肃指出。
④ 傥然：若有所失的样子。
⑤ 至：最高、最大。
⑥ 形解：行为懈怠。
⑦ 钳：钳制。
⑧ 土梗：泥人，泥偶。
⑨ 彻：消除。志：意志。勃：障碍、干扰。
⑩ 谬：束缚。
⑪ 累：负累。

六者，勃志也。容动色理气意六者，谬心也。恶欲喜怒哀乐六者，累德也。去就取与知能六者，塞道也。此四六者，不荡①胸中则正，正则静，静则明，明则虚，虚则无为而无不为也。道者，德之钦②也；生者，德之光也；性者，生之质也。性之动，谓之为；为之伪，谓之失。知者，接③也；知者，谟④也；知者之所不知，犹睨⑤也。动以不得已之谓德，动无非我⑥之谓治，名相反而实相顺也。

【出处】国学整理社编：《诸子集成·庄子集解》，北京，中华书局，1954。

---

① 荡：震荡。
② 钦：钦佩、敬仰。
③ 接：对接、对应。
④ 谟：谋划、策划。
⑤ 睨（nì）：斜着眼睛看。
⑥ 动无非我：行事不是为了自己的利益。

《劝学》

荀子论学

解题

《劝学》一文集中反映了荀子的教育教学思想。在学习方面,孟子主张"内发",荀子主张"外求";孟子强调"思",荀子重视"学";孟子把教学或学习看成是"存养"、"内省"、"自得"的过程,而荀子把教学看成是"闻、见、知、行"等环节。故在"知"与"行"的关系上,荀子认为"行"高于"知";在"学"与"思"的关系上,特别重视"学"。荀子强调教师的地位和作用,但是,他也明确学生可以超过老师,"青出于蓝而胜于蓝"。荀子还提出了"积渐"、"专一"等学习方法和学习态度。

选文

君子曰:学不可以已。青,取之于蓝而青于蓝;冰,水为之而寒于水。木直中绳,𫐓以为轮①,其曲中规,虽有槁暴②,不复挺者,𫐓使之然也。故木受绳则直,金就砺③则利,君子博学而日参省乎己④,则

---

① 𫐓(róu)以为轮:使(木头)弯曲适合做车轮。
② 暴:通"曝"。槁暴(pù):日晒枯干。
③ 砺:磨刀石。
④ 日参省乎己:每日反省自己(的行为)。

知明而行无过矣。故不登高山，不知天之高也；不临深溪，不知地之厚也；不闻先王之遗言，不知学问之大也。干、越、夷、貉①之子，生而同声，长而异俗，教使之然也。《诗》曰："嗟尔君子，无恒安息。靖共尔位，好是正直。神之听之，介尔景福。"② 神莫大于化道③，福莫长于无祸。吾尝终日而思矣，不如须臾之所学也，吾尝跂④而望矣，不如登高之博见也。登高而招，臂非加长也，而见者远；顺风而呼，声非加疾也，而闻者彰⑤。假舆马者，非利足也，而致千里；假舟楫者，非能水也，而绝⑥江河。君子生非异也，善假于物也。南方有鸟焉，名曰蒙鸠，以羽为巢而编之以发，系之苇苕⑦，风至苕折，卵破子死。巢非不完也，所系者然也。西方有木焉，名曰射干，茎长四寸，生于高山之上而临百仞之渊；木茎非能长也，所立者然也。蓬生麻中，不扶而直。⑧兰槐⑨之根是为芷。其渐之滫⑩，君子不近，庶人不服，其质非不美也，所渐者然也。故君子居必择乡，游必就士，所以防邪僻而近中正也。物类之起，必有所始。荣辱之来，必象其德⑪。肉腐出虫，鱼枯生蠹。怠慢忘身，祸灾乃作。强自取柱，柔自取束。⑫ 邪秽在身，怨之所构⑬。施薪若一，火就燥也；平地若一，水就湿也。⑭ 草木畴生⑮，禽兽群焉，物各

---

① 干、越、夷、貉：古代四个国家的名字。
② 出自《诗经·小雅·小明》，这句话的意思是：人不要总是贪图安逸。要做好本职工作，爱好正直。神明听到这些，就会赐予幸福。
③ 化道：通过教化使人能明白大道和道义。
④ 跂（qǐ）：踮起脚后跟站立。
⑤ 彰：明显，清晰。
⑥ 绝：渡河。
⑦ 苇苕（tiáo）：芦苇的嫩条。
⑧ 蓬生麻中，不扶而直：蓬草生在麻丛之中，不用扶助就会长得挺直。很多学者认为后面应该还有二句："白沙在涅，与之俱黑"，《大戴礼记》中缺此二句，后人可能据此删去。
⑨ 兰槐：即白芷，也叫"辟芷"，一种香草，其根可以入药。
⑩ 滫（xiǔ）：溺。
⑪ 必象其德：必有一定的征兆以示是否符合德行。
⑫ 柱：折断。强自取柱，柔自取束：太过刚硬就容易折断，太过柔软就容易被束缚。
⑬ 构：结交，招惹。
⑭ 施薪若一，火就燥也；平地若一，水就湿也：柴火干燥，则容易点燃；地势低洼，则容易积水变湿。
⑮ 畴：同一种类。畴生：草木按照同种同类聚居生长。

从其类也。是故质的①张而弓矢至焉，林木茂而斧斤至焉，树成荫而众鸟息焉，醯酸而蚋②聚焉。故言有招祸也，行有招辱也，君子慎其所立乎！

积土成山，风雨兴焉；积水成渊，蛟龙生焉；积善成德，而神明自得，圣心备焉。故不积跬步③，无以至千里；不积小流，无以成江海。骐骥④一跃，不能十步；驽马⑤十驾，功在不舍。锲而舍之，朽木不折；锲而不舍，金石可镂。螾⑥无爪牙之利，筋骨之强，上食埃土，下饮黄泉，用心一也。蟹六跪而二螯⑦，非蛇蟺⑧之穴无可寄托者，用心躁也。是故无冥冥之志者无昭昭之明，无惛惛之事者无赫赫之功⑨。行衢⑩道者不至，事两君者不容。目不能两视而明，耳不能两听而聪。螣蛇⑪无足而飞，梧鼠五技而穷⑫。《诗》曰："尸鸠在桑，其子七兮。淑人君子，其仪一兮。其仪一兮，心如结兮。"⑬故君子结于一也。

昔者瓠巴⑭鼓瑟而流鱼出听，伯牙鼓琴而六马仰秣⑮。故声无小而不闻，行无隐而不形；玉在山而草木润，渊生珠而崖不枯。为善不积邪，安有不闻者乎？学恶乎始？恶乎终？曰：其数则始乎诵经，终乎读礼；其义则始乎为士，终乎为圣人。真积力久则入，学至乎没而后止也。⑯

---

① 质的：箭靶。
② 醯（xiān）：醋。蚋（ruì）：蚊虫。
③ 跬（kuǐ）步：一小步。
④ 骐骥：骏马良驹。
⑤ 驽（nú）马：劣马。
⑥ 螾（yǐn）：蚯蚓。
⑦ 螯（áo）：螃蟹较大的一对螯钳。
⑧ 蛇蟺（shé shàn）：蛇和鳝鱼之类。
⑨ 冥冥，惛惛：专心精诚。
⑩ 衢（qú）：分叉。
⑪ 螣（téng）蛇：传说中会飞的无足蛇。
⑫ 梧鼠五技而穷：鼯鼠有五种本领却还是没有办法生存。
⑬ 尸鸠在桑，其子七兮。淑人君子，其仪一兮。其仪一兮，心如结兮：尸鸠在桑树上筑巢，可以抚育七只幼鸟。正人君子，要言行如一。其言行如一，则心志坚定。
⑭ 瓠巴：善鼓瑟的人。
⑮ 仰秣：马听见音乐扬起头吃草。
⑯ 真积力久则入，学至乎没而后止也：认真学习、日积月累才可以探究其中的奥秘，一直到自己生命结束才停止。

故学数有终，若其义则不可须臾舍也。为之，人也；舍之，禽兽也。故《书》者，政事之纪也；《诗》者，中声之所止也①；《礼》者，法之大分②、类之纲纪也，故学至乎礼而止矣。夫是之谓道德之极。《礼》之敬文也，《乐》之中和也，《诗》、《书》之博也，《春秋》之微也，在天地之间者毕③矣。君子之学也，入乎耳，箸乎心，布乎四体，形乎动静，端而言，蝡④而动，一可以为法则。小人之学也，入乎耳，出乎口。口耳之间则四寸耳，曷足以美七尺之躯哉？古之学者为己，今之学者为人。君子之学也，以美其身；小人之学也，以为禽犊⑤。故不问而告谓之傲，问一而告二谓之囋⑥。傲，非也；囋，非也；君子如响矣⑦。学莫便乎近其人⑧。《礼》、《乐》法而不说⑨，《诗》、《书》故⑩而不切，《春秋》约而不速⑪。方其人之习君子之说，则尊以遍矣⑫，周于世矣。故曰：学莫便乎近其人。学之经莫速乎好其人，隆礼次之。⑬上不能好其人，下不能隆礼，安特⑭将学杂识志，顺《诗》、《书》而已耳，则末世穷年，不免为陋儒而已。将原先王，本仁义，则礼正其经纬蹊径也⑮。若挈⑯裘领，诎⑰五指而顿之，顺者不可胜数也。不道礼宪⑱，以《诗》、《书》为之，譬之犹以指测河也，以戈舂黍也，以

---

① 中声之所止也：心声之归结。
② 法之大分：法制的前提。
③ 毕：完备。
④ 蝡（rú）：同"蠕"。
⑤ 禽犊：小的禽类和动物，后引申为馈赠的礼品和借以谋求名利的工具。
⑥ 囋（zá）：啰唆。
⑦ 君子如响矣：君子做学问应像空谷回音般有问有答，不啰唆也不孤傲。
⑧ 人：指贤人。
⑨ 法而不说：有法度但语焉不详。
⑩ 故：古远。
⑪ 速：详尽。
⑫ 尊以遍矣：养成尊贵的人格，获得普遍的知识。
⑬ 学之经莫速乎好其人，隆礼次之：学习的要义莫过于亲近贤人，其次是尊崇礼制。
⑭ 安特：于是。
⑮ 原：追溯。则礼正其经纬蹊径也：只有在学习了礼制之后才能如同走捷径般容易。
⑯ 挈：提起。
⑰ 诎：同"曲"。
⑱ 不道礼宪：不明白礼法、标准。

锥餐壶①也，不可以得之矣。故隆礼，虽未明，法士②也；不隆礼，虽察辩，散儒也。问楛③者勿告也，告楛者勿问也，说楛者勿听也，有争气者勿与辩也。故必由其道至，然后接之，非其道则避之。故礼恭而后可与言道之方，辞顺而后可与言道之理，色从④而后可与言道之致。故未可与言而言谓之傲，可与言而不言谓之隐，不观气色而言谓之瞽。故君子不傲，不隐，不瞽，谨顺其身。《诗》曰："匪交匪舒，天子所予。"⑤此之谓也。

百发失一，不足谓善射；千里跬步不至，不足谓善御；伦类不通，仁义不一，不足谓善学。学也者，固学一之也⑥。一出焉，一入焉，涂巷之人也。⑦ 其善者少，不善者多，桀、纣、盗跖也。全之尽之，然后学者也。君子知夫不全不粹之不足以为美也，故诵数⑧以贯之，思索以通之，为其人⑨以处之，除其害者以持养⑩之，使目非是无欲见也，使耳非是无欲闻也，使口非是无欲言也，使心非是无欲虑也。及至其致好之也，目好之五色，耳好之五声，口好之五味，心利之有天下。是故权利不能倾也，群众不能移也，天下不能荡也。生乎由是，死乎由是，夫是之谓德操。德操然后能定⑪，能定然后能应⑫，能定能应，夫是之谓成人。天见其明，地见其光，君子贵其全⑬也。

【出处】（清）王先谦撰，沈啸寰、王星贤点校：《新编诸子集成·荀子集解上》卷一《劝学篇第一》，北京，中华书局，1988。

---

① 以锥餐壶：用锥子从铜壶里取食。
② 法士：遵循礼法的人。
③ 楛（hù）：同"苦"。问楛：问不合礼仪的事情。
④ 色从：真心听从。
⑤ 匪交匪舒，天子所予：不过于急切，也不有意怠慢，能受天子的赏赐。
⑥ 固学一之也：始终如一，专心致志。
⑦ 一出焉，一入焉，涂巷之人也：学习而不能用心接受，时学时停是市井小人而已。
⑧ 诵数：诵读。
⑨ 为其人：选择贤明的人。
⑩ 持养：潜心修养。
⑪ 定：坚定不移。
⑫ 应：随机应变。
⑬ 全：周全。

《学行》

扬雄论学习与教师的重要性

解题

扬雄（前53—18），字子云，蜀郡（今四川成都）人，生活在西汉末年至王莽时期，口吃，不善言辞，但文章甚好。他仿《易》作《太玄》，提出"玄"是宇宙万物的本原；仿《论语》作《法言》，《学行》是《法言》的首篇。文中指出人性善恶相混，教育的作用是修性，"学则正，否则邪"，从而强调了学习的重要性；也强调教师的重要性，"师哉！师哉！桐（童）子之命也"，教师在知识、德行上要起到表率作用，即"师者，人之模范也"。

选文

学行之①，上也；言之，次也；教人，又其次也；咸无焉，为众人。

或曰："人羡久生，将以学也，可谓好学已乎？"曰："未之好也。学不羡②。"

天之道不在仲尼乎③？仲尼驾说④者也，不在兹儒乎？如将复驾其

---

① 行之：实践。
② 羡：贪欲，贪慕。
③ 本句是反问句式，"不在"，指"在"。
④ 驾：驾车。说：通"税"，舍弃，停止。驾说：意为停止驾车，引申为死去。

所说①，则莫若使诸儒金口而木舌②。

或曰："学无益也，如质何？"③曰："未之思矣④。夫有刀者砻诸，有玉者错诸，不砻不错，焉攸用？⑤砻而错诸，质在其中矣。否则辍⑥。"

螟蛉之子殪而逢，蜾蠃祝之曰："类我，类我。"久则肖之矣。⑦速哉！七十子之肖仲尼也。⑧

学以治之，思以精之，朋友以磨⑨之，名誉以崇之，不倦以终之，可谓好学也已矣。

孔子习周公者也，颜渊习孔子者也。羿、逄蒙分⑩其弓，良舍其策⑪，般投⑫其斧而习诸⑬，孰曰非也？或曰："此名也，彼名也，处一焉而已矣⑭。"曰："川有渎，山有岳⑮。高而且大者，众人所能踰也⑯。"

或问："世言铸金，金可铸与？"曰："吾闻觌⑰君子者，问铸人，不问铸金。"或曰："人可铸与？"曰："孔子铸颜渊矣。"或人踧⑱尔曰：

---

① 复驾其所说：驾其所舍之车，修圣道于孔子既没之后。
② 金口而木舌：原指木铎，古时施行教化时，会击打木铎以振奋民众。此处引申为诸位儒生需要尽力宣扬传承圣人的教诲。
③ 质：本质，引申为人的本性。此句意谓材美者无恃于学，材下者学无所施。
④ 未之思矣：这种说法根本就没经过思考。
⑤ 砻（lóng），错：磨砺。
⑥ 辍：止。意谓尽其天质而止，不能进益光大。
⑦ 螟蛉：一种小青虫。殪（yì）：死。蜾蠃（guǒ luǒ）：一种细腰蜂。肖：像。本句出自《诗经·小雅·小宛》："螟蛉有子，蜾蠃负之。"本句原意指蜾蠃为螟蛉抚养垂垂将死的幼虫，并祈祷幼虫长得像自己。此处用这一典故强调学习教育的重要作用。
⑧ 七十子：孔丘的七十多个杰出弟子。本句意为接受孔子教育的七十多个弟子，很快就变得像孔子一样了。
⑨ 磨：互相讨论学习。
⑩ 羿、逄（páng）蒙：古代善射者。分：分裂。
⑪ 良：王良，是春秋末期晋国的驾车御马能手。策：鞭子。
⑫ 般：鲁班，是春秋战国时鲁国的能工巧匠。投：丢弃。
⑬ 诸：指孔子、颜渊和周公。
⑭ 名：声名。处：占据。
⑮ 渎，岳：单独入海的大河和高大的山峰。
⑯ 踰：同"逾"，越过，超越。众人所能踰也：应为"众人所不能踰也"。原文中无此字，有学者认为遗漏了"不"字。
⑰ 觌（dí）：见，拜见。
⑱ 踧（cù）：尊重恭敬。

"旨哉①！问铸金，得铸人。"

学者，所以修性也。视、听、言、貌、思，性所有也。学则正，否则邪。

师哉！师哉！桐子②之命也。务学不如务求师。师者，人之模范也。模不模，范不范，为不少矣。

一哄之市，不胜异意焉③；一卷之书，不胜异说焉④；一哄之市，必立之平⑤；一卷之书，必立之师。

习乎习！以习非之胜是也，况习是之胜非乎？⑥ 于戏！学者审其是而已矣。或曰："焉知是而习之？"曰："视日月而知众星之蔑也，仰圣人而知众说之小也。"

学之为王者事，其已久矣。尧、舜、禹、汤、文、武汲汲⑦，仲尼皇皇⑧，其已久矣。

或问进。曰："水。"⑨ 或曰："为其不舍昼夜与？"曰："有是哉！满而后渐者，其水乎！⑩"或问鸿渐⑪。曰："非其往不往，非其居不居，渐犹水乎！"请问木渐⑫。曰："止⑬于下而渐于上者，其木也哉！亦犹水而已矣！"⑭

吾未见斧藻其德若斧藻其桀⑮者也。

鸟兽触其情⑯者也，众人则异乎！贤人则异众人矣！圣人则异贤人矣！礼义之作，有以矣夫⑰！人而不学，虽无忧，如禽何？

---

① 旨哉：好啊！
② 桐子：童子。
③ 哄：喧嚣，吵闹。一哄之市，不胜异意焉：吵闹的市场中有数不尽的不同的想法。
④ 一卷之书，不胜异说焉：针对一卷儒家经传，有数不尽的流派解释。
⑤ 平：评定物价。
⑥ 是：正确。非：错误。胜：排斥，战胜。
⑦ 汲汲（jí jí）：着急迫切，努力争取的样子。
⑧ 皇皇：皇通"惶"，指匆忙惶恐的样子。
⑨ 进：进仕做官。水：像水一样。
⑩ 满而后渐者，其水乎：水将坑堑填满后，才能不断前进。
⑪ 鸿渐：大雁的行动。
⑫ 木渐：树木生长的情况。
⑬ 止：扎根后稳定不动。
⑭ 本段作者通过对水流运行、大雁行动、树木生长情况的说明来表达他对为官进仕的看法。
⑮ 斧藻（zǎo）：修饰。桀（jié）：用作房屋大梁的方木。
⑯ 触其情：遵循内心的情欲。
⑰ 作：制定。以：原因。

学者，所以求为君子也。求而不得者有矣夫，夫未有不求而得之者也。

睎①骥之马，亦骥之乘也；睎颜②之人，亦颜之徒也。或曰："颜徒易乎？"曰："睎之则是。"曰："昔颜尝睎夫子矣，正考甫尝睎尹吉甫矣，公子奚斯尝睎正考甫③矣。不欲睎，则已矣；如欲睎，孰御④焉？"

或曰："书与经同，而世不尚，治之可乎？"曰："可。"或人哑尔笑曰："须以发策决科。"曰："大人之学也，为道；小人之学也，为利。子为道乎？为利乎？"或曰："耕不获⑤，猎不飨⑥，耕猎乎？"曰："耕道而得道，猎德而得德，是获飨已。吾不睹参、辰⑦之相比也。是以君子贵迁善。迁善者，圣人之徒与！百川学海，而至于海，丘陵学山，不至于山，是故恶夫画⑧也。"

频频之党，甚于鸴斯，亦贼⑨夫粮食而已矣。朋而不心，面⑩朋也；友而不心，面友也。

或谓子之治产，不如丹圭⑪之富。曰："吾闻先生⑫相与言，则以仁与义；市井⑬相与言，则以财与利。如⑭其富！如其富！"或曰："先生生无以养也，死无以葬也，如之何？"曰："以其所以养，养之至也；以其所以葬，葬之至也。"

---

① 睎（xī）：倾慕，仰慕。此处可引申为向……学习。
② 颜：颜回。
③ 正考甫：宋襄公之臣。尹吉甫：周宣王之臣。公子奚斯：鲁僖公之臣。
④ 御：阻拦。
⑤ 获：收获。
⑥ 飨：享用。
⑦ 参、辰：参星，辰星。参星和辰星分别在西方和东方出没，永不能相见，多用以比喻两种事物不能相互比较，相提并论。
⑧ 恶：厌恶。画：划定边界，停滞不前。
⑨ 频频：比附，成群结队的样子。党：朋党。鸴：一种啄食粮食的害鸟。贼：损害，糟蹋。
⑩ 心：交心。面：表面的。
⑪ 治：管理，经营。丹圭：战国时人，以善于经营产业而闻名。
⑫ 先生：学识深厚、道德高尚的人。
⑬ 市井：做生意的商贩。
⑭ 如：这就是。

或曰:"猗顿①之富以为孝,不亦至乎?颜其馁②矣。"曰:"彼以其粗,颜以其精;彼以其回,颜以其贞③。颜其劣乎?颜其劣乎?"

或曰:"使我纡朱怀金④,其乐不可量也!"曰:"纡朱怀金者之乐,不如颜氏子之乐。颜氏子之乐也,内;纡朱怀金者之乐也,外。"或曰:"请问屡空⑤之内。"曰:"颜不孔⑥,虽得天下不足以为乐。"然亦有苦乎?曰:"颜苦孔之卓之至也。"⑦或人瞿然曰:"兹苦也,只其所以为乐也与?"⑧

曰:"有教立道,无止仲尼;有学术业,无止颜渊。"⑨或曰:"立道,仲尼不可为思矣;术业,颜渊不可为力矣。"曰:"未之思也,孰御焉?"

【出处】(汉)扬雄著,汪荣宝撰,陈仲夫点校:《新编诸子集成·法言义疏(上)》,北京,中华书局,1987。

---

① 猗顿(yī dùn):春秋时鲁国大富商。
② 馁(něi):饥饿的样子。
③ 粗:粗犷,不精致,引申为用衣食养育父母。精:精致,精华,引申为用精神的虔诚奉养父母。回:倾斜,歪斜。贞:持重端正。
④ 纡(yū)朱怀金:怀抱着缠着朱红丝带的金印,比喻入仕为官,飞黄腾达。
⑤ 屡空:总是一无所有的样子。
⑥ 颜不孔:颜回如果不以孔子为师。
⑦ 颜苦孔之卓之至也:颜回的苦恼在于学不到孔子已达到极致的高尚品行。
⑧ 瞿然(jù rán):惊喜的样子。兹:这。只:正是。
⑨ 道:学说。无心:应该是"无止",因心、止隶形相近而误。有教立道,无心仲尼,有学术业,无心颜渊:意思是以立道为教,进而不已,则为仲尼;或以述业为学,进而不已,则为颜渊。

《勉学》

颜之推论为学之道

📖 解题

颜之推（531—约590年以后），字介，琅琊临沂（今山东临沂）人。他出身于南北朝精于儒学的仕宦之家，深受儒学影响，博学多才，勤勉谨慎，曾在北齐、北周、隋朝三代为官。著有《颜氏家训》，共二十篇，是他一生关于士大夫立身、治家、处事、为学的经验的总结，提出了士大夫家庭教育中的普遍问题，是中国历史上一部体系严整、内容广博的家庭教育论著。其中，《勉学篇》集中而系统地阐释了为学之道，对人们的学习志向、学习方法、学习目标等问题作出了全面回答。认为要有志于学；学习知识需要重视实用；学为自身，需怀谦慎之心；学习需从小开始；倡导勤学苦读；学习需要交流互动；重视文字基本功的培养；要博览多识，防止浅陋。全文文风奋进昂扬，激励人心，内容旁征博引，富有说服力。

📖 选文

自古明王圣帝，犹须勤学，况凡庶乎！此事偏于经史，吾亦不能郑重①，

---

① 郑重：多次（列举）。

聊举近世切要，以启寤①汝耳。士大夫子弟，数岁巳上，莫不被教，多者或至礼、传，少者不失诗、论。及至冠婚，体性稍定；因此天机，倍须训诱。有志尚者，遂能磨砺，以就素业②；无履立③者，自兹堕慢，便为凡人。人生在世，会当有业；农民则计量耕稼，商贾则讨论货贿，工巧则致精器用，伎艺则沈思④法术，武夫则惯习弓马，文士则讲议经书。多见士大夫耻涉农商，羞务工伎，射则不能穿札⑤，笔则纔⑥记姓名，饱食醉酒，忽忽⑦无事，以此销日，以此终年。或因家世余绪⑧，得一阶半级，便自为足，全忘修学；及有吉凶大事，议论得失，蒙然张口⑨，如坐云雾；公私宴集，谈古赋诗，塞默低头，欠伸⑩而已。有识旁观，代其入地。何惜数年勤学，长受一生愧辱哉！

梁朝全盛之时，贵游子弟，多无学术，至于谚云："上车不落则著作，体中何如则秘书。"⑪无不熏衣剃面，傅粉施朱，驾长檐车⑫，跟高齿屐⑬，坐棋子方褥⑭，凭斑丝隐囊，列器玩于左右，从容出入，望若神仙。明经求第，则顾⑮人答策；三九公燕⑯，则假⑰手赋诗。当尔之时，亦快士也。及离乱之后，朝市迁革，铨衡选举，非复曩者之亲⑱；

---

① 启：启发。寤（wù）：同"悟"。
② 素业：分内的事业。
③ 履立：操守。
④ 沈（chén）思：深入思考。
⑤ 札（zhá）：古代书写文字用的木片。
⑥ 纔（cái）：同"才"。
⑦ 忽忽：神思恍惚。
⑧ 余绪：留给后代的权势和产业。
⑨ 蒙然张口：懵懂不知，张口结舌。
⑩ 欠伸：打哈欠，伸懒腰。
⑪ 著作，秘书：官名。上车不落则著作，体中何如则秘书：能登上车子而不落下来以及没有任何学识的人也能做官。
⑫ 檐（yán）：同"檐"。檐车：有外围的车子。
⑬ 齿屐：一种鞋底有齿的木屐（木拖鞋）。
⑭ 棋：同"棋"。棋子方褥：带有棋子图案的方形褥子。
⑮ 顾：雇佣。
⑯ 燕（yàn）：同"宴"。
⑰ 假：借。
⑱ 曩（nǎng）：过往。非复曩者之亲：不再是以前的亲戚。

当路秉权，不见昔时之党。求诸身而无所得，施之世而无所用。被褐而丧珠，失皮而露质，兀①若枯木，泊②若穷流，鹿独③戎马之间，转死沟壑之际。当尔之时，诚驽材也。有学艺者，触地④而安。自荒乱已来，诸见俘虏。虽百世小人，知读《论语》、《孝经》者，尚为人师。虽千载冠冕⑤，不晓书记⑥者，莫不耕田养马。以此观之，安可不自勉耶？若能常保数百卷书，千载终不为小人⑦也。

夫明六经之指⑧，涉百家之书，纵不能增益德行，敦厉风俗，犹为一艺，得以自资。父兄不可常依，乡国不可常保，一旦流离，无人庇荫，当自求诸身耳。谚曰："积财千万，不如薄伎在身。"伎之易习而可贵者，无过读书也。世人不问愚智，皆欲识人之多，见事之广，而不肯读书，是犹求饱而懒营馔⑨，欲暖而惰裁衣也。夫读书之人，自羲、农⑩已来，宇宙之下，凡识几人，凡见几事，生民⑪之成败好恶，固不足论，天地所不能藏，鬼神所不能隐也。

有客难主人曰："吾见强弩长戟，诛罪安民，以取公侯者有矣；文义习吏，匡时富国，以取卿相者有矣；学备古今，才兼文武，身无禄位，妻子饥寒者，不可胜数，安足贵学乎？"主人对曰：夫命之穷达⑫，犹金玉木石也；修以学艺，犹磨莹雕刻也。金玉之磨莹，自美其矿璞⑬，木石之段块，自丑其雕刻；安可言木石之雕刻，乃胜金玉之矿璞哉？不得以有学之贫贱，比于无学之富贵也。且负甲为兵，

---

① 兀：秃。
② 泊：漂泊，落魄。
③ 鹿独：颠沛流离。
④ 触地：脚踏实地。
⑤ 千载冠冕：历代为官。
⑥ 书记：此处泛指各种经典书籍。
⑦ 小人：品德才学低俗之人。
⑧ 指：同"旨"，要旨。
⑨ 营馔（zhuàn）：准备饮食。
⑩ 羲：伏羲，传说中的上古帝王，被誉为三皇之首。农：神农，是传说中发明农业和医药的始祖。
⑪ 生民：民众。
⑫ 穷达：穷困或者发达。
⑬ 璞（pú）：未被破开的含玉的石头。

咋笔①为吏，身死名灭者如牛毛，角立杰出者如芝草；握素披黄，吟道咏德，苦辛无益者如日蚀②，逸乐名利者如秋荼③，岂得同年而语矣。且又闻之：生而知之者上，学而知之者次。所以学者，欲其多知明达耳。必有天才，拔群出类，为将则暗④与孙武、吴起同术，执政则悬得管仲、子产之教，虽未读书，吾亦谓之学矣。今子即不能然，不师古之踪迹，犹蒙被而卧耳。

人见邻里亲戚有佳快⑤者，使子弟慕而学之，不知使学古人，何其蔽也哉？世人但知跨马被甲，长矟⑥强弓，便云我能为将；不知明乎天道，辩乎地利，比量逆顺，鉴达⑦兴亡之妙也。但知承上接下，积财聚谷，便云我能为相；不知敬鬼事神，移风易俗，调节阴阳，荐举贤圣之至也。但知私财不入，公事夙⑧办，便云我能治民；不知诚己刑物，执辔如组⑨，反风灭火⑩，化鸱为凤⑪之术也。但知抱令守律，早刑晚舍⑫，便云我能平狱；不知同辕观罪⑬，分剑追财⑭，假言而奸露⑮，不问而情得之察也。爰及农商工贾⑯，厮役奴隶，钓鱼屠肉，饭牛牧羊，皆有先达，可为师表，博学求之，无不利于事也。

夫所以读书学问，本欲开心明目，利于行耳。未知养亲⑰者，欲其

---

① 咋（zé）：咬。咋笔：咬着笔杆，引申为拿笔。
② 日蚀：形容像日食一样稀少。
③ 荼：苦菜，至秋则繁茂。
④ 暗：暗合。
⑤ 佳快：优秀。
⑥ 矟（shuò）：古同"槊"，长矛。
⑦ 鉴达：分析了解。
⑧ 夙（sù）：早。
⑨ 执辔如组：驾驭车马。
⑩ 反风灭火：典出《后汉书·儒林传上·刘昆传》。刘昆在江陵县时，此地多火灾，刘昆向火叩头，上天便会降雨止风。后用"反风灭火"比喻德政。
⑪ 鸱：猫头鹰，古人将其视为不祥之物。凤：凤凰。化鸱为凤：比喻在施政上能以德行品德感染民众，使其去恶从善。
⑫ 早刑晚舍：早上便施加刑罚，晚上便予以释放。
⑬ 同辕观罪：在案发现场侦查案情。
⑭ 分剑追财：辨别证据真伪，及时追查罪证。
⑮ 假言而奸露：判别虚假的证言，探查其中的奸邪。
⑯ 贾（gǔ）：商人。
⑰ 养亲：赡养亲人。

观古人之先意承颜,怡声①下气,不惮劬劳②,以致甘腝③,惕然④惭惧,起而行之也。未知事君者,欲其观古人之守职无侵,见危授命,不忘诚谏,以利社稷,恻然自念,思欲效之也。素骄奢者,欲其观古人之恭俭节用,卑以自牧,礼为教本,敬者身基,瞿然⑤自失,敛容抑志也。素鄙吝者,欲其观古人之贵义轻财,少私寡欲,忌盈恶满,赒穷恤匮,赧然悔耻,积而能散也。素暴悍者,欲其观古人之小心黜⑥己,齿弊舌存,含垢藏疾,尊贤容众,苶然⑦沮丧,若不胜衣也。素怯懦者,欲其观古人之达生委命,强毅正直,立言必信,求福不回,勃然奋厉,不可恐慑也。历兹以往,百行皆然。纵不能淳,去泰去甚。⑧学之所知,施无不达。世人读书者,但能言之,不能行之,忠孝无闻,仁义不足。加以断一条讼,不必得其理;宰⑨千户县,不必理其民;问其造屋,不必知楣横而梲⑩竖也;问其为田,不必知稷早而黍迟也;吟啸谈谑,讽咏辞赋,事既优闲,材增迂诞,军国经纶,略无施用。故为武人俗吏所共嗤诋⑪,良由是乎!

夫学者所以求益耳。见人读数十卷书,便自高大,凌忽⑫长者,轻慢同列;人疾之如仇敌,恶之如鸱枭⑬。如此以学自损,不如无学也。

古之学者为己,以补不足也;今之学者为人,但能说之也。古之学者为人,行道以利世也;今之学者为己,修身以求进⑭也。夫学者,是犹种树也,春玩其华,秋登其实。讲论文章,春华也。修身利行,秋

---

① 怡声:轻柔的声音。
② 不惮劬(qú)劳:不顾辛劳。
③ 甘腝(gān ní):新鲜美味的食物。
④ 惕然:惶恐的样子。
⑤ 瞿然:惊惧的样子。
⑥ 黜:抑制。
⑦ 苶(nié)然:疲倦的样子。
⑧ 纵不能淳,去泰去甚:纵然不能做到淳厚,但也能去掉过分不当的毛病。
⑨ 宰:担任县令。
⑩ 楣:房屋的横梁。梲(zhuō):梁上竖立的短柱。
⑪ 嗤诋(chī dǐ):嗤笑诋毁。
⑫ 凌忽:欺凌慢待。
⑬ 鸱枭(chī xiāo):一种鸟,古人多用此鸟比喻贪心恶毒之人。
⑭ 求进:求进仕为官。

实也。

人生小幼,精神专利①,长成已后,思虑散逸,固须早教,勿失机也。吾七岁时,诵《灵光殿赋》,至于今日,十年一理②,犹不遗忘;二十之外,所诵经书,一月废置,便至荒芜矣。然人有坎壈③,失于盛年,犹当晚学,不可自弃。孔子云:"五十以学易,可以无大过矣。"魏武、袁遗④,老而弥笃,此皆少学而至老不倦也。曾子七十⑤乃学,名闻天下。荀卿五十,始来游学,犹为硕儒。⑥ 公孙弘四十余,方读《春秋》,以此遂登丞相。⑦ 朱云亦四十,始学《易》、《论语》⑧;皇甫谧二十,始受《孝经》、《论语》⑨,皆终成大儒。此并早迷而晚寤也。世人婚冠未学,便称迟暮,因循面墙,亦为愚耳。幼而学者,如日出之光,老而学者,如秉烛夜行,犹贤乎瞑目而无见者也。

学之兴废,随世轻重。汉时贤俊,皆以一经弘圣人之道,上明天时,下该人事,用此致卿相者多矣。末俗已来不复尔,空守章句,但诵师言,施之世务,殆无一可。故士大夫子弟,皆以博涉为贵,不肯专儒。梁朝皇孙以下,总丱⑩之年,必先入学,观其志尚,出身⑪已后,便从文史,略无卒业⑫者。冠冕⑬为此者,则有何胤、刘瓛、明山宾、周舍、朱异、周弘正、贺琛、贺革、萧子政、刘绦等,兼通文史,不徒

---

① 专利:专心聪敏。
② 十年一理:十年复习一次。
③ 壈(lǎn):不顺。坎壈:坎坷不平。
④ 魏武:魏武帝曹操。袁遗:袁伯业,袁绍之从兄。两人均是至老而好学者。
⑤ 此处的"七十"应为"十七"。曾子十七岁才开始从师学习,在当时属于晚学。
⑥ 荀卿:荀子,事见《史记·孟荀列传》。据载,荀子是赵国人,五十岁时才到齐国游学。
⑦ 公孙弘:西汉人,事见《汉书·公孙弘传》。据载,公孙弘年少曾因无学识而获罪,其后发奋读书,四十岁时才开始学习《春秋》,六十岁时汉武帝下诏招纳贤良文士,公孙弘应诏后被封为博士。
⑧ 事见《汉书·朱云传》。据载朱云直到四十岁才跟随博士白子友学习《易经》,亦从将军萧望之精读《论语》。
⑨ 事见《晋书·皇甫谧传》。据载皇甫谧幼年时游手好闲,不务正事,后来经过叔母的教诲劝导,开始发奋读书,博览古籍,综合各家之言,以著书立说为主业,自号玄晏先生。
⑩ 总丱(guàn):古代幼童束发时,扎成的两个上翘的角辫。引申为年幼时。
⑪ 出身:指获得任官资格。
⑫ 卒业:完成学业。
⑬ 冠冕(guān miǎn):古代官员的帽子,代指官员。

讲说也。洛阳亦闻崔浩、张伟、刘芳，邺下又见邢子才。此四儒者，虽好经术，亦以才博擅名。如此诸贤，故为上品，以外率多田野间人，音辞鄙陋，风操蚩①拙，相与专②固，无所堪能，问一言辄酬③数百，责其指归，或无要会。邺下谚云："博士买驴，书券三纸，未有驴字。"使汝以此为师，令人气塞。孔子曰："学也禄在其中矣。"④ 今勤无益之事，恐非业也。夫圣人之书，所以设教，但明练经文，粗通注义，常使言行有得，亦足为人；何必"仲尼居"即须两纸疏义，燕寝讲堂，亦复何在？⑤ 以此得胜，宁有益乎？光阴可惜，譬诸逝水。当博览机要，以济功业；必能兼美，吾无间焉。

俗间儒士，不涉群书，经纬之外，义疏⑥而已。吾初入邺，与博陵崔文彦交游，尝说《王粲集》中难郑玄⑦《尚书》事。崔转为诸儒道之，始将发口⑧，悬见排蹙⑨，云："文集只有诗赋铭诔⑩，岂当论经书事乎？且先儒之中，未闻有王粲也。"崔笑而退，竟不以《粲集》示之。魏收⑪之在议曹⑫，与诸博士议宗庙事，引据《汉书》，博士笑曰："未闻《汉书》得证经术。"收便忿怒，都不复言，取《韦玄成传》⑬，掷之而起。博士一夜共披寻⑭

---

① 蚩：无知的样子。
② 专：执着。
③ 辄：动辄。酬：回复。
④ 原文出自《论语·卫灵公》："君子谋道不谋食。耕也，馁在其中矣；学也，禄在其中矣。君子忧道不忧贫。"原文意为：君子谋求学习道而不专注于获取衣食。耕种田地也会常饿着肚子，而学习会有利于得到俸禄。君子忧虑的事情是学不到真正的学问，而不是忧愁自己处于贫困的境地。
⑤ 燕寝讲堂，亦复何在：分析〈仲尼居〉是内部的寝室还是外面的讲授厅堂，有什么意义呢？
⑥ 义疏：解释经文的注释。
⑦ 难：批驳。郑玄：东汉末年的著名经学家，他对多部儒家经典的注释被奉为当时的主流。
⑧ 发口：开口。
⑨ 排蹙（cū）：排挤，此处引申为斥责。
⑩ 铭：常刻于碑板或金石器物上，以称颂和警示为主要内容的古代文体。诔：古代用于记录逝者生平，悼念逝者的文体。
⑪ 魏收：北齐史学家，曾奉命编纂《魏书》。
⑫ 议曹：官署。
⑬ 韦玄成：鲁国邹人，才学出众，父韦贤死，他让爵于兄，朝议高其节。后担任丞相，封侯。邹鲁为之谚云："遗黄金满籝，不如教子一经。"
⑭ 披寻：披阅找寻。

之,达明①,乃来谢曰:"不谓玄成如此学也。"

夫老、庄之书,盖全真养性,不肯以物累己也。故藏名柱史,终蹈流沙②;匿迹漆园,卒辞楚相③,此任纵之徒耳。何晏、王弼④,祖述玄宗,递相夸尚,景附草靡⑤,皆以农、黄⑥之化,在乎己身,周、孔⑦之业,弃之度外。而平叔以党曹爽⑧见诛,触死权之网也;辅嗣以多笑人被疾,陷好胜之窐⑨也;山巨源以蓄积取讥,背多藏厚亡之文也⑩;夏侯玄以才望被戮,无支离拥肿⑪之鉴也;荀奉倩丧妻,神伤而卒,非鼓缶之情⑫也;王夷甫悼子,悲不自胜,异东门之达⑬也;嵇叔夜排俗取祸,岂和光同尘之流⑭也;郭子玄以倾动专势,宁后身外己之

---

① 达明:等到天明。
② 柱史:先秦官名,柱下史省简称,即御史,因为此官常常在殿柱之下站立,故有此名。藏名柱史,终蹈流沙:指老子曾担任柱史一职以达成韬光养晦的目的,最终归隐,消失于人间。
③ 匿迹漆园,卒辞楚相:庄子在漆园中隐居,拒绝了楚威王以厚礼请他做丞相的邀请。参见《史记·老子韩非列传》中关于庄子的记载。
④ 何晏、王弼:均为三国曹魏玄学家,是玄学的代表人物。
⑤ 景:影子。景附草靡:(就像)影子跟随身体而动,草随着风向摇摆。
⑥ 农、黄:神农、黄帝。道家以此为宗。
⑦ 周、孔:周公、孔子。儒家以此为宗。
⑧ 平叔:何晏,字平叔。曹爽:三国时魏国大臣,颇受魏明帝器重,明帝死后,曹爽独揽大权,任用私人,何晏就是他的心腹之一。后司马懿发动兵变诛杀了曹爽及其党羽,何晏亦属受诛之列。
⑨ 辅嗣:王弼,字辅嗣。疾:忌恨,痛恨。窐(jīng):深坑。
⑩ 山巨源:山涛。以蓄积取讥:因贪财积蓄而受到嘲讽。背多藏厚亡之文:违背了积财越多,祸患越多的道理。多藏厚亡出自《老子》:"甚爱必大费,多藏必厚亡。"
⑪ 夏侯玄:字太初,曹魏大臣,夏侯尚之子,曹爽的友亲,曾以博学闻名于世,著有《乐毅论》。支离拥肿:出自《庄子·人间世》,其中描写了一位叫做支离疏的人,生来奇丑,但通过给人缝洗衣服,养活了自己。国君征兵和征劳役时,支离疏都因身体残疾而被免除;此外,他还能领到国家的赈济粮米和柴草。庄子通过这一虚拟的故事表达了无才即是大才的辩证思想。
⑫ 荀奉倩:荀粲,字奉倩,三国曹魏玄学家,东汉名臣荀彧的幼子,以精通玄学闻名。鼓缶之情:出自《庄子·至乐篇》,其中记载庄子的妻子因病去世,庄子却敲击着瓦盆唱歌。通过此故事,表达了庄子对生死的超然态度。
⑬ 王夷甫悼子,悲不自胜:事见《晋书·王戎传》,王戎的弟弟王衍(字夷甫)的幼子病亡,他悲痛万分。他和前来吊唁的好友说,富有感情正是人的本性。东门之达:事见《列子·立命》,东门吴的幼子故去,但他并没有显示出悲伤的样子,表现了一种超脱生死的豁达态度。
⑭ 嵇叔夜排俗取祸:嵇叔夜,即嵇康。嵇康的性情桀骜不驯,不与世俗同流,因拒绝做官而受到当权者忌恨,最终招来杀身之祸。和光同尘之流:出自《老子》中的"和其光,同其尘",意指不过分与众不同,随俗而处,不露锋芒。

风①也；阮嗣宗沈酒荒迷，乖畏途相诫之譬②也；谢幼舆赃贿黜削，违弃其余鱼之旨③也。彼诸人者，并其领袖，玄宗所归。其余柱楛尘滓之中，颠仆名利之下者，岂可备言乎！直取其清谈雅论，剖玄析微，宾主往复，娱心悦耳，非济世成俗之要也。洎于梁世④，兹风复阐⑤，《庄》、《老》、《周易》，总谓三玄。武皇、简文⑥，躬自讲论。周弘正奉赞大猷⑦，化行都邑，学徒千余，实为盛美。元帝⑧在江、荆间，复所爱习，召置学生，亲为教授，废寝忘食，以夜继朝，至乃倦剧愁愤，辄以讲自释⑨。吾时颇预末筵⑩，亲承音旨，性既顽鲁，亦所不好云。

齐孝昭帝侍娄太后⑪疾，容色憔悴，服膳减损。徐之才⑫为灸两穴，

---

① 郭子玄以倾动专势：郭子玄，即郭象。根据《晋书·郭象传》，郭象颇有才学，喜好老庄之言，如闲云野鹤，但他最终仕为官，权倾一时。宁后身外己之风也：出自《老子》："圣人后其身而身先，外其身而身存。非以其无私耶，故能成其私。"原文意为圣人想要位于人前时会先把自身放在人后，希望保护自身就不会使自己牵涉其中。这里指郭子玄不是没有私人的目的，而是通过这种方式达成个人的目标。

② 阮嗣宗沈酒荒迷：阮嗣宗，即阮籍。根据《晋书·阮籍传》记载，阮籍本有治国理政、拯救世情的大志，但身处乱世，为了留存性命，他装作不懂世情，终日狂饮烈酒，烂醉如泥。用这种方法，他逃过了当权者迫害。乖畏途相诫，之譬也：乖，违背。畏途相诫，出自《庄子·达生》："夫畏涂者，十杀一人，则父子兄弟相戒也，必盛卒而后敢出焉，不亦知乎！"原文意为在令人恐惧的道路上，十个人中有一个人被杀，而后父子兄弟相互警戒提示，一定要等待很多人聚集起来才敢一起出发，这难道不是聪明的做法吗！

③ 谢幼舆赃贿黜削：谢幼舆即谢鲲，字幼舆，东晋名臣，据《晋书·谢鲲传》记载，谢鲲喜好阅读《老子》、《周易》，他曾因家仆的贪赃行为而获罪除官。黜削：罢黜削官。违弃其余鱼之旨也：违，违背。弃其余鱼，出自《淮南子·齐俗训》，据载，惠施出行时有上百辆车子跟随，庄子在池塘边看到这一情况，便丢弃了手中的鱼以表示对惠施贪图奢贵、不知节欲的讽刺。后人用弃其余鱼表示满足现状，压制欲望。

④ 洎(jì)：等到。梁世：梁朝。

⑤ 复阐：再次兴起。

⑥ 武皇、简文：梁武帝和梁简文帝，后者是前者的第三子。两人均喜好老庄和《易经》之道。

⑦ 周弘正：南朝梁陈大臣。大猷(yóu)：治理国家的根本道理，此处指当时统治者推崇的道教。奉赞大猷：奉命传颂道教。

⑧ 元帝：梁元帝萧绎。

⑨ 至乃倦剧愁愤，辄以讲自释：以至于在极度困倦、忧愁和愤怒时，也以自我教授道家理论而得到解脱。

⑩ 末筵：讲席之末位。

⑪ 齐孝昭帝：名高演，北齐第三任皇帝。娄太后：齐孝昭帝的母亲。

⑫ 徐之才：南北朝时北齐医学家。

帝握拳代痛，爪入掌心，血流满手。后既痉愈，帝寻疾崩，遗诏恨不见太后山陵之事①。其天性至孝如彼，不识忌讳如此，良由无学所为。若见古人之讥欲母早死而悲哭之，则不发此言也。孝为百行之首，犹须学以修饰之，况余事乎！

梁元帝尝为吾说："昔在会稽，年始十二，便已好学。时又患疥，手不得拳，膝不得屈。闲斋张葛帏避蝇独坐，银瓯②贮山阴甜酒，时复进之，以自宽痛。率意自读史书，一日二十卷，既未师受，或不识一字，或不解一语，要自重之③，不知厌倦。"帝子之尊，童稚之逸，尚能如此，况其庶士，冀以自达者哉？

古人勤学，有握锥④投斧⑤，照雪⑥聚萤⑦，锄则带经⑧，牧则编简⑨，亦为勤笃。梁世彭城刘绮，交州刺史勃之孙，早孤家贫，灯烛难办，常买荻⑩尺寸折之，然明夜读。孝元初出会稽，精选寮寀⑪。绮以才华⑫，为国常侍⑬兼记室⑭，殊蒙礼遇，终于金紫光禄⑮。义阳朱詹，世居江陵，后出扬都，好学，家贫无资，累日不爨⑯，乃时吞纸以实腹。寒无毡被，抱犬而卧。犬亦饥虚，起行盗食，呼之不至，哀声动邻，犹不废业，卒成学士，

---

① 山陵：皇帝或皇后的坟墓。山陵之事：指丧事。
② 瓯（ōu）：杯子。
③ 要自重之：要自己反复思考。
④ 握锥：战国时著名政客苏秦读书时用锥刺股，以防瞌睡。
⑤ 投斧：文党投斧求学。据《北堂书钞》卷九十七引《庐江七贤传》，文党在求学之前，投斧为验，如果投出的斧头挂在树上，便去远处学习。他投出的斧头果然挂在树上，于是他即刻启程到长安求学。
⑥ 照雪：孙康照雪读书。孙康，晋朝人，幼时家贫，无钱购买灯油，于是他在冬天时借着白雪反射的月光苦读，最终成为博学之人。
⑦ 聚萤：车胤聚萤读书。车胤，晋朝人，年幼时为了省钱读书，白天捕捉萤火虫，晚上借着萤火虫的微弱光芒继续读书，后来成为知名学者。
⑧ 锄则带经：儿宽锄地时带经书苦读。儿宽，西汉人，年少时家境贫困，常带书务农。
⑨ 牧则编简：西汉人路温舒，年少牧羊时，曾取蒲叶编用作纸张，抄书阅读。
⑩ 荻（dí）：一种多年生的植物，貌似芦苇，叶子长形。
⑪ 寮（liáo）：古同"僚"，官员。寀（cǎi）：官员。
⑫ 绮以才华：文才精妙华丽。
⑬ 常侍：官名，皇帝的近臣。
⑭ 记室：官名，掌文书表章。
⑮ 金紫光禄：即金紫光禄大夫，官名。
⑯ 爨（cuàn）：生火烧饭。

官至镇南录事参军，为孝元所礼。此乃不可为之事，亦是勤学之一人。东莞臧逢世，年二十余，欲读班固《汉书》，苦假借不久，乃就姊夫刘缓乞丐①客刺②书翰③纸末，手写一本，军府④服其志尚，卒以《汉书》闻。

齐有宦者内参田鹏鸾，本蛮人也。年十四五，初为阉寺，便知好学，怀袖握书，晓夕讽诵。所居卑末，使役苦辛，时伺间隙，周章⑤询请。每至文林馆⑥，气喘汗流，问书之外，不暇他语。及睹古人节义之事，未尝不感激沈吟久之。吾甚怜爱，倍加开奖。后被赏遇，赐名敬宣，位至侍中开府。后主之奔青州，遣其西出，参伺⑦动静，为周军所获。问齐主何在，绐⑧云："已去，计当出境。"疑其不信⑨，欧⑩捶服之，每折一支⑪，辞色愈厉，竟断四体而卒。蛮夷童卝，犹能以学成忠，齐之将相，比敬宣之奴不若也。

邺平之后⑫，见徙⑬入关。思鲁⑭尝谓吾曰："朝无禄位，家无积财，当肆筋力⑮，以申供养。每被课笃⑯，勤劳经史，未知为子，可得安乎？"吾命之曰："子当以养为心，父当以学为教。使汝弃学徇⑰财，丰吾衣食，食之安得甘？衣之安得暖？若务先王之道，绍家世之业，藜羹缊褐⑱，我自欲之。"

---

① 乞丐：乞求。
② 客刺：名帖。
③ 书翰：书信。
④ 军府：大将军府。
⑤ 周章：颇费周折。
⑥ 文林馆：北齐后期所建，由颜之推和李德林主管，以文人学士任馆职。
⑦ 参伺：参酌伺察。
⑧ 绐（dài）：古同"诒"，欺骗。
⑨ 信：实在，讲实话。
⑩ 欧：通"殴"。
⑪ 支：通"肢"。
⑫ 邺平之后：指北周攻破北齐都城邺城，北齐覆灭的史实。
⑬ 见：被。徙：迁徙，流放。
⑭ 思鲁：颜之推长子，唐初名儒颜师古之父。
⑮ 肆：极，尽。当肆筋力：应该尽量身体勤劳。
⑯ 笃：通"督"。课笃：督促。
⑰ 徇：屈从。
⑱ 藜羹（lí gēng）：以藜菜为食。引申为粗茶淡饭。缊（yùn）：乱麻破絮。褐（hè）：黑黄色。缊褐：引申为穷人穿的破旧衣衫。

《书》曰:"好问则裕。"① 《礼》云:"独学而无友,则孤陋而寡闻。"盖须切磋相起②明也。见有闭门读书,师心自是③,稠人广坐④,谬误差失者多矣。《穀梁传》称公子友与莒挐相搏,左右呼曰"孟劳"。"孟劳"者,鲁之宝刀名,亦见《广雅》⑤。近在齐时,有姜仲岳谓:"'孟劳'者,公子左右,姓孟名劳,多力之人,为国所宝。"与吾苦诤⑥。时清河郡守邢峙,当世硕儒,助吾证之,赧然而伏。又《三辅决录》云:"灵帝殿柱题曰:'堂堂乎张,京兆田郎。'"盖引《论语》,偶⑦以四言,目京兆人田凤也。有一才士,乃言:"时张京兆及田郎二人皆堂堂耳。"闻吾此说,初大惊骇,其后寻愧悔⑧焉。江南有一权贵,读误本《蜀都赋》注,解"蹲鸱⑨,芋也",乃为"羊"字;人馈羊肉,答书云:"损惠⑩蹲鸱。"举朝惊骇,不解事义,久后寻迹,方知如此。元氏之世⑪,在洛京时,有一才学重臣,新得《史记音》,而颇纰缪,误反⑫"颛顼⑬"字,顼当为许录反,错作许绿反,遂谓朝士言:"从来谬音'专旭',当音'专翾'耳。"此人先有高名,翕然⑭信行;期年⑮之后,更有硕儒,苦相究讨,方知误焉。《汉书·王莽赞》云:"紫色蛙声,余分闰位。"⑯ 谓以伪乱

① 好问则裕:出自《尚书·汤诰》,意为勤于提问,就会见识广泛。
② 起:开导。
③ 师心自是:以自己为师,固执己见。
④ 稠人广坐:在有很多人的地方坐下。
⑤ 《广雅》:古代著名的训诂词典,是对《尔雅》的增加补充。
⑥ 诤:争论。
⑦ 偶:对偶,对称地排比。
⑧ 愧悔(kuì huǐ):惭愧懊悔。
⑨ 鸱(chī):鹞鹰。蹲鸱:芋头,因像蹲坐的鹞鹰故被古人称为蹲鸱。
⑩ 损惠:感谢他人馈赠礼物时使用的恭敬词汇。意为他人降低身份,并使自己获得好处。
⑪ 元氏之世:北魏时期。北魏孝文帝迁都洛阳之后,改鲜卑姓氏为汉姓,拓跋即改为元姓。
⑫ 反:中国古代汉字的传统注音方法。用两个汉字同时为一个汉字注音,被注音的汉字称为被切字。注音的基本方法是第一个汉字的声母与被切字的声母相同,第二个字的韵母与被切字的韵母相同。
⑬ 颛顼(zhuān xū):传说中的上古帝王。
⑭ 翕(xī)然:协同一致的样子。
⑮ 期年:一年。
⑯ 紫色:在古人眼中不是正色(朱色是正色)。蛙声:歪邪的声音。紫色蛙声,余分闰位:形容王莽篡权就像紫色的青蛙叫唤着夺取了朱色的正位,是对王莽篡权的否定和嘲讽。

真耳。昔吾尝共人谈书，言及王莽形状，有一俊士，自许史学，名价甚高，乃云："王莽非直鸱目虎吻①，亦紫色蛙声。"又《礼乐志》云："给太官挏②马酒。"李奇注："以马乳为酒也，挏挏乃成。"二字并从手。挏挏，此谓撞捣挺挏之，今为酪酒③亦然。向学士又以为种桐时，太官酿马酒乃熟。其孤陋遂至于此。太山羊肃，亦称学问，读《潘岳赋》："周文弱枝之枣"，为杖策之杖；《世本》："容成造历。"以历为碓磨之磨。

谈说制文，援引古昔，必须眼学，勿信耳受。江南闾里间，士大夫或不学问，羞为鄙朴，道听途说，强事饰辞。呼征质为周、郑，谓霍乱为博陆，上荆州必称陕西，下扬都言去海郡，言食则糊口，道钱则孔方，问移则楚丘，论婚则宴尔，及王则无不仲宣，语刘则无不公干。凡有一二百件，传相祖述④，寻问莫知原由，施安时复失所。庄生有乘时鹊起之说，故谢朓诗曰："鹊起登吴台。"吾有一亲表，作《七夕》诗云："今夜吴台鹊，亦共往填河。"《罗浮山记》云："望平地树如荠⑤。"故戴暠诗云："长安树如荠。"又邺下有一人《咏树诗》云："遥望长安荠。"又尝见谓矜诞⑥为夸毗⑦，呼高年为富有春秋⑧，皆耳学之过也。

夫文字者，坟籍⑨根本。世之学徒，多不晓字。读五经者，是徐邈而非许慎⑩；习赋诵者，信褚诠而忽吕忱；明《史记》者，专徐、邹⑪而废

---

① 鸱目虎吻：鹞鹰的眼睛，老虎的嘴巴。
② 挏（dòng）：摇撞。
③ 酪酒：以马羊的乳汁为原料的酒。
④ 传相祖述：相互称颂传承。
⑤ 荠：荠菜，一种多年生的植物。
⑥ 矜诞：自高自大，狂妄任行。
⑦ 夸毗：奉承谄媚。
⑧ 春秋：即年岁。富有春秋：意为年少。
⑨ 坟籍：书籍。
⑩ 是：认可。非：否定。徐邈：晋朝人，学闻广博，曾为五经作注音释义，受到了当时学人的尊崇。许慎：东汉人，《说文解字》的作者，并对五经进行注释，皆流传于世。
⑪ 徐、邹：指徐野民、邹诞生，均为南朝官吏。徐野民曾编《史记音义》，邹诞生曾编《史记音》。

篆籀①；学《汉书》者，悦应、苏②而略《苍》、《雅》③。不知书音是其枝叶，小学乃其宗系。至见服虔、张揖④音义则贵之，得《通俗》、《广雅》而不屑。一手之中，向背如此，况异代各人乎？

夫学者贵能博闻也。郡国山川，官位姓族，衣服饮食，器皿制度，皆欲根寻，得其原本；至于文字，忽不经怀⑤，己身姓名，或多乖舛⑥，纵得不误，亦未知所由。近世有人为子制名：兄弟皆山傍立字，而有名峙者；兄弟皆手傍立字，而有名机者；兄弟皆水傍立字，而有名凝者。名儒硕学，此例甚多。若有知吾钟之不调，一何可笑。⑦

吾尝从齐主幸⑧并州，自井陉关入上艾县，东数十里，有猎闾村。后百官受马粮在晋阳东百余里亢仇城侧。并不识二所本是何地，博求古今，皆未能晓。及检《字林》、《韵集》⑨，乃知猎闾是旧钀余聚，亢仇旧是䜣䜣亭，悉属上艾。时太原王劭欲撰乡邑记注，因此二名闻之⑩，大喜。

吾初读《庄子》"螝二首"⑪，《韩非子》曰："虫有螝者，一身两口，争食相龁，遂相杀也"，茫然不识此字何音，逢人辄问，了无解者。案：《尔雅》诸书，蚕蛹名螝，又非二首两口贪害之物。后见《古今字诂》⑫，

---

① 篆籀（zhuàn zhòu）：篆文和籀文，均为古代字体。
② 应：应劭，东汉人，著有《汉官仪》、《汉书集音义》等著作。苏：苏林，曹魏官员，曾对《汉书》进行注释。
③ 《苍》：即《三苍》，古代字书名称，魏晋时合李斯《仓颉篇》、扬雄《训纂篇》、贾鲂《滂喜篇》为《三仓》，亦称《三苍》。《雅》：即《尔雅》，古代最早的注释字义的词典，于汉代编辑成书。
④ 服虔：东汉末儒家学者，经学家。南北朝时北方推崇由服虔注释的《左传》。张揖：三国时人，精通文字训诂之学。
⑤ 经怀：留意。
⑥ 乖舛（chuǎn）：错误。
⑦ 若有知吾钟之不调，一何可笑：吾应为"晋"。出自《淮南子·修务篇》，晋平公命人做钟，做成后给大臣师旷看，师旷认为钟声乐音不准，晋平公不以为然，而师旷接着说如果后世有知道音律的人，一定会知道钟声不准。
⑧ 幸：临幸。
⑨ 《字林》：晋吕忱编撰，以汉字形体分类排列的字书。《韵集》：晋吕静编撰，汉字声韵书籍。
⑩ 因此二名闻之：把这两个地名的出处告诉了他。
⑪ 螝（huǐ）：古同"虺"，蛇。
⑫ 《古今字诂》：三国时张揖编纂，文字训诂著作。

此亦古之舭字,积年凝滞,豁然雾解。

尝游赵州,见柏人城北有一小水,土人亦不知名。后读城西门徐整碑云:"洎①流东指。"众皆不识。吾案《说文》,此字古魄字也,洎,浅水貌。此水汉来本无名矣,直以浅貌目之,或当即以洎为名乎?

世中书翰,多称勿勿,相承如此,不知所由,或有妄言此忽忽之残缺耳。案:《说文》:"勿者,州里所建之旗也,象其柄及三游②之形,所以趣③民事。故悤遽④者称为勿勿。"

吾在益州,与数人同坐,初晴日晃,见地上小光,问左右:"此是何物?"有一蜀竖就视,答云:"是豆逼⑤耳。"相顾愕然,不知所谓。命取将来,乃小豆也。穷访蜀土,呼粒为逼,时莫之解。吾云:"《三苍》、《说文》,此字白下为匕,皆训粒,《通俗文》音方力反。"众皆欢悟。

愍楚⑥友婿⑦窦如同从河州来,得一青鸟,驯养爱玩,举俗呼之为鹖⑧。吾曰:"鹖出上党,数曾见之,色并黄黑,无驳杂也。故陈思王⑨《鹖赋》云:'扬玄黄之劲羽。'"试检《说文》:"鸽雀似鹖而青,出羌中。"《韵集》音介。此疑顿释。

梁世有蔡朗者讳纯,既不涉学,遂呼莼为露葵。面墙之徒,递相仿效。承圣⑩中,遣一士大夫聘齐⑪,齐主客郎李恕问梁使曰:"江南有露葵否?"答曰:"露葵是莼,水乡所出。卿今食者绿葵菜耳。"李亦学问,但不测彼之深浅,乍闻无以核究。

思鲁等姨夫彭城刘灵,尝与吾坐,诸子侍焉。吾问儒行、敏行曰:

---

① 洎(pò):水浅的样子。
② 斿(liú):古同"旒",旗帜下面的飘带和饰品。
③ 趣:催促。
④ 悤(cōng):同"匆"。遽:紧急,仓促。
⑤ 豆逼:豆粒。
⑥ 愍(mǐn)楚:颜之推有三子,思鲁、愍楚、游秦,愍楚是次子。
⑦ 友婿:即连襟。
⑧ 鹖(hé):善于争斗的鸟类。
⑨ 陈思王:曹植,封地在陈郡,谥曰思。
⑩ 承圣:梁元帝年号(552—555)。
⑪ 聘齐:出使北齐。

"凡字与谘议①名同音者,其数多少,能尽识乎?"答曰:"未之究也,请导示之。"吾曰:"凡如此例,不预研检,忽见不识,误以问人,反为无赖所欺,不容易也。"因为说之,得五十许字。诸刘叹曰:"不意②乃尔!"若遂不知,亦为异事。

校定书籍,亦何容易,自扬雄、刘向,方称此职耳。观天下书未遍,不得妄下雌黄。或彼以为非,此以为是;或本同末异;或两文皆欠,不可偏信一隅也。

【出处】(北齐)颜之推著,王利器撰:《颜氏家训集解》卷第三《勉学第八》,北京,中华书局,1993。

---

① 谘议:官名,隋时亲王府置谘议参军一职。
② 不意:不曾想到。

《进学解》

韩愈论学习方法

解题

本文是唐宪宗元和七、八年间（812、813 年）韩愈任国子博士时所作，内容是学生提出疑问，他再进行解释，以问答形式勉励学生在学业、德行方面取得进步。韩愈在本文中论述了学习方法，他根据自己的治学经验，指出"业精于勤，荒于嬉；行成于思，毁于随"：刻苦学习，学业才能精进；深思熟虑然后行，才能成功。强调学习要广博，即"贪多务得，细大不捐"；学习必须求精，"纪事者必提其要，纂言者必钩其玄"，抓住纲要和精义之处；学习还必须系统、深入，做到"沉浸醲郁，含英咀华"。

选文

国子先生①晨入太学，招诸生立馆下，诲之曰："业精于勤，荒于嬉；行成于思，毁于随。方今圣贤相逢，治具毕张②，拔去凶邪，登崇畯良③。

---

① 国子先生：韩愈于贞元十七年（801 年）时年三十四岁，被任命为国子监四门博士，所以被称为国子先生。

② 治具：治国的措施和政策等。毕：完毕。张：开展。治具毕张：指治理国家的政策措施等都已经开展、完善起来。

③ 登崇：举用推崇。畯：通"俊"。畯良：优秀的人才。

占小善者率以录①，名一艺者无不庸②；爬罗剔抉，刮垢磨光③。盖有幸而获选，孰云多而不扬④。诸生业患不能精，无患有司之不明；行患不能成，无患有司之不公。"

言未既，有笑于列者曰："先生欺余哉！弟子事先生，于兹有年矣。先生口不绝吟于六艺之文，手不停披于百家之编；纪事者必提其要，纂言者必钩其玄；贪多务得，细大不捐⑤；焚膏油以继晷，恒兀兀以穷年⑥：先生之业可谓勤矣。抵排异端，攘斥佛老，补苴罅漏，张皇幽眇⑦；寻坠绪⑧之茫茫，独旁搜而远绍。障百川而东之，回狂澜于既倒：先生之于儒，可谓有劳矣。沉浸醲郁，含英咀华⑨，作为文章，其书满家。上规姚姒⑩，浑浑无涯。周诰殷盘⑪，佶屈聱牙⑫；春秋谨严，左氏浮夸，易奇而法，诗正而葩⑬；下逮庄骚⑭，太史所录⑮，子云相如，同工异曲：先生之于文，可谓闳其中而肆⑯其外矣。少始知学，勇于敢为。长通于方，左右具宜⑰：先生之于为人，可谓成矣。然而公不见信

---

① 占：处于优势地位。录：录用。
② 名一艺者无不庸：拥有一技之长的无不任用。
③ 爬罗剔抉，刮垢磨光：指搜罗、发掘人才，挑拣、选择优良之士并加以造就培养。
④ 多而不扬：有很多才能而得不到发挥表现。
⑤ 捐：舍弃。
⑥ 膏油：指灯油。晷（guǐ）指日光，亮光。兀兀：勤奋刻苦的样子。穷年：度过岁月。焚膏油以继晷，恒兀兀以穷年：即每日点灯苦读，勤奋刻苦地过了一年又一年。
⑦ 苴（jū）：垫鞋用的草。补苴：补缀，缝补，引申为弥补缺陷。张皇：指彰显，使其发扬光大。幽眇：也做"幽渺"或"幽妙"，即深邃微妙的意思。
⑧ 坠绪：即将灭绝或遗失的著作、学说。
⑨ 醲郁：美酒。英华：美丽缤纷的花朵。沈浸醲郁，含英咀华：比喻品味、体会诗文中的精华。
⑩ 姚姒（sì）：姚，舜的姓氏。姒，禹的姓氏。这里指代《尚书》中舜所著的《虞书》和大禹所著的《夏书》。
⑪ 周诰：《尚书》中属于周代的《大诰》、《洛诰》等篇名。殷盘：《尚书》中属于殷朝的《盘庚》篇名。
⑫ 佶（jí）屈聱（áo）牙：晦涩难懂，不朗朗上口。
⑬ 奇：偏奇。法：哲理。正：内容端正。葩：华丽。
⑭ 逮：至。庄：《庄子》。骚：《离骚》。
⑮ 太史：太史公司马迁。
⑯ 闳（hóng）：宏大。肆：奔放、放纵。
⑰ 方：品行端正。宜：合体、适宜。长通于方，左右具宜：长大后通晓明白如何品行端正，行为合体适宜。

于人，私不见助于友，跋前疐后①，动辄得咎。暂为御史，遂窜南夷；三年博士，冗不见治；命与仇谋，取败几时②；冬暖而儿号寒，年丰而妻啼饥；头童齿豁③，竟死何裨。不知虑此，而反教人为？"

先生曰："吁，子来前！夫大木为杗，细木为桷，欂栌侏儒，椳闑扂楔④，各得其宜，施以成室者，匠氏之工也；玉札丹砂，赤箭青芝，牛溲马勃，败鼓之皮⑤，俱收并蓄，待用无遗者，医师之良也；登明选公，杂进巧拙，纡余为妍，卓荦为杰⑥，校短量长，惟器是适者，宰相之方也。昔者孟轲好辩，孔道以明。辙环天下，卒老于行⑦；荀卿守正，大论是弘，逃谗于楚，废死兰陵⑧：是二儒者，吐辞为经，举足为法，绝类离伦，优入圣域⑨，其遇于世何如也？今先生学虽勤而不繇其统，言虽多而不要其中，文虽奇而不济于用，行虽修而不显于众，犹且月费俸钱，岁靡廪粟；子不知耕，妇不知织，乘马从徒，安坐而食，踵常途之促促，窥陈编以盗窃⑩；然而圣主不加诛，宰臣不见斥：兹非其幸欤？动而得谤，名亦随之，投闲置散，乃分之宜⑪。

若夫商财贿之有亡⑫，计班资之崇庳⑬，忘己量之所称，指前人之

---

① 跋（bá）前疐（zhì）后：指进退两难的境地。疐，多写作"疌"，《诗经·豳风·狼跋》："狼疌其尾，载跋其胡。"

② 命与仇谋，取败几时：人命运不好，好似和自己有仇，注定要失败。

③ 童：山上寸草不生。头童齿豁：头发秃光，牙齿脱落。

④ 杗（máng）：房屋的大梁。桷（jué）：房屋的椽子。欂栌（bó lú），也写作"欂卢"，房柱上托起栋梁的方形短木，即斗拱。椳（wēi）：门臼。闑（niè）：门橛，古代竖在大门中央的短木。楔（xiē）：门两旁长木柱。大木为杗，细木为桷，欂栌侏儒，椳闑扂楔：是指各类木材各有用处，无一是废料。

⑤ 玉扎，丹砂，赤箭，青芝，牛溲（sōu），马勃，败鼓：都是药物的名字。

⑥ 登明：选用有才能的人。选公：选拔、推举有德行的人。纡（yū）余：性格老练稳重。卓荦（luò）：卓然超群。登明选公，杂进巧拙，纡余为妍，卓荦为杰：国家选用人才当人尽其才。

⑦ 辙环：比喻周游各地。辙环天下，卒老于行：指孟子周游列国，使孔子的儒家思想得以传播。

⑧ 逃谗于楚，废死兰陵：荀子为逃避陷害由齐国逃至楚国，后春申君死后，丢官死在兰陵。

⑨ 优入圣域：孟子和荀子两人的德行修养可以列入圣人之列。

⑩ 踵：脚后跟。促促：走路急匆匆不得舒展的样子。陈编：古籍古书。盗窃：这里指从古代书籍中学到知识。

⑪ 投闲置散，乃分之宜：指做没有实权的闲散官员，实在是恰如其分的。

⑫ 商：商讨，讨论。财贿：财产。亡：通"无"。

⑬ 班资：资历、官阶。崇：高大。庳（bì）：低下。

瑕疵：是所谓诘匠氏之不以杙为楹①，而訾医师以昌阳引年欲进其豨苓②也。"

【出处】（唐）韩愈撰，马其昶校注，马茂元整理：《韩昌黎文集校注》第一卷，上海，上海古籍出版社，1986。

---

① 杙（yì）：通"弋"，小木桩。楹（yíng）：房柱。以杙为楹：以小木桩代替房柱，并不合适。
② 訾（zǐ）：批评。昌阳：是"菖蒲"的别名，一种有辛辣味的草，相传久服可以长寿。引年：延长年寿。豨苓（xī líng）：猪苓，药草名，利尿药。

《学大原》

张载论治学

解题

张载（1020—1077），字子厚，世称横渠先生，大梁（今河南开封）人，北宋理学的代表人物之一。他提出"天地之性"和"气质之性"的人性二元论，强调道德教育和修养。"为天地立心，为生民立命，为往圣继绝学，为万世开太平"是他教育学生的宗旨，也是他自己一生追求的目标。《学大原》是《经学理窟》中的一篇，文中阐释了如何治学、读书、思考的问题，主张读书"心且宁守"，要心静，要"理精"；要多问于人，善于质疑，"学则须疑"；求学之人要有远大的志向，不宜"志小气轻"。

选文

学大原上

学者且须观礼，盖礼者滋养人德性，又使人有常业，守得定，又可学便可行，又可集得义。养浩然之气须是集义，集义然后可以得浩然之气。严正刚大，必须得礼上下达。义者，克己①也。

书多阅而好忘者，只为理未精耳，理精则须记了无去处也。仲尼"一以贯之"，盖只著一义理都贯却。学者但养心识明静，自然可见，死生存亡皆知所从来，胸中莹然无疑，止此理尔。孔子言"未知生，焉知死"，盖略言之。死之事只生是也，更无别理。

下学而上达者两得之，人谋又得，天道又尽。人私意以求是②未必是，虚心以求是方为是。夫道，仁与不仁，是与不是而已。

既学而先有以功业为意者，于学便相害，既有意必穿凿③，创意作起事也。德未成而先以功业为事，是代大匠斫④，希⑤不伤手也。

为学须是要进有以异于人，若无以异于人则是乡人。虽贵为公卿，若所为无以异于人，未免为乡人。

学者不可谓少年，自缓便是四十五十。二程从十四岁时便锐然欲学圣人，今尽及四十未能及颜闵⑥之徒。小程可如颜子，然恐未如颜子之无我。

正心之始，当以己心为严师，凡所动作则知所惧。如此一二年间，守得牢固则自然心正矣。

"乐则生矣"，学至于乐则自不已，故进也。生犹进，有知乃德性之知也。吾曹⑦于穷神知化之事，不能丝发。

礼使人来悦己则可，己不可以妄悦于人。

学大原下

今人为学如登山麓，方其迤逦⑧之时，莫不阔步大走，及到峭峻之处便止，须是要刚决果敢以进。

---

① 克己：约束自己。
② 是：正确。
③ 穿凿：牵强解说。
④ 大匠：技艺高超的工匠。斫（zhuó）：砍。
⑤ 希：很少。
⑥ 闵：闵损，鲁国人，孔子弟子，孔子曾赞扬他的孝行品德。
⑦ 吾曹：我们。
⑧ 迤逦（yǐ lǐ）：路势缓慢起伏，风景优美。

学之不勤者，正犹七年之病不蓄三年之艾①。今之于学，加工数年，自是享之无穷。

人多是耻于问人，假使今日问于人，明日胜于人，有何不可！如是则孔子问于老聃、苌弘、郯子、宾牟贾②，有甚不得！聚天下众人之善者是圣人也，岂有得其一端而便胜于圣人也！

心且宁守③之，其发明④却是末事，只常体义理，不须思更无足疑。天下有事，其何思何虑！自来只以多思为害，今且宁守之以攻其恶也。处得安且久，自然文章出，解义明。宁者，无事也，只要行其所无事。

心清时常少，乱时常多。其清时即视明耳聪，四体不待羁束而自然恭谨，其乱时反是。如此者何也？盖用心未熟，客虑⑤多而常心少也，习俗之心未去而实心⑥未全也。有时如失者，只为心生，若熟后自不然。心不可劳，当存其大者，存之熟后，小者可略。

人言必善听乃能取益，知德斯知言。

人相聚得言，皆有益也，则此甚善。计天下之言，一日之间，百可取一，其余皆不用也。

学不长进者无他术，惟是与朋友讲治⑦，多识前言往行以畜⑧其德，非礼勿言，非礼勿动，即养心之术也。苟以前言为无益，自谓不能明辨是非，则是不能居仁由义自弃者决矣。

人欲得正己而物正，大抵道义虽不可缓，又不欲急迫，在人固须求之有渐，于己亦然。盖精思洁虑以求大功，则其心隘，惟是得心弘放得如天地易简，易简然后能应物⑨皆平正。博学于文者，只要得习坎心亨⑩，盖

---

① 七年之病不蓄三年之艾：出自《孟子·离娄上》，意为病了七年才想到要寻找治病的艾草，比喻应未雨绸缪，做事先准备。
② 宾牟贾：姓宾牟，孔子曾向其请教音乐。
③ 宁守：安宁、守护。
④ 发明：阐发、阐明。
⑤ 客虑：泛泛地思虑。
⑥ 实心：一心一意追求之心。
⑦ 讲治：讲解研习。
⑧ 畜：同"蓄"，指积累、积蓄。
⑨ 应物：顺应、感应事物。
⑩ 习坎心亨：处事通透、行事果决。

人经历险阻艰难，然后其心亨通。捷文者皆是小德应物，不学则无由知之，故《中庸》之欲前定，将所如应物也。

教之而不受，虽强告之无益，譬之以水投石，必不纳也。今夫石田，虽水润沃，其干可立待者，以其不纳故也。庄子言"内无受者不入，外无主者不出"。

学者不论天资美恶，亦不专在勤苦，但观其趣向著心处如何。学者以尧舜之事须刻日月要得之，犹恐不至，有何愧而不为！此始学之良术也。

义理有疑，则濯去旧见以来新意。心中苟有所开，即便札记，不思则还塞之矣。更须得朋友之助，日间朋友论著，则一日间意思差别，须日日如此讲论，久则自觉进也。

学行之乃见，至其疑处，始是实疑，于是有学在。可疑而不疑者不曾学，学则须疑。譬之行道者，将之南山，须问道路之自出，若安坐则何尝有疑。

学者大不宜志小气轻。志小则易足，易足则无由进；气轻则虚而为盈，约而为泰，亡而为有①，以未知为已知，未学为已学。人之有耻于就问，便谓我好胜于人，只是病在不知求是为心，故学者当无我。

【出处】（宋）张载著，章锡琛点校：《张载集》，北京，中华书局，1978。

---

① 此句出自《论语·述而》。约：贫穷。泰：富有。

《伤仲永》

王安石论后天教育的重要性

解题

王安石在本文中记述了一个名叫仲永的天才儿童小时了了而大未必佳的故事，论述了后天教育的重要性，指出人的才能不通过教育就无法获得好的发展。

选文

金溪①民方仲永，世隶耕②。仲永生五年，未尝识书具，忽啼求之。父异焉，借旁近与之，即书诗四句，并自为其名。其诗以养父母收族③为意，传一乡秀才观之。自是指物作诗立就，其文理④皆有可观者。邑人奇之，稍稍宾客⑤其父，或以钱币乞⑥之。父利⑦其然也，日扳⑧仲永

---

① 金溪：今江西金溪县，隶抚州市，与王安石故里临川交界。
② 世隶耕：世代耕田。
③ 收族：参见《仪礼·丧服》郑玄注："收族者，谓别亲疏，序昭穆。"意为区别宗族中的亲疏远近，尊卑贵贱，以等级秩序来凝聚族人。
④ 文理：文章的内容和条理。
⑤ 宾客：款待。
⑥ 乞：请求（仲永作诗）。
⑦ 利：凭此获利。
⑧ 扳（pān）：同"攀"，拉着。

环谒①于邑人，不使学。

予闻之也久。明道中，从先人②还家，于舅家见之，十二三矣。令作诗，不能称前时之闻。又七年，还自扬州，复到舅家，问焉。曰："泯然③众人矣。"

王子曰："仲永之通悟④受之天也。其受之天也，贤于材人远矣；卒之为众人，则其受于人者不至也⑤。彼其受之天也，如此其贤也，不受之人，且为众人。今夫不受之天，固众人；又不受之人，得为众人而已邪？"

【出处】（宋）王安石：《临川先生文集》卷七十一，北京，中华书局，1959。

---

① 环谒（yè）：到处拜见。
② 先人：王安石的父亲。王安石写作此文时父亲已去世，护送灵柩回家，故称先人。
③ 泯（mǐn）然：彻底消失的样子。
④ 通悟：通达颖悟。
⑤ 则其受于人者不至也：指仲永没有接受后天教育。

《日喻》

苏轼论求道

解题

苏轼（1037—1101），字子瞻，号东坡居士，眉州眉山（今四川眉山）人，北宋著名文学家、书画家、散文家和诗人。在《日喻》一文中，苏轼采用比喻的手法，记述了天生失明的人对太阳的错误认识，以为铜盘、籥管就是太阳，这是由于只通过问、听，不能亲自看见导致的。他用这个例子来说明"求道"的道理，"道"应该循序渐进、自然得到，而不可强求。那些"不学而务求道"的人，就像北方勇士学潜水一样，无功而返。

选文

生而眇①者不识日，问之有目者。或告之曰："日之状如铜盘。"扣盘而得其声。他日闻钟，以为日也。或告之曰："日之光如烛。"扪②烛而得其形。他日揣籥③，以为日也。日之与钟、籥亦远矣，而眇者不知

---

① 眇（miǎo）：目盲。
② 扪（mén）：摸。
③ 籥（yuè）：古代管形乐器。

其异，以其未尝见而求之人也。

　　道之难见也甚于日，而人之未达也无异于眇。达者告之，虽有巧譬①善导，亦无以过于盘与烛也。自盘而之钟，自烛而之籥，转而相之，岂有既乎！故世之言道者，或即其所见而名之，或莫之见而意之，皆求道之过也。

　　然则道卒不可求欤？苏子曰："道可致而不可求。"何谓致？孙武曰："善战者致人，不致于人。"② 子夏曰："百工居肆以成其事，君子学以致其道。"③ 莫之求而自至，斯以为致也欤？南方多没人④，日与水居也。七岁而能涉，十岁而能浮，十五而能浮没矣。夫没者，岂苟然⑤哉？必将有得于水之道者。日与水居，则十五而得其道。生不识水，则虽壮，见舟而畏之。故北方之勇者，问于没人，而求其所以没，以其言试之河，未有不溺者也。故凡不学而务求道，皆北方之学没者也。

　　昔者以声律取士，士杂学而不志于道；今者以经术取士，士求道而不务学。渤海吴君彦律，有志于学者也，方求举于礼部，作《日喻》以告之。

【出处】（宋）苏轼著，孔凡礼点校：《苏轼文集》卷六十四，北京，中华书局，1986。

---

① 譬：比喻。
② 善战者致人，不致于人：出自《孙子兵法·虚实》，意为：善于作战的人，能调动控制对方，而不会被对方所控制。
③ 百工居肆以成其事，君子学以致其道：出自《论语·子张》，意为：工匠在作坊中完成工作，君子通过学习来获得知识、懂得道理。
④ 没人：泅水之人。
⑤ 苟然：偶然，随便。

《石钟山记》

苏轼论不盲从

解题

《石钟山记》是一篇山水游记,写于元丰七年(1084年)六月苏轼游石钟山之后。苏轼与长子苏迈同游石钟山,探求石钟山命名的缘由,悟出一个道理,就是"事不目见耳闻",不能"臆断其有无",反映了作者对未知事物不盲从、盲信,主张目见耳闻,亲自考察以后才下判断的态度。

选文

《水经》① 云:"彭蠡之口,有石钟山焉。"郦元以为下临深潭,微风鼓浪,水石相搏,声如洪钟。是说也,人常疑之。今以钟磬置水中,虽大风浪,不能鸣也,而况石乎!至唐李渤始访其遗踪,得双石于潭上,扣而聆之,南声函胡②,北音清越,桴③止响腾,余韵徐歇。自以

---

① 《水经》:三国时人作,北魏郦道元在此基础上扩充撰成《水经注》,古代著名的地理著作。
② 函胡:模糊。
③ 桴(fú):鼓槌。

为得之矣。然是说也,余尤疑之。石之铿然有声者,所在皆是也,而此独以钟名,何哉?

元丰七年六月丁丑,余自齐安舟行适临汝,而长子迈将赴饶之德兴尉,送之至湖口,因得观所谓石钟者。寺僧使小童持斧,于乱石间择其一二扣之,硿硿①焉,余固笑而不信也。至暮夜月明,独与迈乘小舟至绝壁下,大石侧立千仞②,如猛兽奇鬼,森然欲搏人;而山上栖鹘③,闻人声亦惊起,磔磔④云霄间;又有若老人咳且笑于山谷中者,或曰:"此鹳鹤也。"余方心动欲还,而大声发于水上,噌吰⑤如钟鼓不绝,舟人大恐。徐而察之,则山下皆石穴罅⑥,不知其浅深,微波入焉,涵澹澎湃而为此也。

舟回至两山间,将入港口,有大石当中流,可坐百人,空中而多窍,与风水相吞吐,有窾坎镗鞳⑦之声,与向之噌吰者相应,如乐作焉。因笑谓迈曰:"汝识之乎?噌吰者,周景王之无射也;窾坎镗鞳者,魏庄子之歌钟也;古之人不余欺也。"

事不目见耳闻,而臆断其有无,可乎?郦元之所见闻,殆⑧与余同,而言之不详。士大夫终不肯以小舟夜泊绝壁之下,故莫能知;而渔工水师,虽知而不能言;此世所以不传也。而陋者乃以斧斤⑨考击而求之,自以为得其实,余是以记之,盖叹郦元之简,而笑李渤之陋也。

【出处】(宋)苏轼著,孔凡礼点校:《苏轼文集》卷十一,北京,中华书局,1986。

---

① 硿硿:形容击打石头的响声。
② 仞:古代计量单位。
③ 鹘(gǔ):一种毛色青黑的短尾鸟。
④ 磔磔(zhé zhé):象声词。
⑤ 噌吰(cēng hóng):响亮宏大的钟鼓声。
⑥ 罅:缝隙。
⑦ 窾坎镗鞳(kuǎn kǎn tāng tà):钟鼓声。
⑧ 殆:大概,大略。
⑨ 斧斤:斧头。

《颜子所好何学论》

程颐论学

解题

嘉祐二年（1057年），程颐作《颜子所好何学论》。文中指出，教育的目的是"学以至圣人之道"，就是学习达到圣人的途径；谈到了学习方法，"凡学之道，正其心，养其性而已"，就是要正心、养性，强调内心体验；还说明了"颜子之与圣人，相去一息"的境界之别在于颜子"必思而后得，必勉而后中"，圣人则"不思而得，不勉而中"；比较了"生而知之"与"学而知之"。

选文

圣人之门，其徒三千，独称颜子为好学。夫《诗》、《书》六艺，三千子非不习而通也。然则颜子所独好者，何学也？学以至①圣人之道也。

圣人可学而至与？曰：然。学之道如何？曰：天地储精，得五行②之秀者为人。其本也真而静，其未发也五性具③焉，曰仁义礼智信。形

---

① 至：达到。
② 五行：自然界金、木、水、火、土五种元素。
③ 具：具备。

既生矣，外物触其形而动于中矣，其中动而七情出焉，曰喜怒哀乐爱恶欲。情既炽而益荡，其性凿矣。是故觉者约其情使合于中，正其心，养其性，故曰性其情。愚者则不知制之，纵其情而至于邪僻，梏其性而亡之，故曰情其性。凡学之道，正其心，养其性而已。中正而诚，则圣矣。君子之学，必先明诸心，知所养，然后力行以求至，所谓自明而诚①也。故学必尽其心。尽其心，则知其性，知其性，反而诚之，圣人也。故《洪范》曰："思曰睿，睿作圣。"② 诚之之道，在乎信道笃③。信道笃则行之果，行之果则守之固：仁义忠信不离乎心，造次必于是，颠沛必于是，出处语默必于是。久而弗失，则居之安，动容周旋中礼，而邪僻之心无自生矣。

故颜子所事，则曰："非礼勿视，非礼勿听，非礼勿言，非礼勿动"。仲尼称之，则曰："得一善，则拳拳服膺而弗失之矣"，又曰："不迁怒，不贰过④，有不善未尝不知，知之未尝复行也。"此其好之笃，学之之道也。礼听言动皆礼矣，所异于圣人者，盖圣人则不思而得，不勉而中，从容中道，颜子则必思而后得，必勉而后中。故曰：颜子之与圣人，相去一息。孟子曰："充实而有光辉之谓大，大而化之之谓圣，圣而不可知之之谓神。"颜子之德，可谓充实而有光辉矣，所未至者，守之也，非化之也。以其好学之心，假之以年，则不日而化矣。故仲尼曰："不幸短命死矣！"盖伤其不得至于圣人也。所谓化之者也，入于神而自然，不思而得，不勉而中之谓也。孔子曰："七十而从心所欲不踰矩"是也。

或曰："圣人，生而知之者也。今谓可学而至，其有稽乎？"曰："然。孟子曰：'尧、舜性之也，汤、武反之也。'⑤ 性之者，生而知之

---

① 自明而诚：内心明了，行为诚挚。
② 睿：睿智通明。思曰睿，睿作圣：出自《尚书·洪范》，意为多思多虑便会睿智通明，而后有机会变成贤德圣明之人。
③ 笃：诚心。
④ 不贰过：不犯同样的错误。
⑤ 尧舜，性之也；汤武，身之也：出自《孟子·尽心上》，意为尧舜的贤德之行是出于本性，而商汤、武王则亲力亲为，尽力推行仁义之政。

者也。反之者，学而知之者也。"又曰："孔子则生而知也，孟子则学而知也。后人不达，以谓圣本生知，非学可至，而为学之道遂失。不求诸己而求诸外，以博文强记巧文丽辞为工，荣华其言，鲜有至于道者，则今之学，与颜子所学异也。"

【出处】（宋）程颢、程颐著，王孝鱼校：《二程集·河南程氏文集》，北京，中华书局，1981。

《河南程氏遗书》(节选)

二程论教与学

解题

这段选文主要谈教育方法和教育内容问题，文中用"童牛之牿"和"豮豕之牙"来形象地阐明对于不好教育的学生，应该采取一定的强制办法来实现教化的目的；教学要让学生完全体察仁、义、礼、智、信五性，注重内心体验；教学不应急迫求之，应该"栽培深厚，涵泳于其间"。

选文

教人之术，若童牛之牿①，当其未能触时，已先制之，善之大者。其次，则豮豕②之牙。豕之有牙，既已难制，以百方制之，终不能使之改，惟豮其势，则性自调伏③，虽有牙亦不能为害。如有不率④教之人，却须置其榎楚⑤，别以道格其心，则不须榎楚，将自化矣。

---

① 牿（gù）：绑在牛角上的横木，以便使牛不能用牛角前顶伤人。
② 豮豕（fén shǐ）：被阉割过的猪。
③ 调伏：调和伏顺。
④ 率：遵从。
⑤ 榎（jiǎ）：茶树的古称。榎楚：一种用以笞打的刑具，用榎木做成。

仁、义、礼、智、信五者，性也。仁者，全体；四者，四支。仁，体也。义，宜也。礼，别也。智，知也。信，实也。学者全体①此心，学虽未尽，若事物之来，不可不应，但随分限应之，虽不中，不远矣。

学者须敬守此心，不可急迫，当栽培深厚，涵泳于其间，然后可以自得。但急迫求之，只是私己，终不足以达道。

"穷理尽性以至于命"②，三事一时并了，元③无次序，不可将穷理作知之事。若实穷得理，即性命亦可了。（明道）学者识得仁体，实有诸己，只要义理栽培。如求经义，皆栽培之意。

【出处】（宋）程颢、程颐著，王孝鱼校：《二程集·河南程氏遗书》卷二上，北京，中华书局，1981。

---

① 全体：完全体察。
② 穷理尽性以至于命：出自《周易》，意为穷尽万物运行之道，竭尽发挥自身能力，继而了解天命运数。
③ 元：本来。

《读书之要》

朱熹论读书的原则和方法

解题

朱熹在《读书之要》一文中总结了读书的原则和方法,包括循序渐进、熟读精思、互相诘难、先易后难等,后被世人整理为"朱子读书法"。

选文

或问:"程子通论圣贤气象之别者数条,子既著之《精义》① 之首,而不列于《集注》② 之端,何也?"曰:"圣贤气象高且远矣,非造道之深、知德之至,邻于其域者③不能识而辨之,固非始学之士所得骤而语也。乡④吾著之书首,所以尊圣贤;今不列于篇端,所以严科级,亦各有当焉尔。且吾于程子之论读是二书⑤之法,则既撮其要,而表之于前

---

① 《精义》:朱熹所著的《论语精义》。
② 《集注》:朱熹所著的《孟子集注》。
③ 邻于其域者:达到这种境界的人。
④ 乡:向,以往。
⑤ 二书:《论语》和《孟子》。

矣，学者诚能深考而用力焉。尽此二书，然后乃可与议于彼耳。"曰："然则其用力也奈何？"曰："循序而渐进，熟读而精思可也。"曰："然则请问循序渐进之说。"曰："以二书言之，则先《论》而后《孟》，通一书，而后及一书。以一书言之，则其篇章文句、首尾次第，亦各有序而不可乱也。量力所至，约其程课而谨守之。字求其训①，句索其旨，未得乎前，则不敢求其后；未通乎此，则不敢志乎彼。如是循序而渐进焉，则意定理明，而无疏易凌躐之患②矣。是不惟读书之法，是乃操心之要，尤始学者之不可不知也。"曰："其熟读精思者，何耶？"曰："《论语》一章不过数句，易以成诵，成诵之后，反复玩味于燕间静一之中③，以须其浃洽④可也。《孟子》每章或千百言，反复论辩，虽若不可涯者⑤，然其条理疏通，语意明洁，徐读而以意随之，出入往来以十百数，则其不可涯者，将可有以得之于指掌之间矣。大抵观书先须熟读，使其言皆若出于吾之口；继以精思，使其意皆若出于吾之心，然后可以有得尔。至于文义有疑，众说纷错，则亦虚心静虑，勿遽取舍于其间。先使一说自为一说，而随其意之所之，以验其通塞，则其尤无义理者，不待观于他说，而先自屈矣。复以众说互相诘难，而求其理之所安，以考其是非，则似是而非者，亦将夺于公论而无以立矣。大抵徐行却立⑥，处静观动，如攻坚木，先其易者而后其节目⑦；如解乱绳，有所不通则姑置而徐理之，此观书之法也。"

【出处】（宋）朱熹撰，朱杰人、严佐之、刘永翔主编：《朱子全书·晦庵先生朱文公文集》卷七十四，上海，上海古籍出版社；合肥，安徽教育出版社，2002。

---

① 训：发音字义。
② 疏易凌躐之患：粗陋、超越常规的担忧。
③ 燕间静一之中：闲暇之时、幽静之处。
④ 浃洽（jiā qià）：融会贯通。
⑤ 不可涯者：不能穷尽其意义的。
⑥ 徐行：慢慢地进行。却立：退而确立。
⑦ 节目：原指树木枝干的连接之处或纠结之处，这里指文章中难以理解的地方。

《与内弟曾得宽》

吕祖谦论读书

解题

吕祖谦（1137—1181），字伯恭，世称东莱先生，南宋婺州金华（今属浙江）人，与朱熹、张栻并称为"东南三贤"。吕祖谦之学问不同于朱熹和陆九渊，清代学者全祖望评论说："宋乾、淳以后，学派分而为三：朱学也，吕学也，陆学也。三家同时，皆不甚合。朱学以格物致知，陆学以明心，吕学则兼取其长，而复以中原文献之统润色之。门庭径路虽别，要其归宿于圣人则一也。"吕祖谦创办丽泽书院并在此讲学授徒。淳熙二年（1175），吕祖谦邀请朱熹与陆九渊兄弟到信州（今江西铅山县）共同参加学术讨论，这就是历史上有名的"鹅湖之会"，开书院自由讲学、辩论的风气。在《与内弟曾得宽》这篇选文中，吕祖谦主要讲了如何读书的问题，"读书必渐见次第"，并且列出了读书的目录；指出读书应该抱有"谦逊"、"不虚骄"、"省细而不敢言易"的态度。

选文

读书必渐见次第。某今年读书，方似渐见蹊径，方欲再将五经诸史以次再讨论一番。况如吾弟妙年无事，尤不宜虚度岁月也。小三弟欲习宏词①，此亦无害。今去试尚远，且读秦、汉、韩、柳、欧、曾②文字，四、六③且看欧、王、东坡④三集，以养本根。

读书亦当有味也。每思往年相聚时，为学既自未有功夫，而世事多未谙历，所讲论者，多未当理。五六年来，方自渐知蹊径，念欲复款曲⑤商榷而不可得，徒慨然也。大凡人资质各有利钝，规模各有大小，此难以一律齐。要照常不失故家气味。所向者正，所存者实；信其所当信，耻其所当耻；持身谦逊而不敢虚骄，遇事省细而不敢容易，如此，则虽所到或近或远，要是君子路上人也。

【出处】王云五主编：《丛书集成初编》之《吕东莱文集》，上海，商务印书馆，1937。

---

① 宏词：唐宋时代科举的考试科目。
② 秦、汉、韩、柳、欧、曾：秦汉时期和韩愈、柳宗元、欧阳修、曾巩等人。
③ 四、六：骈文的一种文体，以四字或六字为对偶，形成于南朝，盛行于唐宋，也称四六文或四六体。
④ 欧、王、东坡：欧阳修、王安石、苏东坡。
⑤ 款曲：详情，细情。

《与学者及诸弟》

吕祖谦论为学和治学

解题

吕祖谦在《与学者及诸弟》中主要讨论的是为学和治学的问题,他首先强调了讲学的重要性,可以由下而上,转移世风;治学应该"精思深体,不可略认得而遂止";要专心致志,久了便自然有兴趣和志向;还要讲究"持养、察识之功",二者并进。

选文

官次①稍安,学校事亦渐定。其间小节目②亦稍变而通之,使人情相安,然后徐徐劝诱,恐却易入也。所疑各自批去。讲实学者多,则在下移俗,在上美政,随穷达③皆有益,政当同致力也。

官所初安。讲学虽不敢自尽④,但微言深奥,世故峥嵘⑤,愈觉工

---

① 官次:官职、官阶。
② 节目:事情的关键部分。
③ 穷达:困苦和发达。
④ 自尽:尽自己的才智。
⑤ 世故峥嵘:世态艰难波折。

夫无穷尽耳。窃尝思时事所以艰难，风俗所以浇薄①，推其病源，皆由讲学不明之故。若使讲学者多，其达也，自上而下，为势固易；虽不幸皆穷，然善类既多，气焰必大，亦可熏蒸上腾，而有转移之理矣。比闻诸友皆实有意于此，所以不胜其喜，非独思为异时有肄习琢磨②之助也。虽然，此特忧世之论耳。中天下而立，定四海之民，所性不存焉，此又当深致思也。颖叔③所论谢语甚当。凡做功夫，宜皆精思深体，不可略认得而遂止也。德锐所问，已批去。大抵为学，思索不可至于苦，玩养不可至于慢，专心致志，久久自然，须渐有趣向也。

承上接下，最是亲切④工夫。吕与叔⑤所谓"严而不离，宽而有间"，此两语殊有味。大抵《壶范》⑥一书，须常置几案，时时观省，所补不小也。持养⑦之久，则气渐和，气和则温裕婉顺，望之者意消忿解，而无招拂取怒⑧之愚矣。体察之久，则理渐明，理明则讽导详款⑨，听之者心谕虑移而无起争见隙之患矣。更须参观物理，深察人情，体之以身，揆⑩之以时，则无偏弊之失也。

持养、察识之功要当并进，更当于事事物物试验学力。若有窒碍龃龉⑪处，即深求病源所在，而锄⑫去之。知犹识路，行犹进步，若谓但知便可，则释氏⑬一超直入如来地之语也。

---

① 浇薄：淡薄。
② 肄习琢磨：研习钻研。
③ 颖叔：高禾，字颖叔，泉州晋江人，宋代淳熙八年进士。
④ 亲切：贴切，关切。
⑤ 吕与叔：吕大临，字与叔，宋代金石学家，曾就学于程颐，与游酢、杨时、谢良佐并称程门四先生。
⑥ 《壶范》：书名，壶范意思为模范、楷模。
⑦ 持养：保持修养。
⑧ 招拂取怒：容易被激怒。
⑨ 讽导详款：予以引导，详加解释。
⑩ 揆（kuí）：探究。
⑪ 窒碍龃龉（jǔ yǔ）：堵塞、妨碍，难以理解。
⑫ 锄：通"除"。
⑬ 释氏：指佛祖释迦牟尼。

年来为学有意向者,多为侪辈①笑侮,往往不能自立。因此可稍强其志气,虽学不待外,然就渠地②步上说,事殊有补尔。又可使世俗知本分为学者,初不与科举相妨,所系殊不小也。

【出处】王云五主编:《丛书集成初编》之《吕东莱文集》,上海,商务印书馆,1937。

---

① 侪(chái)辈:同辈。
② 渠地:横渠,地名,众多学者曾于此讲学。

《与刘深父》

陆九渊论为学和读书

解题

陆九渊（1139—1193），字子静，世称象山先生，抚州金溪（今江西金溪）人，南宋著名哲学家、教育家。他主张"心即理"，"宇宙便是吾心，吾心便是宇宙"，其学说为明代王守仁继承发展，陆王心学与程朱理学成为宋以后影响最大的两个儒学学派。历史上他与朱熹有两次著名的学术辩难，一次是1175年，与其兄长陆九龄、朱熹、吕祖谦于鹅湖寺论学，与朱熹就治学方法展开辩论；另一次是1179年应朱熹之邀，赴白鹿洞书院讲学，题目是"君子喻于义，小人喻于利"，听者无不动容。《与刘深父》主要说的是为学和如何读书的问题，为学贵在思，思之道在于"切近而优游"；提倡优游读书的方法，平平淡淡去看，深入体会，不必苦思、强探，"苦思则方寸自乱，终不明白"，因为"今日滞碍者，他日必有冰释理顺时矣"。

选文

　　来书示以方册所疑,足见为学不苟简①。然其理皆甚明白,本无可疑。若于此未能通晓,则是进学工夫不纯一,未免滞于言语耳。今欲一一为深父解释,又恐只能言语议论,无益于深父之身心。非徒无益,未必不反害之也。

　　大抵为学,但当孜孜进德修业,使此心于日用间戕贼②日少,光润日着,则圣贤垂训,向以为盘根错节未可遽解③者,将涣然冰释,怡然理顺,有不加思而得之者矣。《书》曰:"思曰睿,睿作圣。"孟子曰:"思则得之。"学固不可以不思,然思之为道,贵切近而优游④。切近则不失己,优游则不滞物。《易》曰:"拟之而后言,议之而后动。"⑤ 孟子曰:"权然后知轻重,度然后知长短。物皆然,心为甚。"《记》⑥ 曰:"心诚求之,虽不中不远矣。"日用之间,何适而非思也。如是而思,安得不切近,安得不优游?

　　至于圣贤格言,切近的当,昭晰明白,初不难晓。而吾之权度,其则不远,非假于外物。开卷读书时,整冠肃容,平心定气。诂训章句,苟能从容勿迫而讽咏⑦之,其理当自有彰⑧彰者。纵有滞碍,此心未充未明,犹有所滞而然耳,姑舍之以俟他日可也,不必苦思之。苦思则方寸自乱,自蹶其本,失己滞物,终不明白。但能于其所已通晓者,有鞭策之力,涵养之功,使德日以进,业日以修,而此心日充日明,则今日滞碍者,他日必有冰释理顺时矣。如此则读书之次,亦何适而非思也。如是而思,安得不切近?安得不优游?若固滞于言语之间,欲以失己滞

---

① 苟简:草率、简单。
② 戕(qiāng)贼:破坏,残害。
③ 遽(jù)解:立刻明白。
④ 切近:贴切,相近。悠游:从容,专注。
⑤ 拟之而后言,议之而后动:出自《周易·系辞上》,意为:思考度量之后再发言,商议之后再行动。
⑥ 《记》:《礼记》。
⑦ 讽咏:诵读、吟咏。
⑧ 彰:明白,清楚。

物之智，强探而力索之，非吾之所敢知也。

【出处】（宋）陆九渊著，钟哲点校：《陆九渊集》，北京，中华书局，1980。

《与舒西美》

陆九渊论治学理念

☁ 解题

《与舒西美》反映了陆九渊"道不外索"的治学理念,他认为"人孰无心?道不外索",为学应该"发明本心","存心、养心、求放心",不一味向外求知、向别人求教。

☁ 选文

今时学者,悠悠不进①,号为知学耳,实未必知学;号为有志耳,实未必有志。若果知学有志,何更悠悠不进。事业固无穷尽,然古先圣贤未尝艰难其途径,支离其门户。夫子曰:"吾道一以贯之。"孟子曰:"夫道一而已矣。"曰:"途之人皆可以为禹。"② 曰:"人皆可以为尧舜。"曰:"人有四端③,而自谓不能者,自贼④者也。"人孰无心?道不外索⑤,患在

---

① 悠悠不进:悠闲而无进取之心。
② 途:道路。途之人皆可以为禹:路人皆可以成为大禹那样的圣人。
③ 四端:出自《孟子·告子上》,儒家称道的四种德行,即:恻隐之心,仁之端也;羞恶之心,义之端也;辞让之心,礼之端也;是非之心,智之端也。
④ 贼:伤。
⑤ 道不外索:不一味向别人求教。

戕贼之耳，放失之耳。古人教人，不过存心、养心、求放心。此心之良，人所固有，人惟不知保养而反戕贼放失之耳。苟知其如此，而防闲其戕贼放失之端，日夕保养灌溉，使之畅茂条达，如手足之捍①头面，则岂有艰难支离之事？今日向学，而又艰难支离，迟回不进，则是未知其心，未知其戕贼放失，未知所以保养灌溉。此乃为学之门，进德之地。得其门不得其门，有其地无其地，两言而决②。得其门，有其地，是谓知学，是谓有志。既知学，既有志，岂得悠悠，岂得不进。

【出处】（宋）陆九渊著，钟哲点校：《陆九渊集》，北京，中华书局，1980。

---

① 捍：防御、保护。
② 两言而决：三言两语就可以决定了。

《赠武川陈童子序》

陈亮论为学之道

解题

陈亮（1143—1194），字同甫，世称龙川先生，婺州永康（今属浙江）人，反对和议，力主抗金，终身未出仕。他是"永康学派"的创始人，南宋思想家、文学家。《赠武川陈童子序》一文主要谈论的是为学之道，治学要持之以恒，勤奋刻苦，"一日课一日之功，月异而岁不同，孜孜矻矻，死而后已"，才能学有所成。

选文

童子以记诵为能，少壮以学识为本，老成以德业为重。年运而往，则所该①愈广，所求愈众。穷②天地之运，因古今之变，无非吾身不可阙③之事也。故君子之道，不以其所已能者为足，而尝以其未能者为欠④，一日课一日之功，月异而岁不同，孜孜矻矻⑤，死而后已。自古

---

① 该：涉猎、涉及。
② 穷：推究、穷尽。
③ 阙：同"缺"。
④ 欠：亏欠，欠缺。
⑤ 孜孜矻矻（kū）：勤奋刻苦的样子。

圣人，及若后世之贤智君子，骚人墨客，凡所以告语童子者，辞虽各出其所长，而大概不过此矣。若余少而昏蒙，长不知勉，未老而颓惰如七八十岁人者，此天地之弃物，而何以语童子哉？

童子之资禀特异，而犹记畴昔①之所闻所见其略之可言者。盖阙党童子，圣人既与之周旋矣。以其水速自见者，而有疑于异时之远到，故孺悲则辞不见，将以警策之也。后世诸贤，其于童子岂能有此财成辅相之道哉！而况若余者乎！

童子行矣，奇妙英发，不极其所到，未可止也。落华收实，异时相与诵之。

【出处】（宋）陈亮著，邓广铭点校：《陈亮集》卷十五，北京，中华书局，1974。

---

① 畴昔：以往，往昔。

《读书分年日程》

程端礼归纳朱子读书法

解题

程端礼（1271—1345），字敬叔，号畏斋，庆元路鄞县（今浙江宁波）人，元朝教育家。教育思想上传承朱熹衣钵，教学上制订了严密的教学程序，提出"读书分年日程"法。他把朱熹的读书原则归纳为"朱子读书法"六条，即"居敬持志、循序渐进、熟读精思、虚心涵泳、切己体察、著紧用力"。

选文

必确守《朱子读书法》六条：

居敬持志、循序渐进、熟读精思、虚心涵泳①、切己体察②、著紧用力。

必以身任道，静存动察，敬义夹持，知行并进，始可言学。不然，

---

① 涵泳：深入了解体会。
② 切己：联系自身。体察：领会观察。

则不诚无物，虽勤无益也。朱子谕学者曰："学者书不记，熟读可记，义不精，细思可精。惟有志不立，真是无著力①处。只如今人，贪利禄而不贪道义，要作贵人而不要作好人，皆是志不立之病。直须反覆思量，究其病痛起处，勇猛奋跃，不复作此等人，一跃跃出，见得圣贤千言万语，都无一字不是实语，方始立得此志。就此积累工夫，迤逦②向上去，大有事在，诸君勉旃③，不是小事。"

【出处】张元济主编：《四部丛刊》续编本之《程氏家塾读书分年日程》，上海，商务印书馆，1929。

---

① 著力：着力，用力。
② 迤逦（yǐ lǐ）：逐渐曲折向上的样子。
③ 勉旃（zhān）：努力。

《送东阳马生序》

宋濂论学习态度

解题

宋濂（1310—1381），字景濂，号潜溪，浦江（今浙江义乌）人。家境贫寒，但自幼好学。朱元璋称帝，拜宋濂为江南儒学提举，为太子讲经，是朝野上下公推的"开国文臣之首"。同乡马君则来拜见宋濂，宋濂作《送东阳马生序》以资勉励。在文中，宋濂介绍了自己求学的艰苦过程和学习态度，借书抄录以遍观群书，拜师、敬师，"大雪深数尺，足肤皲裂而不知"，生活上的异常艰苦都没有动摇求学意志，勉励马生勤奋学习。

选文

余幼时即嗜学，家贫无从致书以观，每假借于藏书之家，手自笔录，计日以还。天大寒，砚冰坚，手指不可屈伸，弗之怠。录毕，走送之，不敢稍逾约。以是人多以书假余，余因得遍观群书。既加冠，益慕圣贤之道，又患无硕师①名人与游，尝趋百里外，从乡之先达执经叩问。先达

---

① 硕师：有名望的老师。

德隆望尊，门人弟子填其室，未尝稍降辞色。余立侍左右，援疑质理，俯身倾耳以请。或遇其叱咄①，色愈恭，礼愈至，不敢出一言以复。侯其欣悦，则又请焉。故余虽愚，卒获有所闻。当余之从师也，负箧曳屣，行深山巨谷中。穷冬烈风，大雪深数尺，足肤皲裂而不知。至舍，四支僵劲不能动，媵②人持汤沃灌，以衾拥覆，久而乃和。寓逆旅主人，日再食，无鲜肥滋味之享。同舍、生皆被绮绣，戴朱缨宝饰之帽，腰白玉之环，左佩刀，右佩容臭③，烨然④若神人。余则缊⑤袍敝衣处其间，略无慕艳意，以中有足乐者，不知口体之奉不若人也。盖余立勤且艰若此。

今虽耄老，未有所成，犹幸预君子之列，而承天子之宠光，缀公卿之后，日侍坐备顾问，四海亦谬称其氏名，况才之过于余者乎？

今诸生学于太学，县官有廪稍⑥之供，父母岁有裘葛⑦之遗，无冻馁之患矣；坐大厦之下而诵诗书，无奔走之劳矣；有司业博士为之师，未有问而不告、求而不得者也；凡所宜有之书，皆集于此，不必若余之手录，假诸人而后见也。其业有不精、德有不成者，非天质之卑，则心不若余立专耳，岂他人之过哉！

东阳马生君则，在太学已二年，流辈甚称其贤。余朝京师，生以乡人子谒⑧余，譔⑨长书以为贽⑩，辞甚畅达。与之论辨，言和而色夷。自谓少时用心于学甚劳，是可谓善学者矣。其将归见其亲也，余故道为学之难以告之。谓余勉乡人以学者，余立志也；诋我夸际遇之盛而骄乡人者，岂知余者哉！

【出处】（明）宋濂：《宋学士全集》，北京，中华书局，1985。

---

① 叱咄（duō）：斥责。
② 媵（yìng）人：婢女。
③ 容臭（xiù）：香囊。
④ 烨然：华美光彩的样子。
⑤ 缊（yùn）：旧絮乱麻。
⑥ 廪稍：由国家供给的食品。
⑦ 裘：冬天穿用的衣服。葛：夏天穿着的衣服。裘葛：指代四季衣衫。
⑧ 谒：拜见。
⑨ 譔（zhuàn）：同"撰"。
⑩ 贽（zhì）：古代首次拜见前辈送上的礼品。

《尊经阁记》

王阳明论尊经

解题

明朝嘉靖年间,绍兴知府南大吉重教兴学,命山阴县令吴瀛修复并扩建稽山书院,使之焕然一新,又建造一座尊经阁于书院之后,王守仁应邀写了一篇《尊经阁记》,以劝诫广大士子。在文中,王守仁认为经是永恒不变的真理,在不同层面上体现为"心、性、命",《诗》、《书》、《礼》、《乐》、《易》、《春秋》六经反映了这永恒不变之道。而六经的实际内容,则具备在内心,学六经的人,不懂得从自己的心里去探求六经的实际内容,却空自去考证源流,拘守于文字训诂的细枝末节,不是尊重六经的做法。所以,王守仁劝诫读书人应该"求诸其心"。本文反映了王守仁"心即理"、"求理于吾心"的哲学和教育思想。

选文

经,常道也①。其在于天谓之命,其赋于人谓之性,其主②于身谓之心。心也,性也,命也,一也③。

---

① 常道:通常的道理或法则。
② 主:主宰。
③ 一:统一。

通人物，达四海，塞天地，亘古今，无有乎弗具，无有乎弗同，无有乎或变①者也，是常道也。其应乎感也，则为恻隐，为羞恶，为辞让，为是非。其见于事也，则为父子之亲，为君臣之义，为夫妇之别，为长幼之序，为朋友之信。是恻隐也，羞恶也，辞让也，是非也，是亲也，义也，序也，别也，信也，皆所谓心也，性也，命也。

通人物，达四海，塞天地，亘古今，无有乎弗具，无有乎弗同，无有乎或变者也，是常道也。以言其阴阳消长②之行，则谓之《易》。以言其纪纲政事之施，则谓之《书》。以言其歌咏性情之发，则谓之《诗》。以言其条理节文之著，则谓之《礼》。以言其欣喜和平之生③，则谓之《乐》。以言其诚伪邪正之辨，则谓之《春秋》。是阴阳消长之行也，以至于诚伪邪正之辨也，一也，皆所谓心也，性也，命也。

通人物，达四海，塞天地，亘古今，无有乎弗具，无有乎弗同，无有乎或变者也，夫是之谓六经。六经者非他，无心之常道也。是故《易》也者，志吾心之阴阳消息④者也。《书》也者，志吾心之纪纲政事者也。《诗》也者，志吾心之歌咏性情者也。《礼》也者，志吾心之条理节文⑤者也。《乐》也者，志吾心之欣喜和平者也。《春秋》也者，志吾心之诚伪邪正者也。君子之于六经也，求之吾心之阴阳消息而时行焉，所以尊《易》也。求之吾心之纪纲政事而时施焉，所以尊《书》也。求之吾心之歌咏性情而时发焉，所以尊《诗》也。求之吾心之条理节文而时著焉，所以尊《礼》也。求之吾心之欣喜和平而时生焉，所以尊《乐》也。求之吾心之诚伪邪正而时辨焉，所以尊《春秋》也。

盖昔圣人之扶人极⑥，忧后世，而述六经也，犹之富家者之父祖，虑其产业库藏之积，其子孙者，或至于遗亡散失，卒困穷而无以自全

---

① 或变：有些变化。
② 阴阳消长：阴阳变化。
③ 生：通"声"，声音。
④ 消息：消长、增减。
⑤ 条理节文：顺序、礼节或仪式。
⑥ 扶人极：匡扶纲常和社会准则。

也，而记籍①其家之所有以贻之，使之世守其产业库藏之积，而享用焉，以免于困穷之患。故六经者，吾心之记籍也，而六经之实，则具于吾心。犹之产业库藏之实积，种种色色，其存于其家，其记籍者，特名状②数目而已。而世之学者，不知求六经之实于吾心，而徒考索于影响③之间，牵制于文义之末，硁硁然④以为是六经矣，是犹富家之子孙，不务⑤守视享用其产业库藏之实积，日遗亡散失，至为窭人⑥丐夫，而犹嚣嚣然指其记籍曰，斯吾产业库藏之积也，何以异于是。

呜呼，六经之学，其不明于世，非一朝一夕之故矣。尚功利，崇邪说，是谓乱经。习训诂⑦，传记诵，没溺于浅闻小见，以涂⑧天下之耳目，是谓侮经⑨。侈淫词，竞诡辩，饰奸心盗行，逐世垄断，而犹自以为通经，是谓贼经⑩。若是者，是并其所谓记籍者，而割裂弃毁之矣，宁复知所以为尊经也乎。

越城旧有稽山书院，在卧龙西冈，荒废久矣。郡守渭南南大吉，既敷政于民，则慨然悼没学之支离，将进之以圣贤之道，于是使山阴令吴君瀛，拓书院而一新之。又为尊经之阁于其后，曰，经正则庶民兴，斯无邪慝⑪矣。阁成，请予一言以谂⑫多士。予既不获辞，则为记之若是。呜呼，世之学者，得吾说而求诸其心焉，则亦庶乎知所以为尊经也已。

【出处】（清）吴楚材、吴调侯选：《古文观止》卷十二，北京，中华书局，1959。

---

① 记籍：记录于典籍之中。
② 名状：描述名称形状。
③ 影响：源流、来源等。
④ 硁（kēng）硁然：固执浅薄的样子。
⑤ 务：专心从事。
⑥ 窭（jù）人：贫困、鄙陋的人。
⑦ 训诂：对古文文义的解释。
⑧ 涂：模糊、堵塞。
⑨ 侮经：侮辱经书、经义。
⑩ 贼经：篡改经书、经义。
⑪ 邪慝（tè）：邪恶。
⑫ 谂（shěn）：劝诫、劝告。

《梁元帝读书万卷犹有今日》

王夫之论读书要立志

解题

王夫之（1619—1692），字而农，号姜斋，世称船山先生，湖南衡阳人。明亡以后，举兵抗清，失败后隐居衡阳石船山著述、讲学，是明末清初著名的思想家，与黄宗羲、顾炎武一起被称为"明末清初三先生"。著有《尚书引义》、《读四书大全说》等。他的教育思想非常丰富，在人性论上持"日生则日成"的观点，主张人性是后天习得的；在知行观上，他主张行先知后，知行并进，互相为用；教学中注重立志、实践、学思结合。在选文中，王夫之通过梁元帝焚书之事讲明了读书要"立志"的道理。读书若不立志，"得纤曲而忘大义，迷影迹而失微言"，那么，沉迷于读书就和沉迷于赌博、酒色没有区别。继而，王夫之阐明了应该怎么读书，要明白大道理，体会书中的微言大义，善于读书有心得，才能修己治人、学以致用；否则，胸无大志，盲目读书只是浪费时间，腐蚀人心。

选文

江陵①陷，元帝②焚古今图书十四万卷，或问之，答曰："读书万卷，犹有今日，故焚之。"未有不恶其不悔不仁而归咎于读书者，曰书何负于帝哉？此非知读书者之言也。帝之自取灭亡，非读书之故，而抑未尝非读书之故也。取帝之所谬著而观之，搜索骈丽③，攒集影迹以夸博记者，非破万卷而不能。于其时也，君父悬命于逆贼，宗社垂丝于割裂④，而晨览夕披，疲役于此，义不能振，机不能乘，则与六博投琼⑤、耽酒渔色也，又何以异哉？夫人心一有所倚，则圣贤之训典，足以锢志气于寻行数墨⑥之中；得纤曲⑦而忘大义，迷影迹而失微言，且为大惑之资也。况百家小道⑧，取青妃白⑨之区区者乎！

呜呼！岂徒元帝之不仁，而读书止以道⑩淫哉？宋末胡元之世，名为儒者，与闻格物之正训，而不念格之也将以何为。数五经、《语》、《孟》文字之多少而总记之，辨章句合离呼应之形声⑪而比拟之，饱食终日，以役役于无益之较订，而发为文章，侈筋脉排偶⑫以为工，于身心何与邪？于伦物⑬何与邪？于政教何与邪？自以为密而傲人之疏，自

---

① 江陵：即今湖北荆州。
② 元帝：南朝梁元帝萧绎（508—554），字世诚，小字七符，在位三年，554 年西魏宇文泰派于谨、宇文护率军五万南攻江陵，城陷时元帝被俘遭害，在被俘前他将所藏图书十四万卷尽数焚毁，自称"文武之道，今夜尽矣"。
③ 骈丽（pián lì）：骈俪。
④ 君父悬命于逆贼，宗社垂丝于割裂：元帝之父梁武帝萧衍被叛军幽禁，国家社稷处于危乱之中。
⑤ 六博：也写作"六簿"，古代一种投注下彩的游戏。投琼：掷骰子，这里比喻赌博。
⑥ 寻行数墨：看书写文章逐字逐句地机械诵读，专在文字上下工夫。
⑦ 纤曲：纤小曲折。
⑧ 百家小道：除了儒家经典以外的其他学派和技艺的称呼，有贬低的意思。
⑨ 取青妃（pèi）白：又作"取青媲白"，画画时用青色搭配白色，后比喻写文章时讲究工整对仗。
⑩ 道：导致。
⑪ 形声：古代注释文字发音和意义的方法，称为六书。辨章句合离呼应之形声：指辨别文章句读和发音。
⑫ 侈：夸大、放大。筋脉排偶：文章的架构脉络和词句对仗。
⑬ 伦物：伦常、事物。

以为专而傲人之散，若自以为勤而傲人之惰，若此者，非色取不疑之不仁①、好行小慧②之不知哉？其穷也，以教而锢人之子弟；其达也，以执而误人之国家；则亦与元帝之兵临城下而讲《老子》、黄潜善之虏骑渡江而参圆悟者③，悉别哉？抑与萧宝卷、陈叔宝之酣歌恒舞，白刃垂头而不觉者④，又悉别哉？故程子斥谢上蔡之玩物丧志⑤，有所玩者，未有不丧者也。梁元、隋炀、陈后主、宋徽宗，皆读书者也；宋末胡元之小儒，亦读书者也，其迷均也。

或曰："读先圣先儒之书，非雕虫之比，固不失为君子也。"夫先圣先儒之书，岂浮屠氏⑥之言书写读诵而有功德者乎？读其书，察其迹，析其字句，遂自命为君子，无怪乎为良知之说者起而斥之也。乃为良知之说，迷于其所谓良知，以刻画而髣髴者⑦，其害尤烈也。

夫读书将以何为哉？辨其大义，以立修己治人之体也；察其微言，以善精义入神之用也。乃善读者，有得于心而正之以书者，鲜矣。下此而如太子弘之读《春秋》而不忍卒读者⑧，鲜矣。下此而如穆姜之于

---

① 色取不疑之不仁：色取不疑出自《论语·颜渊》之"色取仁而行违，居之不疑"，全句意思是：表面上崇尚仁义而实际上所行之事却违反仁义之道，并且以仁人自居，深信不疑。
② 小慧：小聪明。
③ 元帝之兵临城下而讲《老子》、黄潜善之虏骑渡江而参圆悟者：梁元帝在兵临城下的时候仍在殿内讲述《老子》教义。黄潜善（南宋高宗时候的宰相）在金兵过江进攻，南宋形势危急的时候仍与僧人为伍，听法讲经。
④ 萧宝卷、陈叔宝之酣歌恒舞，白刃垂头而不觉者：萧宝卷，即南朝时的齐东昏侯，在梁王萧衍攻入建康城当夜，还在含德殿作乐，尚未睡熟即被杀死。陈叔宝，即南朝陈后主，在隋兵临江时还纵酒酣饮，作诗不辍，后与贵妃张丽华逃于井中被俘。
⑤ 程子斥谢上蔡之玩物丧志：程子，南宋理学家程颐，字伯淳。谢上蔡，是程颐的学生，名良佐，字显道，河南上蔡人，与游酢、吕大临、杨时并称为程门四先生，著有《论语说》，被称为上蔡先生。
⑥ 浮屠氏：佛陀，后泛指僧人。
⑦ 刻画：这里指过分地关注推敲字句。髣髴（fǎng fèi）：模仿，比照。
⑧ 太子弘之读《春秋》而不忍卒读者：李弘，唐高宗李治与武则天的儿子，曾被立为太子。《新唐书·三宗诸子》记载，显庆元年，李弘被立为皇太子，师从郭瑜学习《左传》，读到楚世子商臣弑君杀父时，叹而掩卷不读，说："圣人垂训，何书此邪？"郭瑜答："孔子作《春秋》，善恶必书，褒善以劝，贬恶以诫，故商臣之罪虽千载犹不得灭。"李弘不忍读这样残忍的故事，因此改读《礼记》。

易，能自反而知愧者①，鲜矣。不规其大，不研其精，不审其时，且有如汉儒之以公羊废大伦②，王莽之以讥二名待匈奴③，王安石以国服赋青苗者④，经且为蠹⑤，而史尤勿论已。读汉高之诛韩、彭⑥而乱萌消，则杀亲贤者益其忮毒⑦；读光武之易太子而国本定，则丧元良⑧者启其偏私；读张良之辟谷以全身⑨，则炉火彼家之术⑩进；读丙吉之杀人而不问⑪，则怠荒废事之陋成。无高明之量以持其大体，无斟酌之权⑫以审于独知，则读书万卷，止以导迷，顾不如不学无术者之尚全其朴⑬也。故子曰："吾十有五而志于学。"志定而学乃益，未闻无志而以学为志者也。以学而游移其志，异端邪说，流俗之传闻，淫曼之小慧，大以

---

① 愧(kuì)：同"愧"。穆姜之于易，能自反而知愧者：穆姜，春秋时期鲁宣公的夫人，鲁成公的母亲。《左传·襄公九年》记载穆姜和鲁国大夫叔孙侨如私通，后来穆姜与叔孙侨如合谋想废掉自己的儿子鲁成公，事败后叔孙侨如逃往晋国，而穆姜被软禁时，用《易》占卦，得到卦象是"随"，占卜师告诉她："随其出也，君必速出。"意为赶快逃走。穆姜则认为随卦的卦辞是"随，元亨利贞，无咎"，即有"元亨利贞"这四种美德才能免于处罚，她认为自己哪种美德也不具备，必死无疑，最后没有逃走，死于东宫。
② 大伦：即"人伦"。汉儒之以公羊废大伦：指东汉光武帝刘秀废太子刘疆，改立皇后阴丽华的儿子刘庄为太子，引《春秋公羊传》："立嫡以长不以贤，立子以贵不以长。"即刘庄的母亲为皇后，身份高贵于刘疆。
③ 王莽之以讥二名待匈奴：王莽曾经下令不许取双字名的法令，并且将匈奴和单于的名字也改成了"降奴"和"服于"，以示贬低。
④ 国服：原为一地区所出产品之意。王安石以国服赋青苗者：王安石在变法时为推行青苗法引用了《周礼·地官司徒》中的话，后来遭到很多人反对，认为其名为青苗，实为放债取利。
⑤ 经且为蠹：以上汉儒、王莽、王安石滥用经术文义，就像蠹虫腐蚀经书。
⑥ 韩、彭：韩信、彭越。
⑦ 忮(zhì)毒：狠毒。
⑧ 元良：太子。
⑨ 辟谷：不食五谷，古人认为这样节食和修道可以长生。张良之辟谷以全身：汉代张良在韩信死后，为避免受到吕后等人的猜疑和迫害，托言要辟谷修道，远离政治。
⑩ 彼家：儒家之外的道家、佛家。炉火彼家之术：指道家炼丹、佛道修行等法术。
⑪ 丙吉之杀人而不问：《汉书·丙吉传》记载丙吉外出巡视时遇到杀人案但并未理会，而后遇见一头牛在路边不停喘气，却立即停下仔细查问。随从很奇怪，问其为何事关人命的事情不理会，却如此关心牛的喘息。丙吉回答说，杀人案地方官吏会管，不由其过问，而牛的喘气异常，则可能发生牛瘟或其他民生疾苦问题，而这些事情地方官吏往往不太注意，因此要查问清楚。
⑫ 斟酌之权：仔细思量、考虑事情的能力。
⑬ 朴：朴直。

蚀其心思，而小以荒其日月，元帝所为至死而不悟者也，恶得不归咎于万卷之涉猎乎？儒者之徒而效其卑陋，可勿警哉！

【出处】（明）王夫之：《读通鉴论》卷十七，北京，中华书局，1975。

《黄生借书说》

袁枚谈读书经验

解题

袁枚（1716—1797），字子才，号简斋，别号随园老人，浙江钱塘（今杭州）人。倡导"性灵说"，主张写诗要有个性，是清乾隆、嘉庆时期的代表诗人之一。有一个叫黄允修的年轻人来借书，在借书的同时袁枚就写了一篇《黄生借书说》赠与他。文中通过"书非借不能读也"的经验之谈，强调"读书也必专"的道理。

选文

黄生允修借书。随园主人①授以书而告之曰：

书非借不能读也。子②不闻藏书者乎？七略、四库③，天子之书，然天子读书者有几？汗牛塞屋，富贵家之书，然富贵人读书者有几？其

---

① 随园主人：作者袁枚。
② 子：这里指黄允修（黄生）。
③ 七略：汉代刘歆所写的图书目录分类著作。全书分为《辑略》、《六艺略》、《诸子略》、《诗赋略》、《兵书略》、《术数略》和《方技略》等类，故称为七略。四库：四库全书，分经、史、子、集四部。

它祖父积、子孙弃者无论焉。

非独书为然，天下物皆然。非夫人之物而强假①焉，必虑人逼取，而惴惴焉摩玩之不已，曰："今日存，明日去，吾不得而见之矣。"若业为吾所有，必高束焉，庋②藏焉，曰"姑俟异日观③"云尔。

余幼好书，家贫难致。有张氏藏书甚富。往借不与，归而形诸梦。其切④如是。故有所览，辄省记。通籍⑤后，俸去书来，落落大满，素蟫⑥灰丝，时蒙卷轴。然后叹借者之用心专，而少时之岁月为可惜也。

今黄生贫类予，其借书亦类予。惟予之公书与张氏之吝书若不相类。然则予固不幸而遇张乎？生固幸而遇予乎？知幸与不幸，则其读书也必专，而其归书也必速。

为一说，使与书俱⑦。

【出处】（清）袁枚著，李灵年、李泽平译注：《袁枚诗文选译》，成都，巴蜀书社，1990。

---

① 假：借。
② 庋（guǐ）：收藏。
③ 姑俟异日观：姑且等到他日再看。
④ 切：迫切。
⑤ 通籍：入仕为官。
⑥ 素蟫（yín）：一种吃纸张的昆虫。
⑦ 俱：一同，一起。

《与是仲明①论学书》

戴震论治学之道

解题

戴震（1724—1777），字东原，安徽休宁人。精通音韵、训诂及古算学，入四库馆随纪昀纂修《四库全书》，是乾嘉考证学派的代表人物。他反对宋儒把"理"和"欲"对立起来，主张理存在于欲之中；反对"存天理，灭人欲"的说法，指出"酷吏以法杀人，后儒以理杀人"。《与是仲明论学书》是戴震写给是仲明的一封书信，信中批判陆王心学"废讲习讨论之学"，借所谓"尊德性"，而舍弃"道问学"，不是治学之道；重视治经，治经的方法是"经之至者道也，所以明道者其词也，所以成词者字也。由字以通其词，由词以通其道，必有渐"。

选文

仆②所为《经考》，未尝敢以闻于人，恐闻之而惊顾狂惑者众。昨遇名贤枉驾③，望德盛之容，令人整肃，不待加以诲语也。又欲观末学

---

① 是仲明：是镜，字仲明，清代江苏舜山人，曾于当地建立舜山学所并在此讲学。
② 仆：自谦之称。
③ 枉驾：敬辞，指对方屈尊来访。

所事得失，仆敢以《诗补传序》并《辨郑卫之音》一条，检出呈览。今程某奉其师命，来取《诗补传》，仆此书尚俟①改正，未可遽进，请进一二言，惟名贤教之。

仆自少时家贫，不获亲师②，闻圣人之中有孔子者，定六经示后之人。求其一经，启而读之，茫茫然无觉，寻思之久，计于心曰："经之至者道也，所以明道者其词也，所以成词者字也。由字以通其词，由词以通其道，必有渐③。"求所谓字，考诸篆书，得许氏《说文解字》，三年知其节目，渐睹古圣人制作本始，又疑许氏于故训④未能尽，从友人假《十三经注疏》读之，则知一字之义，当贯群经，本⑤六书，然后为定。至若经之难明，尚有若干事：诵《尧典》⑥数行，至"乃命羲和"⑦，不知恒星七政⑧所以运行，则掩卷不能卒业。诵《周南》、《召南》，自《关雎》而往⑨，不知古音，徒强行以协韵，则龃龉失读⑩。诵《古礼经》，先《士冠礼》，⑪不知古者宫室衣服等制，则迷于其方，莫辨其用。不知古今地名沿革，则《禹贡》⑫职方失其处所。不知"少广"、"旁要"⑬，

---

① 俟（sì）：等候、等待。
② 不获亲师：没有请老师的机会。
③ 渐：渐有所获。
④ 故训：训诂。
⑤ 本：以……为根本。
⑥ 《尧典》：《尚书》篇名，主要记述了尧帝的言行。
⑦ 羲和：传说中掌管天文立法的女神，《山海经》记载其为帝俊之妻，生有十个太阳。乃命羲和：《尚书·尧典》有"乃命羲和，钦若昊天，历象日月星辰，敬授人时"的语句，指尧帝命令羲和注意时间的循环，测定日月星辰的运行以制定历法。
⑧ 恒星：古代指天空的二十八星宿，也指代常见的星星。七政：古代的天文术语，有多种说法，主要指日、月、金、木、水、火、土七种星宿，《尚书·舜典》有"在璇玑玉衡以齐七政"的语句。
⑨ 《周南》、《召南》：分别是《诗经·国风》中的第一、二部分，主要描写的是周朝岐山地区有关周公和召公的诗歌和民谣。《关雎》：是《周南》中的第一篇。
⑩ 龃龉（jǔ yǔ）：参差不齐。失读：难以通读顺畅。
⑪ 《古礼经》，《士冠礼》：《古礼经》即后世所称《仪礼》，也称为《礼经》、《士礼》，古代记载各种礼仪和典礼的书。《士冠礼》是《仪礼》中的第一篇。
⑫ 《禹贡》：是古代记载水利区划以及水文地理、水象等知识的名著，作者不详，成书大约在战国时代。
⑬ "少广"、"旁要"：均是古代的算术名词，是九数之一。少广：是由已知长方形面积或长方体体积求其一边之长的方法。旁要：即指勾股。

则《考工》①之器不能因文而推其制。不知鸟兽虫鱼草木之状类名号，则比兴之意乖②。而字学、故训、音声③未始相离，声与音又经纬衡从④宜辨。汉末，孙叔然创立反语⑤，厥后考经论韵，悉用之。释氏之徒⑥，从而习其法，因窃为己有，谓来自西域。儒者数典不能记忆也。中土测天用"勾股"，今西人易名"三角、八线"。其"三角"即"勾股"，"八线"即"缀术"⑦。然而"三角"之法穷，必以"勾股"御⑧之。用知"勾股"者，法之尽备，名之至当也。管、吕⑨言五声十二律，宫位乎中，黄钟之宫四寸五分，为起律之本；学者蔽于钟律失传之后，不追溯未失传之先，宜乎说之多凿也。凡经之难明，右若干事，儒者不宜忽置⑩不讲。仆欲究其本始，为之又十年，渐于经有所会通，然后知圣人之道，如悬绳树槷⑪，毫厘不可有差。

仆闻事于经学，盖有三难：淹博⑫难，识断难，精审难。三者，仆诚不足以与于其间，其私自持，暨为书之大概，端在乎是。前人之博闻强识，如郑渔仲、杨用修⑬诸君子，著书满家，淹博有之，精审未也。别有略是，而谓大道可以径至⑭者，如宋之陆⑮，明之陈、王⑯，

---

① 《考工》：《考工记》，是古代关于手工业生产技术和工艺美术的文献，记载了相关的生产管理和营建制度，《周礼》的一部分。
② 比：比喻。兴：寄托。比兴：是古代诗歌的两种技巧。乖：乖谬，不真实。
③ 字学、故训、音声：均指考据学的术语。字学：指文字学，主要研究字的音形义。音声：指发音和读法。
④ 经纬衡从：即经纬纵横，指发音与读法等可以从多个角度或方向加以辨别。
⑤ 反语：反切的注音方法。
⑥ 释氏之徒：佛教徒，因其创始人为释迦牟尼而得名。
⑦ 缀术：古代天文学的一种测量方法。
⑧ 御：驾驭，辅助。
⑨ 管：管弦乐器，古代有宫、商、角、徵、羽五种音调。吕：中国古代音乐十二律的阴律，有六种，又称"六吕"。
⑩ 忽置：忽略。
⑪ 槷（niè）：测日影的标杆。悬绳树槷：运用墨绳测量直线或树立标杆测量日影。
⑫ 淹博：渊博。
⑬ 郑渔仲、杨用修：南宋史学家郑樵，字渔仲。明代文学家杨慎，字用修。
⑭ 径至：到达。
⑮ 陆：陆九渊。
⑯ 陈、王：陈献章、王守仁。

废讲习讨论之学，假所谓"尊德性"以美其名，然舍夫"道问学"①，则恶可命之"尊德性"乎？未得为中正可知。群经六艺之未达，儒者所耻。仆用是戒其颓惰，据所察知，特惧忘失，笔之于书。识见稍定，敬进于前不晚，名贤幸谅！震白。

【出处】（清）戴震：《戴震集》文集卷九，上海，上海古籍出版社，1980。

---

① "尊德性"，"道问学"：出自《中庸》"君子尊德性而道问学"，意思是君子尊崇德性而以求知和学习作为修养的途径，这是儒家道德修养的两种不同方法和路线，分别以朱熹和陆九渊为代表。朱熹主张以道问学为重，而陆九渊则主张以尊德性为重。

后　记

　　本书是北京市教育委员会共建项目"中国传统文化的当代价值"课题成果之一，在课题总负责人纪宝成校长的指导下得以顺利完成。本书的编写得到了课题组成员黄朴民教授、刘后滨教授、陈勇勤教授的大力指导和帮助，同时，在选文、解题、注释等工作中，借鉴、吸取了相关研究领域前辈们的研究成果，在此致以诚挚的谢意。另外，李彤、李放对本书选文的收集、注释的标注做了大量艰苦的工作，非常感谢她们。赵义华在本书后期也帮助做了校对工作。

　　中国传统教育思想浩如烟海，在选编和研究中难免有疏漏之处，我们将在今后的研究工作中继续加以改进。

编者

2012 年 2 月

图书在版编目（CIP）数据

中国传统教育思想历代文选/胡娟，李立国，胡莉芳编著．—北京：中国人民大学出版社，2012.7
（传统经典文献导读丛书/纪宝成主编）
ISBN 978-7-300-16010-8

Ⅰ.①中… Ⅱ.①胡…②李…③胡… Ⅲ.①传统教育-教育思想-文献-汇编-中国 Ⅳ.①G40-092

中国版本图书馆 CIP 数据核字（2012）第 142179 号

传统经典文献导读丛书　纪宝成　主编
中国传统教育思想历代文选
胡　娟　李立国　胡莉芳　编著
Zhongguo Chuantong Jiaoyu Sixiang Lidai Wenxuan

出版发行	中国人民大学出版社		
社　　址	北京中关村大街 31 号	邮政编码	100080
电　　话	010-62511242（总编室）		010-62511398（质管部）
	010-82501766（邮购部）		010-62514148（门市部）
	010-62515195（发行公司）		010-62515275（盗版举报）
网　　址	http://www.crup.com.cn		
	http://www.ttrnet.com（人大教研网）		
经　　销	新华书店		
印　　刷	涿州市星河印刷有限公司		
规　　格	160 mm×230 mm　16 开本	版　次	2012 年 9 月第 1 版
印　　张	19.75 插页 3	印　次	2012 年 9 月第 1 次印刷
字　　数	289 000	定　价	37.00 元

版权所有　　侵权必究　　印装差错　　负责调换